中日民商法律制度比较

李伟群 主 编
王 祝 副主编

法律出版社 LAW PRESS·CHINA
北京

图书在版编目(CIP)数据

中日民商法律制度比较 / 李伟群主编. -- 北京 :
法律出版社, 2022
ISBN 978 - 7 - 5197 - 6629 - 0

Ⅰ. ①中… Ⅱ. ①李… Ⅲ. ①民法 - 对比研究 - 中国
、日本②商法 - 对比研究 - 中国、日本 Ⅳ. ①D923.04
②D931.33

中国版本图书馆 CIP 数据核字(2022)第 058804 号

中日民商法律制度比较
ZHONGRI MINSHANG FALÜ ZHIDU BIJIAO

李伟群 主 编
王 祝 副主编

策划编辑 解 锟
责任编辑 解 锟
装帧设计 贾丹丹

出版发行 法律出版社
编辑统筹 重大项目办公室
责任校对 王 丰 郭艳萍
责任印制 吕亚莉
经 销 新华书店

开本 710 毫米 × 1000 毫米 1/16
印张 16.25 字数 256 千
版本 2022 年 5 月第 1 版
印次 2022 年 5 月第 1 次印刷
印刷 北京虎彩文化传播有限公司

地址:北京市丰台区莲花池西里 7 号(100073)
网址:www.lawpress.com.cn
投稿邮箱:info@lawpress.com.cn
举报盗版邮箱:jbwq@lawpress.com.cn

销售电话:010 - 83938349
客服电话:010 - 83938350
咨询电话:010 - 63939796

书号:ISBN 978 - 7 - 5197 - 6629 - 0
定价:82.00 元
凡购买本社图书,如有印装错误,我社负责退换。电话:010 - 83938349

作者介绍

李伟群	华东政法大学经济法学院教授,博士生导师,日本名古屋大学法学博士,华东政法大学经济法学科博士后,现任华东政法大学保险法研究所所长和日本法研究中心主任
赵　莉	南京师范大学法学院副教授,横滨国立大学法学硕士
陈美颖	华东政法大学经济法学院讲师,日本名古屋大学法学博士
陈轶凡	中国律师、外国法事务律师,世泽律师事务所、虎门中央法律事务所世泽外国法事务律师事务所(外国法共同事业)
山本宽	日本大阪 Will 合同法律事务所律师,华东政法大学法学硕士
平田勇人	日本朝日大学法学部(兼)法学研究科教授,法学工学双博士,日本经营实务法学会(现任理事长)
恩地纪代子	日本神户学院大学大学院法学研究科教授,法学博士,日本经营实务法学会(现任副理事长)
横井祐一	日本朝日大学经营学部副教授
谷隆之	日本谷隆之税理士事务所税理士,日本经营实务法学会(现任秘书长)
田坂良则	近畿大学大学院法学研究科博士后期课程

序

2017年9月的新学期,古朴典雅的华东政法大学校园以崭新的面貌迎来了远道而来的嘉宾。各位中日专家学者汇聚此地,共同参加第二次在华东政法大学举办的《日本经营实务法学会20周年纪念暨中日经营实务法研讨会》。

记得2007年2月,日本经营实务法学会理事会召集各位理事共商为日本经营实务法学会成立十周年筹办一次隆重的学术纪念活动事项,集体讨论的结果是决定将该重要活动首次放在日本以外的地区举办。华东政法大学名誉博士、时任理事长的日本庆应大学著名破产法领域权威专家石川明教授积极推荐该项学术纪念活动由日本经营实务法学会与华东政法大学日本法研究中心联合举办。经过双方认真筹备,研究会在华东政法大学的圆桌会议室成功举办,获得参会者一致好评。3年后,该会议的研究成果以《中日民商法律制度比较研究》为名,并将中日对照的两种版本集中于一书,以论文集方式在我国出版,并在中日民商法学界产生广泛的影响。

时光飞逝,相隔10年,日本经营实务法学会又迎来了20周年的纪念日。承蒙日本理事会各位理事的信任,决定把这次学术交流活动继续放在华东政法大学举行。经过大半年的积极准备,中日双方专家学者纷纷提交论文参与交流讨论。会上,参会者就中国《民法典》的编纂、国企改革、企业跨境投资、金融保险、法学教育等前沿热点问题进行了深入而热烈的讨论。由于本次研讨会涉及的主题十分新颖、内容也很宽广,与会者一致希望本次研讨会的学术成果也能够在中国编辑出版。

经过两年多时间,中日双方学者专家对自己在研讨会上发表的论文进行修改、增补、反复打磨、精雕细琢之后,决定再度将之付梓出版。该书选编的内容是中日双方的专家学者将近年来关注的最新中日民商法理论进行精心梳理、慎重选择的结果,该书专业全面,视野宽广,所涉及的内容都是中日民商法理论的精要,其研究专题大多涉及民法、商法、民事诉讼、监管规定等前沿问题,能为我国民商事法律、司法解释的不断完善提供有益参考。

本书以《中日民商法律制度比较》为题结集出版中日对照,但中文、日文为节选。本书是中日两国专家学者同舟共济、通力合作后推出的、在中日民商法律制度比较领域的最新力作,不仅备受关注,其专题研究成果也颇值两国广大读者的期待。

本书出版得到了日本经营实务法学会顾问波光巌教授、副理事长王祝教授的全力支持,同时该书的出版还得到上海凯荣律师事务所的资助,在此深表感谢!

最后,感谢为本书付出辛勤劳动的所有同仁!感谢法律出版社责任编辑解锟博士。

华东政法大学教授、博士生导师
日本法研究中心主任　李伟群

2020年10月

目录

中　文

日　文

中　　文

编者说明：本文为2017年9月《日本经营实务法学会20周年纪念暨中日经营实务法研讨会》上的交流论文。由于2018年之后，中国监管部门针对P2P网络借贷平台密集出台一系列监管措施，网络借贷平台得到全面的清理和整顿。为了使本文能够与时俱进，让中国读者能够了解这一巨变，本文作者特在第四章增添了多层次监管体系的完善部分。而日文部分仍以2019年8月发表于日本《经营实务法研究》第21号的原文为准，以保持前后一致。

构建中国P2P网贷多层次法律监管体系最新研究

华东政法大学经济法学院教授、博士生导师　李伟群

一、引言

2013年这一年是我国互联网金融最为热闹的一年，故被喻为金融元年。余额宝、百度百发、微信理财等先后面世，互联网金融如雨后春笋般快速增长。其中，最为抢眼的是P2P网贷平台的发展势头十分强劲，从2007年至2016年，掐指算来也就10个年头，P2P呈现爆发式的增长。截至2015年10月底，P2P网贷平台数量一度达到3598家[1]，从2015年1月至10月的交易额则高达7154.32亿元[2]。可是，在互联网新生态急速发展、遍地开花的大背景之下，P2P网贷平台经历了一场野蛮增长之后，多家P2P网络借贷平台陷入了兑付困境，发生限制提现、卷款跑路或者倒闭等问题的平台

---

〔1〕《2015年互联网金融生态圈建设高峰论坛即将举行》，载今日头条2015年11月24日，https://www.toutiao.com/i6220628975606039041/，最后访问日期：2015年11月24日。

〔2〕《P2P网贷业2015年10月月报》，载中国搜狐网2015年11月6日，http://www.sohu.com/a/40069380_119586，最后访问日期：2021年4月5日。

数量也在逐渐增多。仅2015年6月就新增“问题平台”125家,10月新增“问题平台”47家。2016年6月底,全国累计问题平台1778家,约占总数43.1%。[1]

2018年6月以来,我国网络借贷行业“爆雷”不断,大量平台停业、清盘或跑路,形成全国性的行业危机。[2] 据“网贷之家”网站的数据显示,北上广浙成为此轮网贷平台“爆雷”重灾区。截至2018年6月末,国内67%以上的P2P网贷平台集中于北京、上海、广东、浙江4省市,此轮P2P“爆雷潮”正与上述地区呈现高度正相关。[3] 据“网贷之家”网站不完全统计,6月80家停业及出现问题的平台分布在全国15个省市和地区。

仅2019年,红岭创投、小鸣单车、韦博英语等明星企业相继折戟,P2P网贷行业规模不断缩小,平台退出数量不断增加[4]。截至同年10月末,全国纳入实时监测的在运营机构数量已突然降至427家;借贷余额比2018年年末下降49%;行业机构数量、借贷规模及参与人数已连续16个月下降[5]。经过两年多清理整顿,截至2018年11月底,P2P网贷行业正常运营平台数量下降至1181家,问题平台历史累计涉及的投资人数约为200.9万人,涉及贷款余额约为1612.5亿元[6]。

因P2P网贷平台行业规模增长势头过快,业务创新偏离轨道,“快、偏、

---

[1] 《根据银监会的数据,2016年11月全国累计问题平台1778家》,载中国搜狐网2016年8月24日,http://www.sohu.com/a/111883181_161623,最后访问日期:2016年8月25日。

[2] “爆雷”是P2P网贷的行业术语,一般是指P2P平台因为逾期兑付或经营不善问题,未能偿付投资者本金和利息,从而出现的P2P平台停业、清盘、法人跑路等情况。参见唐士亚:《运用监管科技促进互联网金融均衡规制》,载《商业研究》2018年第12期。

[3] 叶文辉:《P2P网络借贷风险与监管对策研究》,载《金融与经济》2018年第10期。

[4] 付艳翠:《雷声仍不断!2019年这些明星P2P平台“死亡”》,载网贷之家网2019年11月25日,https://www.wdzj.com/news/hangye/5349902.html,最后访问日期:2019年11月20日。

[5] 陈莹莹、欧阳剑环:《互联网金融风险专项整治进入攻坚阶段》,载中证网2019年11月4日,http://www.cs.com.cn/jg/201911/t20191104_5995384.html,最后访问日期:2019年11月4日。

[6] 《11月网贷行业成交量1114亿,正常运营平台降至1181家》,载中国搜狐网2018年12月8日,http://www.sohu.com/a/279253476_216075,最后访问日期:2018年12月15日。

乱"的现象突出,其中存在许多安全隐患。为此,2015 年 7 月 18 日央行等十部委联合出台《关于促进互联网金融健康发展的指导意见》。2015 年 12 月 28 日,银监会又发布了《网络借贷信息中介机构业务活动管理暂行办法(征求意见稿)》。可见,从监管政策出台的频度和强度来看,2015 年堪称我国互联网监管历史之最,是故,称 2013 年为我国互联网金融的监管元年已毫不为过。

那么,P2P 网贷平台到底有哪些问题需要监管?究竟怎样实施监管?针对这些问题,本文将围绕 P2P 网贷快速发展的演变过程及其主要风险来源展开介绍和分析,并对监管部门出台的相关监管细则等政策、法规进行梳理、评析,从中找出监管中的难点问题,最后提出建立 P2P 网贷平台多层次、有效监管法律体系的相关建议。

二、P2P 网贷平台的风险源分析

P2P 网络借贷平台,作为一种中介的存在,旨在纯信用、纯线上地对借贷双方进行撮合,是正规金融体系的补充,体现着普惠金融的特质。

2007 年,我国第一家纯线上网贷平台拍拍贷正式成立,平台只做线上的交易撮合,采用纯信用无担保的运营模式。可是,这种纯信用的模式并不适应我国国情,为了确保投资者资金安全,国内的 P2P 平台纷纷推出了线上线下并行运营的 O2O 方式,将风险剥离到第三方担保公司等专业机构。P2P 网贷出现了异化,因此风险及其规制问题也就接踵而来。P2P 网贷平台为什么问题会如此多?这是因为 P2P 的准入门槛太低,通常情况下只要实名制登记绑定银行卡就能成为会员,故会员规模庞大。再加上这些会员风险意识比较薄弱,在高收益的诱惑下就会跟风涌入。因此,一旦发生平台倒闭,涉及的受害者人数众多,往往引发为区域性乃至全国性的社会震荡。

安全性是投资理财的前提。可是,由于 P2P 网贷行业存在高度的信息不对称,再加上监管乏力,所以问题多也就不足为奇。以下,简单介绍信息中介模式、保证本金模式、债权转让模式、自融模式这四类网贷平台所存在的风险。

1. 信息中介模式

信息中介模式,是指网贷平台为借贷双方提供信息收集、资信评估、信息交互、借贷撮合等信息服务,并收取一定的服务费。在这种模式中,平台居中向借贷者和贷款者双方提供信息,并进行撮合,因此它与双方之间存在居间合同关系,借贷者与贷款者之间由借贷而产生借贷合同关系。P2P网络借贷是民间借贷的网上延伸,因而适用我国关于民间借贷的法律法规并无不当〔1〕。然而,即便信息中介的这一模式在循规蹈矩地进行操作,但仍然会出现以下的常见风险。

一是借贷双方都要在网贷平台上填写个人的基本信息,诸如姓名、身份证号码、手机号码等,这些信息如被网贷平台有偿转卖或滥用、恶意使用的话,除了借贷双方的个人隐私权被侵害外,借贷双方还可能会遭受其他经济损失的风险。二是网贷平台可能因经营亏损而中途倒闭,出借人在尚未收回贷款的情况下,极有可能因无人负责管理而面临财产损失的风险〔2〕。

2. 保证本金模式

P2P网贷平台的另一种变形是保证本金模式,国际上将之称为"保证回报模式"。保证本金的模式又可以分为平台担保以及第三方担保两种。一旦出现违约风险,担保公司将对借款人的债务承担连带责任,这相当于将投资人的投资风险转嫁到平台自身,消除投资人的风险疑虑。在这种模式中,P2P网贷平台与传统银行所扮演的中介角色相类似。因此,其也被描述为开展"类银行"业务。换言之,P2P网贷平台已经从"信息中介"的角色向"信用中介"的角色转变〔3〕。

此外在保证本金模式中,网贷平台自身为投资者的本金或者收益提供担保,或通过担保公司、其他第三方来担保。这种商业模式由于提供了担保服务,已不再是金融脱媒的纯平台模式〔4〕。这种模式的风险在于,根据2017年8月2日《融资担保公司监督管理条例》第6条规定,任何单位和个人未经监管部门批准不得经营融资性担保业务,P2P网贷平台或者其他非担保机构提供担保违反了这一规定。而且,实践中很多担保公司为了招揽业务,宣称自己有实力担保而往往突破了这一限制,平台出现危机的时候担保公司已经入不敷出、力不所及,使风险外溢〔5〕。

---

〔1〕 杨东:《P2P网络借贷平台的异化及其规制》,载《社会科学》2015年第8期。

〔2〕 伍坚:《我国P2P网贷平台监管的制度构建》,载《法学》2015年第4期。

〔3〕 杨彦龙:《新规视角下P2P网贷监管研究》,载《武汉金融》2018年第2期。

〔4〕 叶湘榕:《P2P借贷的模式风险与监管研究》,载《金融监管研究》2014年第3期。

〔5〕 伍坚:《我国P2P网贷平台监管的制度构建》,载《法学》2015年第4期。

3. 债权转让模式

所称的债权转让模式，是指借贷双方并不直接发生交易关系，而是由与平台关联的专业放贷人先行放贷，平台再将债权拆分成不同的期限和金额，以理财产品的形式出售给投资者。

该模式的交易流程是，与 P2P 网贷平台有关联关系的专业放贷人先将资金出借给借款人，之后由专业放贷人通过 P2P 网贷平台将债权分割转让给投资人。该模式的问题是，P2P 网贷平台在其中往往进行期限错配，通过将原有的借款金额、借款期限、还款条件等合同条件进行更改，通过债权重组的方式将债权分割出售。此种模式下，专业放贷人承担着职业放贷人的角色，由于其与 P2P 网贷平台存在关联关系，所以对原始债权的真实情况存疑；并且将一个债权进行重组分割出售，也涉嫌资产证券化[1]。这种模式的风险还在于建立了资金池，存在非法吸收公众存款之嫌。

4. 自融模式

所谓自融模式，是指 P2P 网贷平台通过虚构借款人信息获取出借人资金，实际用于购买商铺、厂房等自身的生产经营活动或者直接将之用于海外投资，因此，其风险点在于网贷平台以虚假的信息获得出借人的信任，从而实现融资目的，其行为同样为非法吸收公众存款的一种。这种平台具有很大隐蔽性，犯罪行为往往直至投资者兑付困难、平台倒闭时才得以暴露，更有一些网贷平台直接就是为了诈骗，其行为的非法集资性已经无可辩驳[2]。

5. 小结

我国的 P2P 出现各种乱象，其原因是多方面的。究其原因是监管不到位。P2P 最开始出现时，我国金融业已经形成了“一行三会”的分业监管体系，分业多头的监管体系或不同监管体制下出现监管重叠或监管真空，因此，在一个监管真空地带，金融机构往往进行监管套利。我国大量的 P2P 平台纷纷涌进 P2P 行业就是典型一例。然而，P2P 行业中出现鱼龙混杂，良莠难辨的现象，这不仅蒙蔽了投资者，也损害了整个行业的信誉。在无监管下 P2P 平台自己也不断进行自我创新，出台了如上所述的各种招数和“保障”

---

[1] 林越坚、李俊：《P2P 网贷平台犯罪及司法治理研究》，载《河北法学》2016 年第 10 期。

[2] 参见伍坚：《我国 P2P 网贷平台监管的制度构建》，载《法学》2015 年第 4 期；林越坚、李俊：《P2P 网贷平台犯罪及司法治理研究》，载《河北法学》2016 年第 10 期。

机制,因而P2P行业加速偏离正确轨道甚至出现异化也就不足为怪[1]。

三、P2P网贷平台监管细则的评析

长期以来,我国P2P网贷行业处于“无监管机构、无准入门槛、无行业标准”的三无境地,整个行业良莠不齐,乱象丛生,在快速发展的同时也出现了诸多问题,因此亟待建立起一套科学合理的监管体制。

2016年8月24日,在人们的热盼中,由银监会和工信部、公安部、国家互联网信息办联合发布《网络借贷信息中介机构业务活动管理暂行办法》(以下简称《暂行办法》)。《暂行办法》共47条,若对其梳理,可将之简单概括为三大特点。第一,强调了平台本质属性是信息中介,而非信用中介。第二,提出了底线监管思维,通过负面清单界定网贷业务的边界,明确网贷机构不能从事13项禁止性的行为。第三,创新了协同监管,联合作战的监管方式。以下,笔者就《暂行办法》中一些比较重要的部分条款进行解读和评析。

1. 银行作为第三方资金存管机构

《暂行办法》第28条规定,网贷机构应当选择符合条件的银行业金融机构作为第三方资金存管机构,对客户资金进行管理和监督,实现客户资金和网贷机构自身资金分账管理。

根据盈灿咨询不完全统计,截至2016年8月15日,与银行签订直接存管协议的平台有130家,其中上线直接存管系统的平台有39家。而与银行签订联合存管的平台有46家,其中上线联合存管系统的平台有24家[2]。又据银监会不完全统计,截至2016年6月底,国内正常运营的P2P平台有2349家,以此来算,完成银行资金存管、符合监管要求的平台不足3%,97%的平台面临转型或出局[3]。实现银行存管将会逼退九成的平台,可见这一

[1] 项卫星、李宏瑾:《当前各国金融监管体制安排及其变革———兼论金融监管体制安排的理论模式》,载《世界经济》2004年第9期;杨东:《P2P网络借贷平台的异化及其规制》,载《社会科学》2015年第8期。

[2] 《P2P网贷平台监管细则全解读》,载中国第一财经,http://www.yicai.com/news/5069636.htm,最后访问日期:2019年1月10日。

[3] 《P2P网贷平台监管细则全解读》,载中国第一财经,http://www.yicai.com/news/5069636.htm,最后访问日期:2019年1月18日。

条的清理力度之大可谓是空前的。

2. 贷款限额

《暂行办法》第 17 条规定,同一自然人在同一网络借贷信息中介机构平台的借款余额上限不超过人民币 20 万元;同一法人或其他组织在同一网络借贷信息中介机构平台的借款余额上限不超过人民币 100 万元。同时,同一自然人在不同网络借贷信息中介机构平台借款总余额不超过人民币 100 万元;同一法人或其他组织在不同网络借贷信息中介机构平台借款总余额不超过人民币 500 万元。

虽然小微企业、弱势群体、三农对资金需求额度较小,但是,之前他们一般很难从银行等正规金融机构获得融资的支持,而网络借贷的初衷就是要实现大众化、低成本的普惠金融,为此《暂行办法》再次强调了坚守小额分散、为小微企业、弱势群体、"三农"等领域提供资金支持的原则。如此一来,原来在网贷平台上的借款额动辄几千万元,甚至上亿元的这些平台,由于贷款限额令其大量业务必须面临整改,同时也会对这些平台的投资者造成挤出效应。《暂行办法》第 17 条规定预示以消费金融等为代表的小微分散业务才会是网贷行业今后的主业方向。

3. ICP 许可证的申领

《暂行办法》第 5 条指出,网络借贷信息中介机构完成地方金融监管部门登记备案后,应当按照通信主管部门的相关规定申请相应的电信业务许可;未按规定申请电信业务经营许可的,不得开展网络借贷信息中介业务。

根据《电信条例》《互联网信息服务管理办法》,国家对提供互联网信息服务的电信业务(ICP)实行许可制度。互联网金融企业的网站由于直接牵涉投资者的资金、个人信息、银行账户等敏感信息,故其存在的网络安全漏洞造成的危险性比一般网站更高。可是,此前 ICP 许可证一直被忽略,而这次终于得到强化并被放到重要的位置上。

4. 信息披露专章规定

《暂行规定》第 30 ~ 32 条规定了信息披露。P2P 网贷机构应当在官方网站上建立业务活动经营管理信息披露专栏,定期以公告形式向公众披露年度报告、法律法规、网络借贷有关监管规定。

互联网金融要增加信息的透明度、降低信息不对称,信息披露则不可或缺。不过,这次《暂行办法》中对信息披露未作详细的规定,主要是担心规定得过细反而会缺乏可操作性,再加上部分指标的设置还有待于行业实践,因此目前只对信息披露进行原则性规定，银监会拟在后续有关细则中，结合行业的一般做法和监管需要，对行业的相应指标，包括坏账率、逾期率和代偿金额等进行明确定义。

5. 金融消费者的保护

《暂行办法》第四章（第 25～29 条）以专章形式对借贷决策、风险揭示及评估、出借人和借款人信息、资金保护以及纠纷解决等问题进行了详细规定，确保出借人和借款人的合法权益不受损害。

该《暂行办法》强调，不管是“出借人”还是“借款人”都要予以全面保护。对于“出借人”要进行尽职的评估，未经这些分析评估则不能提供服务。另外，对于“借款人”也有相应的规定，资金除了要符合银行存管的要求外，还要符合对其隔离的要求，以免出现与网络平台自身的资金账号相混同的情况。此外，对于网贷平台的整顿清理和纠纷处理给予“12 个月的过渡期”之宽延条件。显然，这一点也是着眼于对消费者的保护，以防止平台快速撤退而给消费者保护带来巨大的问题。

6. 网贷业务的主要管理措施

《暂行办法》第 10 条规定对网贷业务经营范围采用以负面清单为主的管理模式，明确了包括不得自融、不得债权转让、不得吸收公众存款、不得设立资金池、不得提供担保或承诺保本保息、不得发售金融理财产品等形式的共 13 项禁止性行为。该《暂行办法》坚持底线思维，实行负面清单管理。

由上可见，随着监管重靴落地，网贷行业的“野蛮生长”已经成为过去时。同时，2016 年 10 月 13 日，银监会公布了《P2P 网络借贷风险专项整治工作实施方案》，彰显了互联网金融发展新经济，培育新动能的重要作用，突出了其对于大众创业、万众创新工作的特殊性和重要性。另外，P2P 风险专项整治要落实普惠金融、实现 P2P 本质的回归，当然，其终极目标还是落在对金融消费者实现厚保护这一点上。笔者认为，对网贷行业的监管日益趋严的走向，意味着互联网金融行业的专项整治大幕已经拉起，网贷行业必然将进入“最严酷的冬天”，所以，模式违规、实力不足、风控能力不够的平台都将被淘汰出局已是不争的事实。

以下，笔者对近年密集出台的多项监管政策进行简单的梳理。①2016 年年底和 2017 年年初，中国银监会办公厅、工业和信息化部办公厅、工商总局办公厅发布了《网络借贷信息中介机构备案登记管理指引》、银监会发布了《网络借贷资金存管业务指引》，银监会研究起草了《网络借贷信息中介机构业务活动信息披露指引》。②2017年12月8日,P2P网贷风险专项整治工作领导小组办公室下发的《关于做好P2P网络借贷风险专项整治整改验收工作的通知》;③2018年3月28日,互联网金融风险专项整治工作领导小组办公室下发《关于加大通过互联网开展资产管理业务整治力度及开展验收工作的通知》;④2018年4月27日,中国人民银行、中国银保监会等四部委《关于规范金融机构资产管理业务的指导意见》;⑤2018年8月,针对近两个月发生的爆雷潮,国家终于重拳出击,连下三道文件,稳定行业局面。8月4日,互联网金融整治办通过新华网发布《稳步推进互联网金融和P2P风险化解工作》;8月8日,互联网金融整治办下发《关于报送P2P平台借款人逃废债信息的通知》;8月12日,互联网金融、网贷整治办召开会议《拟定十项举措应对网贷风险》。

继8月12日,互联网金融、网贷整治办召开会议拟定十项举措应对网贷风险之后,全国《108条网贷备案验收细则》(以下简称"108标准")正式出炉。"108标准"是P2P全国整治办指导下制定的关于网贷和P2P的统一细化操作的专项检查标准,初步删减为108条,主要是利用穿透式监管的办法,力求对机构全覆盖,实施监管。由此可见,政府决心要把P2P行业治理成一个可以持续、稳定、发展、健康的行业。仅仅2018年六、七两月,多家业内关注度较高的网贷平台由于自身经营困难或者经济犯罪侦查介入而发布清盘公告,行业日渐萎靡、市场信心不足、投资者权益无法得到有效保护,行业危机日渐加深。2018年7月的一个月内,像多米诺骨牌一样问题平台共计143家,其中有35家平台主动清盘[1]。其中耳熟能详的就有"爱投资、银豆网、金银猫、聚财猫、利民网、民爱贷、贯通金服、长久贷、钱爸爸"。这一波大洗牌震动了全国,被社会称为"P2P爆雷潮"。

四、P2P网贷平台引入保险模式的创新与多层次监管体系的完善

1. P2P网贷平台引入保险模式的创新

随着互联网与金融的深度融合,P2P网络借贷掀起了我国"全民投资"的狂潮。普惠金融的时代背景下,P2P网贷行业不仅盘活了民间资

---

[1] 刘新宇、张倩文:《网贷平台大清盘,谁为投资者的合法权益埋单?(上)》,载中伦网2018年8月13日,http://www.zhonglun.com/Content/2018/08-13/1128506333.html,最后访问日期:2018年12月25日。

金,活跃了金融要素,更倒逼金融体制改革,因此其发挥的积极作用自然不容抹去。

但是,e租宝、融宜宝、e速贷等"卷款跑路"事件引发了社会各界对P2P网贷行业的深度信任危机和忧虑。为了解决这一痛点,如上所见,监管层积极出台了多种监管措施整治方案。当然,除了监管的发力以外,笔者认为,我们还需要寻找各种有效的手段,助推P2P网贷行业的健康发展。其中,P2P网贷平台探索引入保险增信的新模式已经逐步走向成熟。毫无疑问,这一积极的尝试与我国的中国人民银行等十部委颁布的《关于促进互联网金融健康发展的指导意见》第11条和原保监会制定的《互联网保险业务监管暂行办法》第12条中明确提出的"鼓励保险公司与互联网企业合作,提升互联网金融企业风险抵御能力"战略方针高度契合。

由于采用商业保险可以化解和转移互联网企业的风险,故此,鼓励互联网企业与保险公司缔结保险合同关系,投保人根据合同约定,向保险公司支付保险费,保险公司则根据合同约定的可能发生的事故因其实际发生所造成的财产损失承担给付保险金责任。在当今信息爆炸的互联网大数据时代,保险业与互联网金融业可以紧密联系、深度合作、实现共赢。保险公司通过对网贷平台大数据的挖掘研究,分析用户的交易习惯和保险需求,对投保人的风险进行分析控制,还可以充分发挥保险公司针对互联网金融风险管理和控制的功能。笔者认为,P2P网贷平台与保险公司合作的优势突出表现在以下两个方面,一是有助于P2P网贷平台进一步稀释风险,保证资金安全性。二是保险作为相对成熟的金融产品,"P2P+保险"能够与P2P平台自身的风控体系形成互补,保险公司能帮助P2P网贷产品完成到期兑付责任,无形间等于给P2P网贷平台提供了双重保障。其中,履约保证保险成为业界公认相对比较安全有效的保险形式而受到热捧。

然而,事实上,近年来该险种的增长背后所隐匿的风险,也早已引起监管部门的高度关注。为防范化解互联网平台保证保险业务快速发展中出现的风险和问题,规范保险机构经营行为,原保监会于2016年1月29日发出《关于加强互联网平台保证保险业务管理的通知》,对互联网平台保证保险业务的监管做了一些规定,不仅明确了偿付能力监管、审慎合作和审核投保人资质、规范的保险条款的要求,还特别对风控机制、应急预案和经营情况季报报送进行了规定。

具言之,第一,对互联网平台保证保险业务进行了界定,即其为保险公司以互联网信贷平台为中介,为平台上的借款人(投保人)和出借人(被保险人)双方提供保证保险服务的一种业务。保险公司从事互联网平台保证保险业务应当以保护保险消费者权益为宗旨,遵循公平公正、诚实守信原则。第二,保险公司开展互联网平台保证保险业务应当遵守偿付能力监管要求。保险公司经营互联网平台保证保险业务时,应当充分考虑"偿二代"监管制度对该类业务的资本约束,确保该业务的整体规模与公司资本实力相匹配。第三,保险公司应当严格选择互联网平台。保险公司不得与存在提供增信服务、设立资金池、非法集资等损害国家利益和社会公众利益行为的互联网平台开展合作。第四,保险公司应当严格审核投保人资质。保险公司应当了解投保人的资金流向、财务状况、历史信用记录、还款来源、偿债能力等信息,并结合自身业务发展和资产规模情况,选择信誉良好的优质客户,审慎开展业务。第五,保险公司应当明确合作互联网平台的信息披露义务。在保险公司与互联网平台签署的协议中,应当明确互联网平台不得采取扩大保险责任等方式开展误导性宣传。协议应当明确互联网平台上的相关业务界面包含对应的保险条款(或链接),且需出借人、借款人阅知确认,确保借贷双方充分知悉该互联网平台合作的保险公司及保险条款信息。第六,保险公司应当加强互联网平台保证保险产品管理。对适用于互联网平台上的保证保险条款,应对投保人、被保险人的类型予以明晰,对保险条款中的免除责任作醒目提示,不得损害投保人、被保险人的权益。第七,保险公司应当建立严格的风险管控机制。保险公司应当坚持小额分散的发展模式,对同一投保人单笔借款和累计借款应当分别设定承保限额。保险公司应当建立健全风险审核机制,通过内部独立信用调查、委托第三方风险评估机构等方式开展风险审核工作。第八,保险公司应当加强信息系统管控。保险公司应当完善核心业务系统,与合作的互联网平台及合作的金融机构实现信息系统有效对接,加强互联网平台上信息发布情况、业务资金流向、借款人风险和信用状况等数据信息的跟踪监测。第九,保险公司应当定期开展互联网平台保证保险业务风险排查和压力测试,并根据风险排查和压力测试结果,完善应急预案,做好应急准备。第十,保险公司应当妥善处置突发性事件,及时化解风险,避免发生群体性、区域性事件。同时,保险公司应当加强舆论引导,做好正面宣传。第十一,保险公司应当加强内控管理制度建设,建立完善的风控管理制度和规范的操作流程。第十二,保险公司建立互联网平台保证保险业务经营情况季度报送制度[1]。

该通知的发布,明确了保险公司互联网平台保证保险业务的经营要求,强化了保险公司审慎、合规的经营意识,为新兴金融业态下创新保险业务发展营造了良好的市场环境。笔者认为,该通知针对互联网平台保证保险业务存在的风险,特别是对互联网平台选择、信息披露、内控管理等问题进行问诊把脉、对症下药,以防止网贷平台的风险过度向保险领域传递,避免让保险公司成为网贷平台风险的最后接棒者。

2. 构建 P2P 网贷多层次监管体系的完善之策

近 10 年来,我国互联网金融如雨后春笋般快速地增长,特别是 2015 年 3 月 5 日李克强总理提出了“互联网 +”的行动计划,使“互联网 +”的提法达到了从未有的高度,形成了诸如互联网金融、互联网交通、互联网医疗、互联网教育等新生态。其中,最为抢眼的是 P2P 网贷平台的发展势头特别强劲。从 2007 年至 2016 年近 10 年的时间里,P2P 网贷在我国的发展居然没有受到过任何监管,导致 P2P 网贷平台经历了一场野蛮增长之后,多家 P2P 网贷平台陷入了兑付困境,发生限制提现、卷款跑路或者倒闭等各种问题。一部分 P2P 网贷平台游走于合法与非法的边缘,另一部分已涉嫌“集资诈骗”和“非法吸收公共存款”金融犯罪。

面对如此庞大且不断发展的群体,完善 P2P 网贷监管已刻不容缓。互联网为金融创新提供了很好的平台,同时互联网金融又极具风险性,如何平衡好促进金融创新和进行有效监管的关系,给监管部门出了一个难题,也对我国传统的监管模式提出了巨大的挑战。

(1)网贷监管难点的分析——学界的观点

毋庸讳言,学界对于我国的网贷监管效果也是赞否两论。就此问题,笔者认为有必要花些笔墨对近年来我国学者的一些主流观点进行归纳和整理。

第一,从 2007 年起的 9 年里,P2P 网贷在不受任何监管的自由状态下放任发展,直至 2016 年 8 月,银监会等发布的《暂行办法》为 P2P 网贷设立了规则和红线,导致一大批网贷平台因不符合规则要求而纷纷倒闭,公安还逮

---

[1] 《中国保监会关于加强互联网平台保证保险业务管理的通知》,载中央政府门户网站 2016 年 1 月 30 日,www.gov.cn/xinwen/2016-01/30/content_5037520.htm,最后访问日期:2019 年 10 月 20 日。

捕了部分违法 P2P 网贷平台的创始人和高管。对此,有学者提出,对于这种常规化的“运动型治理模式”有必要进行反思。该学者进而认为,虽然运动型治理模式有其一定的合理性,看起来既满足了金融创新的需求,也通过风险整治处理了风险,但其付出的代价却是巨大的。因为在风险爆发之后才展开风险整顿,对从事金融创新的创业者来说,在整顿之前只能在无法可依的状态下摸索前行,犹如在刀尖上行走;事后的整顿又往往将这些创业者送入监狱。其恶果是,这会严重损耗社会最稀缺的资源——创新型人才。解决这一问题的核心,在于金融监管者应当采取积极进取的态度,主动评估市场上出现的各类创新商业模式,对其中创新业务是否具有金融属性积极进行判断,而不是放任其野蛮生长[1]。

第二,传统金融监管通过“准入门槛”进行风险把控。然而,这一监管思维已经不适应互联网金融的发展,因为与传统金融依托高成本运作不同,互联网金融主要依托技术优势来获取成长机会,只有在快速的技术迭代中始终保持前沿性优势,互联网金融企业才能拥有更强的竞争力和更低的风险水平。然而,传统的准入式监管主要以资本实力为参照,无法“对标”技术创新。互联网金融企业通常具有多业态混合特征,这意味着准入式监管思路在“资质供给”方面难以与互联网金融企业的“业态特征”相吻合[2]。

第三,有一种观点认为,作为互联网金融新业态,网贷具有开放共享、创新灵活、突破区域和领域限制等显著特征,这也增加了金融风险防范难度,对传统的监管模式提出了挑战,尤其对监管主体间沟通协作、形成监管合力提出了更高要求。持该观点者进一步分析认为,现行我国监管框架是由国家层面出台总体监管要求,地方层面负责具体实施监管措施。这对国家层面各部委之间、地方的银监、金融主管部门之间、各地方之间网络监管协调机制及其运行效率提出新的挑战。而且,即使有些监管政策表面上看已经到位,但实际上仍然存在一些网贷平台假借金融创新的名义规避金融监管的可能,金融监管不能跟进,监管的有效性受此影响大打折扣[3]。

第四,还有观点对我国现行的监管模式提出了严厉批评,该观点指出,

---

〔1〕 彭冰:《反思互联网金融监管的三种模式》,载《探索与争鸣》2018 年第 10 期。

〔2〕 于博:《P2P 网络借贷:交易决策、风险传导与监管策略》,载《中央财经大学学报》2017 年第 10 期。

〔3〕 张普雷:《P2P 网络借贷风险防范及监管政策探讨》,载《农村金融研究》2017 年第 9 期。

P2P网贷企业属于网络信息服务中介，严格地将其划定为某个部门监管是不太科学的，因为越试图将监管界限划分得清晰，越容易造成监管的真空状态，导致顾此失彼，应该秉持混业监管的理念，以行为监管为原则，形成银监、工商、工信、税务、公安、网络监管部门相互配合监管的模式。在明确行为监管原则的同时需要完善立法，增强更加详细的监管法律制度供给。当前对P2P网贷企业监管效果不佳的重要原因是制度供给的落后和不足，现行法律制度和政策措施无法为监管主体干涉P2P网贷企业的市场行为提供更充分的依据，以致无法有效遏制P2P网贷行业的高风险行为[1]。

(2)网贷监管的完善之策

针对我国网贷平台的乱象和各种问题，加强网络金融监管无疑成为必需。我国监管部门应该坚持创新原则，反思造成网贷平台的乱象的根源，积极借鉴国外已经成熟的监管经验，建立专业化监管模式，形成适应网络金融发展需要的监管体系。笔者结合上述学者、专家提出的批评以及完善建议，将其梳理之后具体归纳如下：

①坚持互联网金融创新和适度科学的监管并驾齐驱方针

互联网金融的最大特征之一就是创新性，其主要表现在技术革新和市场创新。所谓的技术革新，是指互联网金融依靠技术驱动来重构企业商业模式及成本优势的一种金融创新。与传统金融依托高成本运作不同，互联网金融主要依托技术优势来获取成长机会。换言之，资本优势无法创造互联网金融企业的核心竞争力，相反，技术优势才是在根本上决定互联网金融企业能够始终保持竞争力、始终拥有市场优势及成本优势的关键。只有在快速的技术迭代中始终保持前沿性优势，互联网金融企业才能拥有更强的竞争力和更低的风险水平。不过，技术创新同时会带来技术风险，我国网络金融存在诸多安全漏洞是不言自明的。

而金融市场在创新的同时，难免会遇到各种网络金融问题，例如，利用互联网从事非法吸收存款、非法集资活动。对此，必须通过监督严加把关，坚决抵制这些非法行为。但是，在监管的同时，也应注意不能过分扼制这种新事物的发展。为此，我国可以借鉴诸如英国对网贷平台的金融政策，英国网贷平台金融监管机构对各中小企业的风险水平进行预测，合理分配与风险水平相适合的资金借出方参与竞标，使借贷双方获益，既可避免过度监

[1] 丁国峰：《P2P网贷平台异化经营的法律规制》，载《上海财经大学学报》2017年第4期。

管、保护创新,又不会触犯法律红线,让市场秩序得以维持。与此相对应,我们还应加强行业自律规则的建立。由于我国处于网络金融发展的初期,各方面体制尚不完善,为了保持创新,避免过度监管,建议我国借鉴英国初期的行业自律,通过行业协会制定行业规则,稳妥引导和规范行业发展,以公约增强行业自律,待行业发展成熟再实行正式的监管。我国网络金融监管在逐步发展,监管机构和自律机构二者相统一,形成有益互补,从而共同构建健康有效的网络监管模式[1]。

此外,树立正确的监管导向是科学监管的前提。必须优化"监管导向",应高度重视监管边界调整过程中所衍生的新风险,并对其进行动态跟踪与治理,从而在兼顾风险的前提下逐步尝试将网贷金融的职能定位从"小微金融"过渡到"广义金融"。在此基础之上,激励P2P平台在更宽业务口径下展开产品与营销创新,更充分地利用互联网技术来构建信贷场景,进而提升金融服务可得性、推动普惠金融实践。同时,我国还要加快创新监管模式,实施监管科技。一方面要进一步推动金融监管创新和改革,使之更好地适应金融混业经营的大趋势;另一方面要积极运用监管科技,提升监管信息化水平、检测和处理能力。积极运用大数据等信息技术,及时发现市场上潜伏的风险因素。面对"科技金融"的迅速发展,监管者也应当积极运用科技手段,实现"科技监管"。进而,鼓励P2P平台展开"平台间"数据合作,通过推动地方性及全国性金融科技服务供应商的合作来构建"反欺诈与网贷风险防范"基础数据库及风险评价体系。[2]

②完善信息披露制度、建立行业"黑名单"制度

国外P2P网贷平台的信息披露较为健全,披露的信息较为丰富,如美国的Prosper网站,不仅有借贷操作流程,还有公司历年年报、经营业绩、逾期率等信息。从公司的长远发展来看,全面、客观、真实的信息披露不仅不会促使投资人流失,反而还会吸引、培育优质合格的投资人。监管部门应该出台规范性制度,明确信息披露的内容及其程序。披露的内容包括融资项目信息,平台经营状况,风控系统等。信息披露的程序方面,要求相关信息披

[1] 王建文、奚方颖:《我国网络金融监管制度:现存问题、域外经验与完善方案》,载《法学评论》2014年第6期。

[2] 于博:《P2P网络借贷:交易决策、风险传导与监管策略》,载《中央财经大学学报》2017年第10期;彭冰:《反思互联网金融监管的三种模式》,载《探索与争鸣》2018年第10期。

露主体在官网的显著位置及时披露P2P网贷企业的相关重要信息，如公司董事、监事、高管、投融资人、社会公众监督信息的客观性、真实性等情况。同时，要求P2P企业向监管主体或行业协会提交年报，便于对信息披露真实性的监督。建议设立信用分层披露制度，即针对普通网民、投资者、监管机构等在不同类型的披露对象中，应该实施有层次、有差异的披露信息制度，从限制级信息披露到全方位信息披露，形成一个信用分层披露的制度体系。同时，我国应该统一行业信用评级、建立行业“黑名单”制度。行业信用评级不同会使不同的投融资主体对同一P2P平台做出的评级不同，而评级参差不齐，会影响行业评级的权威性。此外，因借款人选择对自己评级高的平台，参差不齐的评级会使P2P网贷平台的评级越来越虚高，缺乏科学性，不利于行业进步及风险防范。对于此类缺乏信用的违约客户，事后救济效果欠佳，只能事前预防，建议应当建立行业“黑名单”共享机制，将其排除于P2P网贷行业的服务范围之外。[1]

③完善监管法律体系，健全市场准入、退出法律制度

金融法律规范是国家推行金融监管、维护金融稳步发展的法律凭据，也可以从根本上保证金融监管法制化。例如，在互联网金融活动中，对于互联网金融服务机构的责任、侵害消费者权益应当承担的法律责任、互联网经济贸易中的隐私权及数据资料的维护等内容，立法机关可以结合互联网的特殊性，吸取美国的立法经验，与传统监管法律法规相结合，建立和健全既与国际接轨、又适应本国国情的网络金融监管法律法规体系，形成网络金融发展的强有力保障。立法方面，严格对网贷平台进行规范，与时俱进地对网贷等互联网金融新产品建立规范的法律法规，明确新的金融产品的性质和法律地位，提高互联网金融的准入门槛，加强网络平台资金的管理，保证交易的真实性；对于网络金融的犯罪，要明确涉案行为是金融犯罪、还是金融创新，以防止新的可能的金融风险和法律风险。在监管政策和立法创新方面，我国可从美国互联网金融的法制监管中汲取经验，合理制定体系化的法律法规。P2P网贷市场的健康发展离不开政府的有效监管，而明确P2P网贷的市场准入、退出制度尤为重要，这是有效监管P2P网贷市场的基础。信息服务中介公司在简政放权、增强市场活力的时代背景下，对于P2P网贷企业的监管不宜在市场准入阶段设置较高的门槛，应该加强事中、事后的行为监

---

[1] 丁国峰：《P2P网贷平台异化经营的法律规制》，载《上海财经大学学报》2017年第4期。

管。与此相对,P2P 网贷企业市场退出制度是监管体系的重要组成部分,其有利于规范金融市场秩序,保障相关主体方的合法利益,健全监管体制,促进 P2P 网贷行业稳步向前发展。建立起科学、合理的法定退出机制,是实现 P2P 网络借贷平台优胜劣汰、保障民间借贷市场健康发展的重要保障。如 P2P 网络借贷平台已经无能力经营,严重影响贷款人、借款人的利益时,地方监管机构或者行业协会可以对该平台实行接管,在追查其违法、犯罪行为的同时,尽力追回待还资金,减少投资人损失。此外,还应遵循《破产法》的相关规定,相关部门对其符合破产清算程序的,应当及时履行破产清算程序,根据监管过程中监测到的不同风险采取不同的行政处置和司法审查措施,规范和完善 P2P 网贷平台市场的最终退出程序环节〔1〕。

④提高监管政策执行的效力和灵活性

网贷行业的飞速发展,使监管规则制定的滞后性表现尤为明显,这就要求监管部门在履行监管职责时,应当把握行业动向,树立创新意识,根据网贷市场的发展,及时调整监管思路、政策和手段,以适应市场环境的变化。一方面,监管机构要牢固树立风险防范意识,认识到 P2P 领域风险成因的复杂性和非确定性,从严执行各项监管规程,落实监管责任,提升监管效力。另一方面,要加强监管专业人才队伍建设,从政治和业务素质两方面入手,全面提升监管人员的风险分析、评价、判断以及风险处置能力,使监管人员能够根据市场变化新情况实施有效监管,有效预防和控制潜在风险〔2〕。

⑤积极开展对消费者的义务宣传教育

作为新兴的互联网金融业态,网贷具有开放共享、创新灵活、突破区域和领域限制等显著特征,可是网贷本质上依然属于金融范畴,其风险的隐蔽性、传播性、传染性、广泛性和突发性较传统金融有过之而无不及。P2P 网贷平台在我国的发展时间并不长,原本应该在网贷行为中作为信息服务中介的网贷平台,却在发展过程中呈现超越了其定位的情形,其从事的业务模式也超出了信息中介这一角色所应包括的内容,前述这样的现象就称为 P2P 网贷平台的异化经营。严重的 P2P 网贷平台经营变异存在许多法律风险,

---

〔1〕 参见王建文、奚方颖:《我国网络金融监管制度:现存问题、域外经验与完善方案》,载《法学评论》2014 年第 6 期;丁国峰:《P2P 网贷平台异化经营的法律规制》,载《上海财经大学学报》2017 年第 4 期。

〔2〕 张普雷:《P2P 网络借贷风险防范及监管政策探讨》,载《农村金融研究》2017 年第 9 期。

网贷平台操作不当极易涉嫌一些如高利转贷罪、贷款诈骗罪等经济犯罪，也容易波及我国金融秩序，使其产生不良影响。对此，我们要利用互联网信息传播的优势，积极开展对消费者的义务宣传教育，为民众普及互联网金融基本知识并使其认识到参与其中可能承受的风险。要多渠道推进投资人教育，增强投资人的契约意识和风险意识。同时，还应加强监管中的顶层设计和中央层面的统一化管理，授权地方政府实施监管的领域也应该有统一的监管制度和标准，减少地方政府职责的利益冲突，避免监管套利。[1]

五、结语

P2P 网贷平台，运用互联网信息技术的优势，聚集小额资金实现借款人的融资需求，从而完美实现大众化、低成本、高效率的普惠金融目的而一度备受追捧。但随着 e 租宝、融宜宝、e 速贷等知名 P2P 平台相继出现问题，P2P 俨然被贴上了卷钱跑路、圈钱骗人的“特殊标签”又再次备受公众的苛责。毋庸讳言，发生在 P2P 网贷平台上的欺诈行为、自融自担、涉嫌非法吸存、非法集资等问题对整个互联网金融市场的健康发展带来的破坏力不容忽视。

P2P 行业在我国已经历了近 10 年的发展，而与行业的快速发展相对应的却是监管政策的滞后与缺失。2016 年 4 月 14 日，国务院组织 14 个部委召开电视会议，宣布将在全国范围内启动为期一年的互联网金融领域的专项整治，并出台了较为严厉的《互联网金融风险专项整治工作实施方案》，针对互联网金融行业在野蛮生长中暴露出来的风险进行精确打击。同年的 8 月 24 日银监会等四部委发布《网络借贷信息中介机构业务活动管理暂行办法》。随后，又紧锣密鼓般地出台一系列监管措施，一直到 2020 年 11 月 2 日央行和银保监会联合发布《网络小额贷款业务管理暂行办法（征求意见稿）》的最新规定。如今监管落地，一场正式且大规模的 P2P 网贷行业洗牌已经开始。在这场行业大洗牌中，能够经受得起考验的才是真金。

在这样的大环境里，特别是在去担保化的大趋势下，许多 P2P 平台将“联姻”保险公司作为新思路而受到关注。一方面，P2P 引入保险，对投资者来说确实有“定心丸”的作用，能在一定程度上降低投资风险。另一方面，保险公司也应该明确在经营信保业务上“什么能做、什么不能做”，尤其是开展

---

[1] 方芳、李聪：《中国 P2P 网络借贷内生与派生风险监管探究》，载《新金融》2018 年第 7 期。

网贷平台信保业务、融资性信保业务时更要“擦亮眼睛看清楚”，严防相关风险传导至保险行业。那么，如何为 P2P 平台“联姻”保险公司打开了一条“绿色”通道，认真做好这方面的研究工作，对于保险业界和保险法学界来说，既是一个光荣而重要的任务，更是一个难得的历史机遇。

单用途预付卡的监管途径*

南京师范大学法学院副教授　赵　莉

一、问题的提起

在美容美发、健身等消费领域，办理预付卡已经成为固定的消费模式，还有蛋糕店、超市、商场的礼品卡以及餐厅等的充值卡，这些预付卡给消费者带来折扣的同时，也带来大量的纠纷。预付卡根据其用途可分为多用途预付卡和单用途预付卡。多用途预付卡是由专营发卡机构发行可跨地区、跨行业、跨法人使用。多用途预付卡因接近电子货币，故受央行监管。单用途预付卡是企业发行，在本企业或同一品牌特许经营体系内购买商品和服务的，至于单用途预付卡的定义，根据2012年11月1日起施行的《单用途商业预付卡管理办法（试行）》（商务部令2012年第9号，以下简称《管理办法》）第2条第2款"是指前款规定的企业发行的，仅限于在本企业或本企业所属集团或同一品牌特许经营体系内兑付货物或服务的预付凭证，包括以磁条卡、芯片卡、纸券等为载体的实体卡和以密码、串码、图形、生物特征信息等为载体的虚拟卡"，前款规定的企业是指从事零售业、住宿和餐饮业、居民服务业的企业法人（第2条第1款）。因此，管理办法从发卡主体角度将单用途预付卡分为规模发卡企业、集团发卡企业、品牌发卡企业和其他发卡企业。

虽然商务部门出台了管理办法，确定了单用途预付卡的监管部门是商务部门，一些地方也在地方条例中制定了相关规制条款，如2017年7月1日

---

* 本文最早发表在韩国东亚大学期刊"DONG-A Journal of International Business Transactions Law"2018年第2期，现略有修改。

实施的《江苏省消费者权益保护条例》。但由于发卡主体众多,单用途预付卡一直处于监管较难的状态,商家为回笼资金超规模发行预付卡,导致纠纷居高不下。国家工商总局公布的《全国工商行政管理机关2015年处理消费者投诉举报咨询情况》显示,2011～2015年,全国预付卡消费投诉率年均增长35.7%,2015年达到2.93万件。投诉主要集中在美容美发、健身等行业,投诉量分别占33.9%、27.3%。投诉的问题主要有商家服务缩水、霸王条款、费用无故被扣除、擅自终止服务、商家"关门跑路"。[1] 而2016年上海市因单用途预防卡引发的市民投诉总量为15,691件,其中市工商局"12315"热线共受理预付卡相关投诉6072件,比2015年同比增长44%。市民热线"12345"数据显示,2016年累计2836家经营主体因关门跑路、门店调整转让而引发的投诉,占被投诉经营主体的71.7%。[2]

本文拟从单用途预付卡消费中存在的纠纷着手,通过对单用途预付卡监管性质的分析,考察单用途预付卡规制的法律问题,探讨单用途预付纠纷监管规制不力的原因,最后尝试为预防和解决此类纠纷尽绵薄之力。

二、单用途预付卡的性质之争:代币票据抑或债权凭证?

关于单用途预付卡的性质,司法实践认知并不一致,有案例认为是代币票据,有案例认为是债权凭证。

(一)认定代币票据案[3]

广东省高级人民法院(2013)粤高法民二申字第127号案件显示,原告X从被告Y2处以购物卡票面价的85%购买了被告Y1商场发的购物卡,但在使用该卡时遭到Y1的拒绝,理由为Y2仅支付了部分款,其和X之间并不存在合同关系。原告X遂诉至法院,要求解除合同,返还购物卡票面价的

---

〔1〕 新华社:《大数据告诉你:2015年消费投诉热点都有啥?》,载中国政府门户网站2016年3月9日,http://www.gov.cn/xinwen/2016-03/09/content_5051344.htm,最后访问日期:2017年7月15日。

〔2〕 罗培新:《谁来管管"金钱豹们"? 预付卡监管立法,是时候了》,载《上观新闻》2017年7月10日,https://www.jfdaily.com/news/detail?id=58702,最后访问日期:2017年7月15日。

〔3〕 天虹商场股份有限公司与范某某、邱某某合同纠纷案,广东省高级人民法院(2013)粤高法民二申字第127号民事裁定书。

85%。一审、二审皆判决被告 Y1 商场败诉,Y1 商场不服,向广东省高级人民法院申诉。

广东省高级人民法院在本案中明确了本案所涉购物卡的法律性质问题,即中国人民银行 2007 年 7 月颁布的《关于对购物卡性质认定的函》的规定,代币票据可在一定范围内使用和流通,不记名、不挂失。中国人民银行在 2012 年 9 月 27 日颁布的《支付机构预付卡业务管理办法》规定,预付卡是指发卡机构以特定载体和形式发放、可在发卡机构之外购买商品或服务的预付价值,预付卡分记名卡和不记名卡,不记名预付卡不挂失、不赎回,发卡机构应当按照实收人民币资金等值发行预付卡。本案中所涉的天虹卡标明了票面价值为 1000 元,卡片上写明系持卡人的电子账户,可在某某网上商城和天虹分店内消费抵扣。二审法院综合本案所涉购物卡标明的内容并参照上述规定,认定本案所涉的购物卡虽然在《支付机构预付卡业务管理办法》颁布前的 2010 年发行,但其特点和使用情况符合《支付机构预付卡业务管理办法》的规定,应为不记名预付卡,具有无因性,在特定范围可以流通,持卡人可持卡消费,从而认为"商场应见卡即付",一审、二审判决"并无不当",从而驳回了 Y1 的申诉。

(二)认定债权凭证案[1]

上海市第二中级人民法院(2013)沪二中民四(商)终字第 418 号案例显示,2011 年 3 月 18 日,原告 X 网络公司与案外人 A 管理中心签订了《销售合同》一份,约定由 A 管理中心向原告 X 网络公司以 76 折优惠采购被告 Y 公司的现金券和购物卡共计 500 万元并签订了合同,双方履行了合同,原告 X 网络公司支付了 380 万元。2011 年 3 月 25 日,原告 X 网络公司将其从被告 Y 公司采购的券和卡均交付给案外 A 管理中心的工作人员徐某某。后因原告 X 网络公司未收到相应货款并得知徐某某涉嫌合同诈骗,故多次向被告 Y 公司发函,告知被告 Y 公司其交付给徐某某券和卡的号码区间,要求被告 Y 公司停止兑换,并将该券及卡予以作废等,均未果。后原告 X 网络公司于 2012 年 8 月 16 日提起本案诉讼,请求判令:(1)解除原告 X 网络公司与被告 Y 公司之间签订的买卖合同;(2)被告 Y 公司返还原告 X 网络公司支

---

〔1〕 林晓镍、何云:《商业预付卡的法律性质及其转移后的法律后果》,载《人民司法》2013 年第 20 期。

付的货款380万元以及赔偿原告X网络公司经济损失300,622元。二审法院查明,涉案3种类型的克莉丝汀券和卡,均在纸面和卡面的显著位置标明了有关"不可挂失"的条款。

首先,两级法院均认定原被告的合同有效,原告无正当理由要求解除,不予支持。其次,关于涉案现金券(卡)的法律性质。二审法院认为,从其特征和属性来看,本案现金券(卡)属于一种债权凭证,理由如下:从一般意义上讲,物权是对特定物的排他性支配权,物权凭证能够代表物本身,该凭证的转移或占有与货物本身的转移或占有的效力一致,而债权是一种请求权,债权凭证仅代表债权的享有和行使,是债权的依据。债权凭证的转移意味着债权请求权人的变更。具体而言,涉案现金券(卡)所指向的兑付标的物为不特定的克莉丝汀面包等种类物,且任何持券人都可以依据相同的券对种类物主张相同的权利,这种权利是依据发券人所承诺的以约定的商品或者服务进行偿付的一种合同关系。在这种合同关系下,持券人实际上就是该合同所产生的债权债务关系中的债权人,而所持的券,即是一种债权凭证。接着判决论述了债权凭证转移后的法律后果,即债权凭证的转移意味着债权请求权人的变更,而且现金券(卡)上明确注明不可挂失。据此,原审法院作出如下驳回原告X网公司全部诉讼请求的判决,从而驳回上诉,维持原判。

(三)私见:信托凭证

由上可见,广东省高级人民法院根据"中国人民银行2007年7月颁布的《关于对购物卡性质认定的函》的规定"(该函颁布时间应为2000年7月,法院判决所写系笔误),将商场的预付卡定性为"代币票据",则商家须"见卡即付"。但是,《中国人民银行法》第20条规定,任何单位和个人不得印制、发行代币票券,以代替人民币在市场上的流通。商场发行的购物卡具有单一用途,其流通性也有限,仅限于该商场,因此,将商场的购物卡解释为"代币票据",显然是错误的。

另一案中,上海市中级人民法院认为券卡属于一种债权凭证,从合同角度出发,作为买方的消费者先行履行合同,预付了款项,其享有合同上的请求权,该请求权为债权性质,将预付卡性质解释为债权凭证虽然比较合理,但是,一般债权人可以要求债务人提供担保来控制借贷的风险,但在预付卡情况下,要经营者向分散的消费者提供担保是不可行的,又在信息不对称的情况下,作为债权方的消费者可谓无任何控制风险的手段。2011 年 5 月国务院办公厅转发人民银行监察部等部门发布的《关于规范商业预付卡管理意见的通知》(四)中明确,“多用途预付卡发卡人接受的、客户用于未来支付需要的预付资金,不属于发卡人的自有财产,发卡人不得挪用、挤占”,多用途预付卡的预付款与单用途预付卡的预付款性质是相同的,不属于“发卡人的自有财产”,也不属于发卡人自有资产而在被发卡人所占有的情况下,该预付款乃消费者的信托资金。因此,预付卡为信托凭证。

三、单用途预付卡的难解之题:退卡难

单用途预付卡退卡之难,表现在以下方面:

(一)设有效期、余款不退等格式条款拒绝退卡

刊登在最高人民法院公报上的“孙某某诉上海一定得美容有限公司服务合同纠纷案”中,法院在判决中明确了如下规则:“一、在消费者预先支付全部费用、经营者分期分次提供商品或服务的预付式消费模式中,如果经营者提供的格式条款载明‘若消费者单方终止消费,则经营者对已经收费但尚未提供商品或服务部分的价款不予退还’的,该类格式条款违反我国合同法、消费者权益保护法的相关规定,应属无效。二、在预付式消费中,如果消费者单方终止消费,经营者并无违约或过错行为的,应结合消费者过错程度、经营者已经提供的商品或服务量占约定总量的比例、约定的计价方式等因素综合确定消费者的违约责任”。该案主要案情是,2010 年 7 月,原告与被告签订了修身堂健康纤体服务协议一份,服务期限自 2010 年 7 月 18 日起至 2011 年 1 月 18 日。嗣后原告向被告预付了服务费人民币 100,000 元。原告在被告处进行了几次纤体服务后,非但体重未减轻,且多次感到身体不适,为此原告与被告进行多次交涉未果,原告在纠纷发生后亦未再去被告处进行消费,现因原告已对被告服务失去信心,且双方服务协议约定的服务期限业已过期,被告收取原告服务费后未提供有效服务,理应退还服务费用。原告遂起诉,要求判令:(1)解除原、被告之间于 2010 年 7 月 18 日签订的服务协议;(2)被告返还原告人民币 90,000 元。一审法院认为双方的协议有效,原告放弃接受服务,双方协议中有“如因原告自身原因不能按被告制定的方案切实履行,则原告不能要求退还任何已支付予被告的费用”的规定,因此,驳回了原告的诉讼请求。原告不服上诉,二审法院以上述理由改判解

除双方的合同,酌定孙某某需承担 20,000 元的违约金,在扣除服务费用 31,800 元后,一定得公司还需返还孙某某 48,200 元。[1]

(二)消费者死亡

2016 年 12 月,四川省消费者委员会接到黄姓先生投诉称,2015 年 7 月 24 日妻子王女士因病去世。在处理后事中,黄先生发现 2014 年年初到 2015 年 7 月王女士病故前,在成都某美容院尚余有 147 张美容护理卡,刷卡护理款累计金额为 18.41 万元。四川省消费者权益保护委员会调查发现,2014 年 1 月至 2015 年 7 月,王女士生前共向该经营者支付费用 116 万余元,目前现金余额仅为 6 万余元,预付式消费卡内余额为 9 万余元。黄先生认为,其妻因病去世,属于不可抗力原因,美容院有义务提供其妻生前接受服务消费的签字单据,若不能提供的部分应视为未消费,应全部退还余额 101 万余元。经四川省消费者委员会多次调解,双方就退款数额分歧过大,不能达成一致意见。四川省消费者委员会已终止调解,支持消费者依法提起诉讼。[2]

(三)经营者停业

据新闻报道,在北京、上海都有连锁店的金钱豹餐饮于 2017 年 7 月关店,根据北京市商务委 2017 年 7 月 11 日发布的消息称,截至 7 月 10 日,北京市商务举报投诉中心已经接到北京金钱豹餐饮有限公司因预付卡终止兑付引发的有效投诉案件涉案金额约 160 万元。[3] 金钱豹餐饮在上海有 5 家

---

〔1〕 参见孙某某诉上海一定得美容有限公司服务合同纠纷案,载《最高人民法院公报》2014 年第 11 期(总第 217 期)。

〔2〕 刘铭:《女子去世留下 147 张美容卡　丈夫要求退款 101 万元》,载《中国消费者报》2017 年 7 月 20 日,http://www.ccn.com.cn/330/954793.html,最后访问日期:2017 年 7 月 20 日。

〔3〕 吴文治、郭白玉:《北京商务委:金钱豹预付卡投诉案件涉案金额约 160 万元》,载《北京商报》2017 年 7 月 11 日,http://www.bbtnews.com.cn/2017/0711/201149.shtml,最后访问日期:2017 年 7 月 22 日。

店，其中延安西路店涉及预付卡金额为1514万元。[1] 像金钱豹停业引发的退卡纠纷报道每年都见诸报端，纠纷较多，涉及人数众多，又因部分经营者突然消失，消费者协会或者工商常常无法找到经营者，导致纠纷迟迟无法解决。类似纠纷每年都在全国各地发生。

四、对单用途预付卡监管的各种措施

对于单用途预付卡监管规制涉及的法律法规主要有2021年1月1日实施的《民法典》合同编；1995年颁布的《消费者权益保护法》、2013年进行了修改、2014年3月15日实施的《消费者权益保护法》；为配合新消法的实施，2015年1月5日，原国家工商行政管理总局颁布了《侵害消费者权益行为处罚办法》，该办法共22条，自2015年3月15日起施行；商务部在2012年9月公布了《管理办法》，并于当年的11月1日起施行。各地的消费者权益保护也尝试对单用途预付卡予以规制。由于地方的消费者权益保护条例较多，囿于篇幅，本文仅考察了2014年11月修改的《上海市消费者权益保护条例》和2017年7月1日实施的《江苏省消费者权益保护条例》。

（一）建立备案制度

《管理办法》第7条要求发卡企业应在开展单用途预付卡业务之日起30日内按照规定办理备案。中国商业联合会商业预付卡规范工作委员会发布的《2016年中国单用途商业预付卡行业报告》显示，“截至2015年12月底，全国已有3648家发卡企业备案，相比2014年备案企业数量下降19.7%，源于有410家备案企业注销登记”，而该报告显示，2015年零售业预付卡消费规模约为7328.81亿元，比2014年同期下降8.49%。[2] 上千亿元的消费规模，全国备案的发卡企业才3648家，显然与该消费规模不相符合。而根据上海市单用途预付卡协会统计，截至2016年，该市发卡主体总数近10万家，

---

[1] 邵未来：《金钱豹在上海共5家门店延安西路店涉千万元预付卡资金》，载东方网2017年7月13日，http://sh.eastday.com/m/20170713/ulal3114833.html，最后访问日期：2017年7月22日。

[2] 《2016年中国单用途商业预付卡行业报告》，载全球品牌网，https://i.globrand.com/baike/yufuka.html，最后访问日期：2017年7月22日。

但实际备案发卡企业仅375家，比例不足1%。[1] 显然，欲通过备案制来监管发卡企业是不具有成效的。

（二）规制有效期、解释权等格式条款

我国《合同法》没有将预付卡合同作为典型的有名合同予以规制，但是第124条（现为《民法典》第467条）规定“本法或者其他法律没有明文规定的合同，适用本编通则的规定，并可以参照本编或者其他法律最相类似合同的规定”，因此，预付卡纠纷适用《合同法》的规制是毫无疑问的。应该说，我国《合同法》第39条（现为《民法典》第496条）关于格式条款的订立规则、第40条（现为《民法典》第497条）关于格式条款的效力以及第41条（现为《民法典》第498条）关于格式条款的解释的规定，在解决预付卡关于格式条款纠纷问题上还是有法可依的。

相比《合同法》的较原则性的规定，商务部的《单用途商业预付卡管理办法（试行）》第19条则明确规定了禁止行为，即“记名卡不得设有效期；不记名卡有效期不得少于3年”。违反该规定的，《管理办法》第37条规定“由违法行为发生地县级以上地方人民政府商务主管部门责令限期改正；逾期仍不改正的，处以1万元以上3万元以下罚款”。而《江苏省消费者权益保护条例》（以下简称《江苏消保条例》）不再区分记名不记名，在第27条第2款规定，“预付卡不得设定有效期”。随后，又根据《合同法》第49条（现为《民法典》第498条），确立了不利解释原则，即该条例第27条第1款规定“经营者以预收款方式提供商品或者服务，应当与消费者明确约定商品或者服务的数量和质量、价款或者费用、履行期限和方式、安全注意事项和风险警示、售后服务、民事责任等内容。未作约定或者约定不明确的，应当作有利于消费者的解释”。但是，约定不明确时有解释的余地，但在无约定的情况下，是无法作出解释的、更何谈有利于消费者的解释，因为解释是建立在有约定但意思有分歧的情况下的，而不应该包括未作约定的情况。而实践中大量单用途预付卡并无上述约定。

---

[1] 谢文英：《金钱豹倒闭凸显预付卡监管难题，上海将立法监管预收资金》，载《检察日报》2017年7月17日。转引自中国新闻网，https://www.chinanews.com/cj/2017/07-17/8279755.shtml，最后访问日期：2017年7月22日。

(三)对合同订立、保管等方面的规制

《上海市消费者权益保护条例》在第37条第1款要求“经营者以预收款方式提供商品或者服务,消费者要求订立书面合同的,经营者应当与消费者订立书面合同,明确约定经营地址、联系方式、商品或者服务的数量和质量、价款或者费用、履行期限和方式、安全注意事项和风险警示、售后服务、民事责任、争议解决方式等事项”,该款后为国家工商行政管理总局颁布的《侵害消费者权益行为处罚办法》第10条第1款所借鉴。该条第2款规定“经营者应当保存合同及履行的相关资料,方便消费者查询、复制;相关资料应当至少保存至合同履行完毕后两年”。《江苏消保条例》第27条第4款重复了该规定,第1款则删除了“消费者要求订立书面合同的”语句。但是,实践中,大量预付卡消费并无书面合同,即使有合同和履行资料,条例也仅仅要求经营者保存,未保存的,也无任何承担责任措施。

(四)明确退卡时的处理措施

《江苏消保条例》在第28条第1款明确了消费者15天无理由退卡权,此时,经营者可以扣除其为提供商品或者服务已经产生的合理费用。另外,在该条第2款明确了退卡的处理,即“经营者未按照约定提供商品或者服务的,应当按照消费者的要求履行约定或者退回预付款。未消费的,应当全额退款并承担预付款的利息;已经消费的,应当按照原约定的优惠方案扣除已经消费的金额,予以退款并承担退款部分的利息”。该条第3款规定“经营者停业、歇业或者变更经营场所的,应当提前一个月通知已交预付款的消费者,并按照前款规定承担责任”。对于违反退卡规定的处罚,与违反限额和有效期规定一样,“由商务部门责令限期改正;逾期仍不改正的,处以一万元以上三万元以下的罚款”(《江苏消保条例》第64条)。“经营者未事先通知已交预付款的消费者并作出妥善安排,不提供或者不按照约定提供商品、服务又无法联络的,视为欺诈行为”(《江苏消保条例》第28条第4款),对此,“由市场监督管理部门或者其他有关行政部门依照《中华人民共和国消费者权益保护法》第56条的规定予以处罚,并且应当按照消费者的要求增加赔偿其受到的损失,增加赔偿的金额为消费者购买商品的价款或者接受服务费用的三倍;增加赔偿的金额不足五百元的,为五百元。法律、行政法规另有规定的,依照其规定”(《江苏消保条例》第63条)。但是,在商家跑路无

法联络到的情况下,如何索赔?问题依然没有解决。

五、单用途预付卡监管措施的问题

(一)设立单卡限额但却推卸对资金的监管

如上所述,《管理办法》或者《江苏消保条例》试图通过限制单卡的金额来防范风险,保护消费者,但是,实践中,美容、健身等单张卡的金额超5000元的比比皆是,却未见到因此受到处罚的例子。而对于资金的监管,《管理办法》第24条要求"发卡企业应对预收资金进行严格管理",将资金的管理权完全交给发卡企业自行管理,没有其他监管措施。《上海市消费者权益保护条例》第37条第4款规定"对发行单用途商业预付卡的,可以通过资金管理、信息披露等方式予以监管,具体管理办法由市人民政府另行制定",从而将对预付款的监管转给了其他法律、法规。诚如上海市人大常委会委员马新生在金钱豹倒闭事件后所质疑的,"按照上海市人大常委会法规配套文件的要求,法规实施之后最迟一年要出台配套制度,预付卡管理制度应该早就出台了。但是,由于种种原因这项制度还是没有出来,原因在哪里?"[1]《江苏消保条例》试图通过建立担保制度来监管,该条例第27条第3款规定"经营者应当对其发放的单用途预付卡向消费者提供担保。鼓励经营者在商业银行开立预付卡资金存管账户,在经营场所定期公示预付卡资金总量和使用情况。"可是,经营者如何向消费者提供担保?不提供担保怎么办?对此,无任何对应措施的规定。对于重要的预付卡资金存管账户的开立,仅仅规定的是"鼓励",因此,该规定缺少进一步配套措施。

需要说明的是,原《消费者保护法》中并无资金管理的规定,在《消费者保护法》修改过程中,"征求意见稿"第一稿曾在第10条规定经营者应当将数额较大的预付款存入银行的专用账户,但是,反对意见认为,"禁止经营者动用预收款,虽然可确保消费者的资金安全,但将限制经营者现金流,降低资金使用效率",资金托管"实践操作都不理想,反而增加银行责任",特别是"电信用户账户的预付款在使用电信业务过程中实时扣除,预付款存入银行

---

[1] 谢文英:《金钱豹倒闭凸显预付卡监管难题,上海将立法监管预收资金》,载《检察日报》2017年7月17日。

账户不符合实际需要”以及“数额较大”缺乏明确标准。[1] 因此，在第二稿中增加规定了经营者可通过担保的方式提取预付款的规定。但是，上述意见稿并未被修改后的法律所采纳。

（二）保证保险不具可操作性

由上述规制可见，虽然从法律到部门规章特别规制以及各地方条例规定了很多措施，但依然解决不了不断涌现的单用途预付卡退卡纠纷，为此，商务部门和保监会曾经在2013年10月联合颁发了《关于规范单用途商业预付卡履约保证保险业务的通知》，为贯彻落实该通知的要求，保险行业成立了单用途商业预付卡履约保证保险共保体，共保体由中国人保财险、中国平安财险、中银保险、中国太平洋财险、阳光财险、天安财险6家保险公司组成并签订了协议。[2] 但直到2015年12月，才由非共保体的中国人寿宁波市分公司牵头，联合长安保险、都邦保险组成共保体，在宁波市海曙区试点推广单用途商业预付卡履约保证保险，投保的企业申请破产、被依法吊销营业执照、因经营管理不善倒闭，企业拒绝履行或无法履行兑付商品或服务的义务，并且未能退还卡内预收的资金余额时，持卡消费者可凭电子保单由保险公司负责赔偿全部卡内余额。[3] 但是，该险种规定，商家需要先入驻第三方网络平台，然后，想在甲商家消费的市民才可以通过这一平台投保预付卡保险，同时生成一张电子保单。但是如果商家没有入驻这一平台，消费者则无法投保预付卡保险。根据调查，商家主动入驻这一平台的意愿并不强，因为一方面，入驻该平台手续复杂，另一方面，该平台并没给商家带来客流等利益。[4] 笔者认为，该保险之所以无法成为产品的另一个重要原因在

---

[1] 参见全国人大常委会法制工作委员会民法室编：《消费者权益保护法立法背景与观点全集》，法律出版社2013年版，第33页。

[2] 黄莉莉：《保险业成立预付卡共保体》，载《重庆晨报》2014年3月10日。转引自中国新闻网，http://finance.chinanews.com/cj/2014/03－10/5932298.shtml，最后访问日期：2017年7月22日。

[3] 张黎升、秦嘉敏：《宁波首推预付卡履约保证保险》，载《中国保险报》2015年12月29日，http://finance.jrj.com.cn/2015/12/29101020316266.shtml，最后访问日期：2017年8月3日。

[4] 《预付卡履约保证保险新进展》，载沃保网2016年5月25日，https://news.vobao.com/article/851270218020452938.shtml，最后访问日期：2017年8月3日。

于，保险公司对经营者的发卡规模无法控制，因此，这样的保险很难测算保费，难以长久，故该保险无法成为监管措施。

六、单用途预付卡监管途径之管见：托管资金和融资保险并行

在我国，多用途预付卡之所以没有退卡难的问题，原因在于以下两点。第一，中国人民银行颁布的2010年9月1日起施行的《非金融机构支付服务管理办法》中规定，发卡企业需要取得中国人民银行颁发的《支付业务许可证》(第7条)，且有最低注册资本的要求(第9条)。对于单用途预付卡的发行，设立上述发卡条件较难；即使设立发卡条件，也无法真正监管单用途预付卡的资金，因为商家在发卡时经营状况良好但不意味着其良好的经营状态一直可以持续，一旦经营者资金链断裂导致关店，则退还消费者预付的资金会成为空头支票。第二，《非金融机构支付服务管理办法》规定“支付机构接受客户备付金的，应当在商业银行开立备付金专用存款账户存放备付金”(第26条第1款)。多用途预付卡和单用途预付卡虽然在很多方面不同，但在资金的风险防范方面，要求是相同的，因此，监管措施也应该相同，实践证明，将预付资金从经营者的账户中独立出来，是资金性质的要求，也是监管的有效手段。实践中，淘宝的资金监管模式也是采用第三方专用账户监管的模式，且非常行之有效，即使对于单用途预付卡，如电话费用的充值，也是采取独立于通信公司的专用账户的方式。特别是2011年5月国务院办公厅转发人民银行监察部等部门发布的《关于规范商业预付卡管理意见的通知》(四)中明确多用途预付卡“不属于发卡人的自有财产”，因此对单用途预付卡资金进行监管规制是具有充分的正当性的。

再考察一下日本的相关法律规定。日本于平成二十一年(2009年)6月24日公布，平成二十八年(2016年)6月3日改正的「关于资金结算的法律」规制包含自己型发行者和第三者型发行者在内的预付式支付方式。根据该法第14条第1款的规定，“预收式支付手段发行者，超过基准日未使用的政令规定的金额(以下简称‘基准额’)时，须将相当于该基准日未使用余额的1/2的金额(以下简称‘须托管金额’)以上的金额作为发行保证金，根据内阁府令的规定，向主要营业所或者事务所所在地最近的托管处托管。”自家型储值卡的资金，在基准日未使用余额超过1000万日元时，须向财务局长等备案并将发行保证金托管。

对比上述规制，探讨我国的单用途预付款的监管须考虑，只对单用途预

付卡进行资金托管,则发行单用途预付卡的经营者无法获得资金,不会再有发卡之积极性,同时,也会通过行业协会反对这样的立法,因此,笔者建议,将资金托管和融资以及保证保险结合起来,不失为一个可行的方法。2015年1月8日,保监会、工业和信息化部、商务部、人民银行、银监会等五部委发布了《大力发展信用保证保险服务支持小微企业的指导意见》,鼓励各地结合当地实际情况,积极探索以信用保险、贷款保证保险等保险产品为主要载体,“政府+银行+保险”多方参与、风险共担的合作经营模式。

2016年1月,保监会召开2015年全保会,会上披露的数据显示,2015年全年贷款保证保险支持小微企业及个人获得融资金额1015.6亿元,其中,有25个省区市开展小额贷款保证保险试点,共支持12.3万家小微企业获得银行融资贷款188.6亿元[1]。在2013年《消费者权益保护法》修改时,尚无小额贷款保证保险制度,3年后,情况已经发生了很大的变化,因此,采纳当初修法时关于预付卡监管的规定,通过资金托管、银行贷款、保险贷款保证保险的组合方式监管单用途预付卡预付款,是一个可行的方法。具体为,商务部门即将修改《管理办法》,在修改该管理办法时,采纳《消费者保护法》修改征求意见稿第二稿对预付卡资金监管所做的规定,即经营者向消费者收取预付卡的,应当由商业银行设立专款账户事实托管,专款专用,分期支取;经营者确需提前支取预付款的,应当向托管银行提供担保。同时规定,商业银行对设立专款账户事实托管的经营者给予账户内资金一定比例的贷款,商业银行购买贷款信用保险来规避贷款风险。

七、结语

本文写作时,又爆出共享单车企业倒闭,经营者带着押金“跑路”的新闻,数百人的押金无法退还;ofo共享单车未退还押金人数竟然高达上千万人。2019年5月9日,交通运输部、人民银行、国家发展改革委、公安部、市场监管总局、银保监会联合颁布了《交通运输新业态用户资金管理办法(试行)》,该办法第4条规定“运营企业原则上不收取用户押金,确有必要收取的,应当提供运营企业专用存款账户和用户个人银行结算账户两种资金存

---

[1] 苏向杲:《保险支持小微企业及个人融资1015亿元,逾12万家企业受益》,载《证券日报》2016年1月28日。转引自和讯网,http://insurance.hexun.com/2016-01-28/182054832.html,最后访问日期:2017年8月3日。

管方式，供用户选择。用户押金归用户所有，运营企业不得挪用”；在第10条第3项中明确了“互联网租赁自行车用户押金最长退款周期不应超过2个工作日”。第一个以地方条例的形式来规制单用途预付卡的是2018年7月27日经上海市第十五届人大常委会第五次会议表决通过、于2019年1月1日起实施的《上海市单用途预付消费卡管理规定》，该规定试图通过建立协调监管平台的方式加强对预付卡的监管（第9条），但协同监管平台的作用不过是增加信息公开。随着互联网计算的发展，单用途预付资金的类型不断扩展，培训机构的学费以及虚拟商品的换购等资金的监管，都将是今后的重要课题，无担保则禁止将是必然的选择。另外，对于利用开店获取预付款后卷款逃跑的经营者予以刑事责任的追究，也是一个重要的问题。

中国国有企业监督制度的考察

——以监事会为中心*

华东政法大学经济法学院讲师　法学博士　陈美颖

一、引言

国有企业并非中国的特有现象,世界各国几乎都在不同程度上存在一定数量的国有企业,并在国家社会经济发展中发挥着不可或缺的作用。在国有企业改革中国家之间也存在许多共性问题,处理好国有企业的相关问题对每个国家的经济发展而言都是至关重要的。

我国国有企业的改革一直沿着政企分开的思路而不断深入,取得了相当丰硕的成果。然而时至今日,一些国有企业在带来成效的同时,也伴随监督机制有效性的缺失,造成企业内部经营不透明、利润未用于公共服务和社会民生、国有资产流失、公共利益被吞噬等一系列严重的问题,所以国有企业的监督是一个伴随国有企业发展始终的重大问题。国有企业监督治理机制之所以未能有效发挥作用,既源于其制度本身的不完备性,也有其深层次原因。

国有企业是国家直接干预经济、弥补市场失灵的一种手段,是为实现国家和社会政策目标而产生的一种特殊的企业组织形式。因此,国有企业的主要功能在于通过公共产品的提供来弥补市场失灵,这是其他类型企业所无法取代的。国有企业主要存在于市场机制无法或者难以发挥作用的领域。我国一些国有企业存在监督制度有效性缺失的问题,根本原因还在于

---

* 基金项目:上海市哲学与社会科学研究项目(PPP 运行中私人部门权益法律保障机制研究,2017BFX011)部分研究成果。

对国有企业的功能和目标定位不够清晰。国有企业本应具有不同于一般商事企业的特殊性质和目标,而现实中国有企业的监督治理也有与国有企业目标性质相背离的情况,趋同于一般性商事企业。

二、国有企业的概念和分类

(一)国有企业的分类标准

长期以来,我国一直将国有企业作为一个统一的整体来看待,缺乏对国有企业分类重要性的认识。我国国有企业的分类标准还不明确,从而导致了我国国有企业的功能定位不清,无法实现国有企业应有的功能和价值。国有企业的分类涉及国有企业在国民经济中的功能定位,科学地界定我国国有企业的类型,是构建和完善国有企业监督法律制度的前提和基础。

通过梳理国有企业的分类标准,按照企业所经营的领域、业务性质、所在产业的市场结构、产权结构、适用的法律等,可以将国有企业分成不同的类别。依据2008年颁布的《企业国有资产法》中关于国有资本在股权结构中的比例,可以将国有企业分为国有独资企业、国有独资公司、国有控股公司和国有参股公司。按企业所经营的领域与业务性质划分,国有企业可以分为公益性的与非公益性的;按企业所在产业的市场结构划分,可以分为垄断性的与竞争性的。

就政策层面而言,中共中央、国务院于2015年11月公布的《关于深化国有企业改革的指导意见》(以下简称《指导意见》)提出将国有企业分为商业类和公益类。采用商业类没有采用竞争类的提法,主要考虑竞争与垄断相对应,将某些企业命名为竞争类容易引起其他类别企业是垄断企业的误解。公益类企业是指这类企业的属性和功能定位具有公益性质,主要存在并服务于公共服务行业和领域,而并非通常意义上的救助灾害、扶贫济困、福利事业等公益事业。[1] 但是,公益类国有企业的提法具有一定的局限性,有观点认为公益性国有企业不应当包含盈利的国有企业,我国盈利领域的石油石化、电网、通信等国有企业不应当归入公益性国有企业。[2] 也有

---

〔1〕 参见编写组:《〈关于深化国有企业改革的指导意见〉学习读本》,中国经济出版社2016年版,第55页。

〔2〕 程民选、王罡:《关于公益性国有企业的理论探讨》,载《当代经济研究》2014年第3期。

学者认为,《指导意见》仅将水电气热、公共交通、公共设施等纳入公益性领域,而把本应具有公益属性的石油天然气主干管网、电网等重要基础设施划归为商业类领域,这也存在不妥之处。[1] "公益性国有企业概念存在理论缺陷,公益概念本身存在不确定性和边界不清的问题,将一些垄断性国有企业也划归为公益类国有企业,混淆了公益与竞争、垄断的概念。"[2]

(二)"公共企业"概念的提出

市场经济发达的国家中普遍存在一个重要的概念,即"公共企业"(Public Enterprise,也译作"公营企业"),其比国有企业的含义更广,还包括政府不拥有所有权但可以用特殊的(指非针对一般企业的)法律规范对其施加支配性影响的企业。[3] 例如,美国联邦政府直接拥有的典型公共企业包括田纳西流域管理、邮政、铁路客运、公共广播等领域。在日本,有着与国有企业相关联的一系列用语,这当中包括法律上采用过的"国营企业"[4]"地方公营企业"[5]等用语,也包括在国铁等三家公社民营化之前曾使用过的"公共企业体"[6],而在大量文献资料中多采用"公共企业"或"公企业"(Public Enterprise)等词语。对于公企业的概念,日本的经济学、法学者有诸多观点,但还未形成一致的见解。

我国经济学界代表性的观点借鉴了国外关于"公共企业"的称谓,认为在公共企业中,公共资源与企业经营性活动结合的具体方式可以是多样化的。有一些公共企业,其产出带有公共性,这些企业向社会提供的最终产品和服务具有公共产品的性质;另有一些公共企业,虽然他们的最终产出不具有公共性,但其经营过程带有公共性,比如,有些企业在经营活动中大量使用重要资源,或者是它们在经营过程中的行为可能产生显著的外部性;还有一种类型的公共企业,其初始投入即带有公共性,它们由公共资源出资设

---

〔1〕 胡改蓉:《论公共企业的法律属性》,载《中国法学》2017 年第 3 期。

〔2〕 张安毅:《论公益性国有企业概念的理论缺陷与公共企业制度的建立——以中国国企分类改革为背景》,载《东疆学刊》2014 年第 10 期。

〔3〕 黄速建:《国有企业改革和发展:制度安排与现实选择》,经济管理出版社 2014 年版,第 74 页。

〔4〕 参见日本《国营企业劳动关系法》,1948 年颁布。

〔5〕 参见日本《地方公营企业法》,1952 年颁布。

〔6〕 参见日本《公共企业体等劳动关系法》,1948 年颁布。

立，或由非公有资源出资设立但后来被收归国有的公共企业。[1] 从法学视角出发，著名法学家顾功耘提出将国有企业区分为生产公共产品和提供公共服务的“公共企业”和“商事企业”，也使用了“公共企业”的概念。[2] 著名法学家蒋大兴也提出应当采用“公共企业”的概念，认为公共企业包括运用公共资金（特别是财政资金）或者进入公共领域（提供公共服务）的企业，包括现有的国有企业，以及进入公共领域的私人企业。国有企业无论是从事竞争性行业，还是非竞争性行业，因其运用了公共资金，都应当属于公共企业。[3]

笔者认为，以公共产品供给理论为基础，我国有必要参考国外的做法，并综合考虑国内学界的观点，按照国有企业所处领域和主要功能的不同，大致可以分为“国有公共企业”与“国有商事企业”。前者集中在提供重要公共产品和服务的领域，主要以弥补市场缺陷、实现公共利益为目的，进而保证经济安全、国家安全和社会安定；后者则以营利为目的，基本上与其他一般商事企业一样进入市场竞争性领域参与投资经营。

三、中国国有企业监事会的问题所在

我国国有企业的制度安排中包含两类监事会：一类是国有控股和参股公司依照《公司法》所设立的企业内部监事会；另一类是依据《企业国有资产法》的有关规定，国有资产监督管理委员会代表国务院向其所出资企业中的国有独资企业和国有独资公司所派出的监事会。其中，前者通常被称为内设监事会，后者为外派监事会。虽然这两种监事会都是代表国家所有者进行监督，但是内设监事会主要是由内部股东大会通过企业民主程序选举产生的，而外派监事会代表的是国家这个单一股东的利益，其更多地带有政府行政监督的色彩，主要依靠政府的权威和行政手段来发挥作用。[4] 监事会

---

〔1〕 黄速建：《国有企业改革和发展：制度安排与现实选择》，经济管理出版社 2014 年版，第 128 页。

〔2〕 顾功耘：《国企类型化改革亟待法理应对》，载《中国社会科学报》2013 年第 4 期。

〔3〕 蒋大兴：《国企应从公司法中撤退——从“商事公司”向“公共企业”演进》，载《中国工商管理研究》2013 年第 12 期。

〔4〕 余菁、王欣、常蕊等：《转型中的中国国有企业制度》，经济管理出版社 2014 年版，第 117 页。

监督权的合理安排及有效行使,是防止董事独断专行、保护国家作为股东的权益和让国有资产保值增值的必要措施。但是,长期以来我国在监事及监事会制度方面存在制度设计上的缺失,我国国企的监事会在实际运行过程中也存在一些亟待解决的问题。

(一)外派监事会的问题所在

1. 政府主导的行政化管理与分权制衡的公司治理模式的矛盾

外派监事会代表的是国家这个单一股东的利益,由国务院委派至国有企业开展监督工作,因此其更多地带有政府行政管理的色彩,主要依靠政府的权威和行政手段来发挥监督作用。外派监事会毕竟是一种国家行政权力委派产生的监督机构,在国企公司制改造、现代企业制度不断完善的情况下,这种外源性的行政化监督和以分权制衡原则指导下的公司规范治理产生了多重的冲突和矛盾。[1] 一方面,派出监事会行政化的管理模式和工作方法难以适应现代化的股份制公司分权制衡的治理模式,特别是股权多元化程度较高的国有控股公司。另一方面,外派监事会的成员是政府委派的公务员,对其工作业绩和工作表现的考核评价仍然是以行政管理体系下公务员的政治觉悟和行政责任为标准,缺乏科学合理性。外派监事会成员的考核评价应当与企业的经营目标和经营业绩相挂钩,而不能简单地等同于国家公务员的考核,否则难以形成合理的激励与约束机制。

2. 外派监事难以保证监督的足够精力和时间

2000 年出台的《国有企业监事会暂行条例》规定监事会主席和专职监事、派出监事可以担任 1 ~ 3 家企业监事会的相应职务。[2] 但是在实践中,由于外派监事的人员数量较少,常常出现 1 人监督 3 家以上国有企业的现象。

3. 信息不对称和独立性的欠缺导致外派监事难以对企业进行有效监督

外派监事会和内设监事会相比,由于外派监事主要依赖于企业集团公司董事会向其提供信息,所以往往存在信息不对称的情况,缺乏对企业资产和业务的检查,难以对企业进行有效的监督。同时,大多数外派监事一般长期从事行政管理工作,是国家公务员的身份,不具备专业的经营管理知识和

---

〔1〕 罗新宇主编:《国有企业分类与分类监管》,上海交通大学出版社 2014 年版,第 189 页。

〔2〕 参见《国有企业监事会暂行条例》第 16 条,2000 年 2 月 1 日国务院第 26 次常务会议通过并发布实施。

能力，欠缺相关经验，这就导致外派监事对所获取的信息难以进行准确处理的不足，影响对问题的察觉与判断。为了获得真实有效的信息，外派监事会相比内设监事会通常要付出高额的成本。

（二）国有企业内设监事会缺乏独立性和有效性

1. 监事会规模整体偏小

据2010年109家国有企业上市公司年度财务报告披露，中央企业上市公司平均监事会成员4.4128人，最小的为2人，最大的为9人。[1] 由此可以看出，国有企业监事会的总体规模偏小。许多监事会只是徒有虚名，监事的遴选不规范；监事会主席人手一直没有增加过，专职监事也缺乏职业生涯发展规划，看不到未来的发展前途，严重影响了专职监事工作的稳定性。同时，监事会主席如果疏于监督导致国有企业的严重问题，也没有受到惩处。因此，当监事会的监管方式从事后监督变为事中监督后，由于存在提高监督时效性的需要，监事会普遍缺少人手。

2. 监事会独立性较差导致监督制约的弱化

《公司法》要求监事会应当独立于公司的董事会、经营管理机构与公司员工，这要求监事不能源于公司董事会成员、高级管理人员的派出单位，更不能由董事经理层来提名。但是，在实践中国有股东既选任董事，同时又选任监事，由于大部分监事会成员的行政级别低于企业主要领导人员，这在一定程度上影响了监事会的独立性。基于笔者对云南省国资委的调研了解到，实践中很多国有公司中，按行政级别由上到下，董事长是厅级，监事会主席是处级，董事长的行政级别往往高于监事会主席，导致监事会没有实际监督权力，无法监督董事，造成监事会工作的形式化和空壳化。[2]

3. 监事一人身兼数职导致监督力度的虚化

目前许多国有公司中仍存在监事会监事一人身兼数职的情况。据2010年国有企业上市公司监事会治理数据统计，监事成员在外兼职的平均人数为2.7339人，占整个监事会规模的61.95%，兼职最多的公司监事会兼职人员为9人，即所有监事会成员均存在多家公司兼职的现象。[3] 监事往往因

---

〔1〕 卢福财：《中央企业公司治理报告（2011）》，中国经济出版社2011年版，第58页。

〔2〕 笔者于2014年7月参与“云南省国资委调研”的访谈笔录。

〔3〕 卢福财：《中央企业公司治理报告（2011）》，中国经济出版社2011年版，第58页。

身兼数职而将担任的企业监事当作“闲职”,没有认识到监事的重要地位,对企业监督没有投入足够的精力,很难发挥其应有的作用。[1] 尤其是监事会主席兼任公司党政职务的现象非常普遍。例如,监事会主席常常兼任党总支书记、工会书记和纪委书记等职务。还有些公司的监事会成员在担任监事职务以前,担任党委书记、工会书记和纪委书记等的职务。监事会成员的兼职现象会分散其精力,使其无法拥有实施必要监督职责所需要的时间,将降低监事会的独立性。

4. 激励与责任机制的缺乏导致监事会履职不到位

监事会成员在实际监督工作中存在很多问题。例如,监事会会议缺乏明确的程序,开到哪里算哪里。在一些公司监事会会议上,会议记录缺少监事发言要点,出席会议的监事签名不规范、甚至不签名。大多数公司监事会只对会议进行记录,而对实际监督工作没作记录。监事履职活动仅限于监事会会议期间,监事会闭会期间基本上不进行日常的监督检查履职活动,难以实行当期监督和过程监督。[2] 监事会应定期举行监事会会议,并且监事会成员应保证出席监事会会议的次数,当监事会议因故不能如期召开时,应向证监会书面说明并进行公告,监事会平均召开次数为 5 次,最少的召开次数为 2 次,最多的召开次数为 12 次。[3] 笔者从云南省国资委和昆明市国资委的调研中了解到,实践中为了节约时间,董事会、监事会、党委会常常一起开会,无法形成相互制衡的有效治理机制。[4]

四、中国国有企业监事会的完善路径

现有监督制度未能有效发挥作用的主要原因在于未建立起科学合理的分类监督机制,从而导致这些监事的监督目标和内容不明确,对其奖惩未能落在实处,使其在工作中缺乏监督的积极性和主动性,进而严重影响了监督的有效性。为了保持监事的独立性和权威性,需要采取相应对策以完善监督机制。

---

[1] 赵万一主编:《公司治理的法律设计与制度创新》,法律出版社 2015 年版,第 57 页。

[2] 罗新宇主编:《国有企业分类与分类监管》,上海交通大学出版社 2014 年版,第 193 页。

[3] 卢福财:《中央企业公司治理报告(2011)》,中国经济出版社 2011 年版,第 58 页。

[4] 笔者于 2014 年 7 月参与“云南省国资委调研”的访谈笔录。

(一)国有企业外派监事功能的强化

1. 应当改变立法与实践中一人监督多家国有企业的监督模式

立法应明确规定1名外派监事只能监督1家国有企业,如实行"监事会主席常驻制",从而在组织构造和人员数量上保证事前事中的过程监督和事后监督,保证监督质量,从组织力量上保证当期监督和监督检查的全覆盖。然而,面对量大面广的国有企业,如果实行"一对一"监督模式,亦将受到人员增加和监督成本上升的制约。另外,在对国有企业外派监事的任命过程中,应当对外派监事的能力和资格进行审查,聘任有财务、会计、法律等方面专业知识和工作经验的人担任外派监事。

2. 逐步改善外派监督行政化的管理模式和工作方法

外派监事无论从起源、发展,还是其创建的目的和社会基础看,都具有典型的政府主导型监督制度的特点。外派监事由国务院派出,对国务院负责,代表国家对国有重点大型企业的国有资产保值增值状况实施监督,是对国企进行国家性质监督的一种制度安排。这种外派监督行政化的管理模式和工作方法难以适应现代化的股份制公司分权制衡的治理模式。因此,有必要进行相应的调整,可以规定国有企业的董事长、董事会委员会委员长、监事会主席等可以由国务院总理任命,或由国务院总理提名、全国人大常委会批准,而其他董事、监事、委员会委员的选任则应由企业依据《公司法》的规定由股东大会自行决定。

(二)完善国有企业内设监事会

1. 调整监事会成员结构

对于国有企业,应当加重外派监事和独立监事的比重,特别是独立监事的比重(因为外派监事多数情况下是代表大股东——国资委的),以增强监事会人员构成和权力构成的独立性。可比照日本股份公司中建立外部监事(独立监事)制度的成功经验,引入外部监事制度。外部监事的比例可以大于1/2,在人员选配上增强监事会的独立性和专业化。同时,应当积极从市场公开招聘具有高级审计师、高级会计师职称或有财务总监等企业高级管理职务经历的专业人士,以提高监事队伍的能力素质。

2. 强化监事会成员的监督职能

我国《公司法》赋予监事会的权限仍然过小。从《公司法》上的规定来看,法律虽然赋予了监事会对董事会和经理层监督的权利,但并没有规定相应的措施和手段,即使监事会可以对董事、经理损害公司利益的行为请求纠正,也有召集临时股东大会的提议权,但是当有关人员拒不纠正、拒不召开时,法律没有对监事会后续的措施和手段予以规定,从而使监事会对公司经理层和董事会难以构成实质意义上的监督。可以参照德国和日本公司立法赋予监事会成员较为强大的监督职能,使监事会负有全面的监督权限,主要包括调查经营情况和财务状况、出席董事会、制止董事违反法令和公司章程的行为、代表股东提出追究董事责任的诉讼等。监事由于疏忽大意没有尽到职责时,应负连带损害赔偿责任。同时,赋予监事会评价监督权,对董事会决策有效性进行评价监督,对经理和高级管理人员的经营业绩进行监督评价,并向国资委或者股东(大)会报告评价结果,以增加监事会的监督力度。通过立法扩大国有企业监事会的实权,使监事会有足够的能力参与监督企业治理,以充分保证监事会的独立性和权威性。

(三)完善监事的考核评价激励机制

国有企业的监事会在实质上发挥监督作用的效果并不理想,其中很重要的一个原因就是没有建立对监事的分类考核评价的激励机制。“无激励即无动力”。深化国企改革、建立并完善国有企业监督制度,有必要建立分类考核评价的长效激励机制,从而激发国企改革的内生动力与活力,提高监管的针对性和有效性。

1. 建立科学合理的评价考核目标

在国有企业分类改革之前,国有企业具有经济效益和社会效益的双重发展目标,而且往往将经济效益放在首位。在这样的定位下,国资管理部门对企业的监督内容就主要集中于考核企业的经营绩效,一些本应以社会公众利益最大化为目标的国有企业也把实现利润的最大化作为主要努力方向。

对于国有企业而言,在设定监督的具体目标时,应当首先关注企业的社会效益,而不能仍以利润增长率等盈利能力为主要指标来进行考核。否则,势必会背离国有企业本应承担的社会责任和追求的公共利益目标。对国有企业的考核应突出企业的社会功能,强化企业社会效益考核,引导企业注重成本控制,提高服务质量,兼顾社会效益和市场化导向的经济效益。

2. 明确考核评价的内容

首先,相比一般商事企业以财务监督(对经济效益、成本效益、经济利润的考核)为主要的监督标准,国有企业应当侧重于对非财务指标的内容进行监督。同时,监事会应当对董事和经营管理层的履职情况进行考核和监督,以实现维护社会公众利益、促进民生发展的目标。其次,监事应当对企业提供公共产品和服务的质量、企业生产运营的进度、企业生产安全等情况进行监督,同时也要对政府投资资金、企业的运营成本或费用的控制情况进行监督。在企业运营涉及政府购买服务、公共产品或服务的特许经营、政府授权经营,以及PPP(政府与企业长期合作协议)等运作过程的依法合规,监事应当独立发表监督意见和建议。[1] 再次,立法应赋予监事充分的监督权限,明确规定监事可以就决策的程序性和制度的合规性发表意见。最后,对于国有企业中不设董事会的,监事会要定期查阅企业经营报告,提出书面意见。如果涉及政府财政资金在公共行业和民生领域的使用,监事会每季度要进行资金使用情况的专项检查报告。[2]

3. 建立科学合理的薪酬激励机制

薪酬激励是激励机制中最为基础的一种激励方式,根据监事为企业所创造的价值和贡献,而给予相应的薪酬。建立科学合理的薪酬激励机制,对深化国有企业改革、调动监事的积极性、实现企业国有资产保值增值具有重要的作用。

建立科学合理的薪酬激励机制要考虑如下因素:(1)鉴于国有企业所承担的特殊功能及定位,其考核薪酬激励制度要以社会效益为基础,兼顾经济效益。与此同时,在国有企业监事的薪酬问题上,又要看到企业是创造价值的实体,应当尊重监事的监督工作,将其薪酬与工作业绩相挂钩,从而有利于激发监事的工作积极性和创新精神。(2)对于国有企业监事的薪酬激励,可考虑采用准公务员制度模式。所谓准公务员制度模式,是指以公务员薪酬制度为基本样本,根据企业情况适当增加薪酬激励的一种制度设计。[3] 这种模式并非完全等同于公务员,而是以公务员薪酬为基准线在合理范围内进行上下浮动。[4] 在实践中,行政职务的升迁或者行政级别的提高,即

---

〔1〕 周国雄:《提高监事会监督有效性方法》,载《上海国资》2016年第11期。

〔2〕 同上。

〔3〕 黄速建:《国有企业改革和发展:制度安排与现实选择》,经济管理出版社2014年版,第157页。

〔4〕 杨卫东:《关于公益类国企改革的思考》,载《学习与实践》2016年第8期。

政治地位的提升,也是薪酬激励的一种体现。而且,由于职级的升迁可以带来更多的现金报酬、预期报酬、职务消费报酬等激励,所以职级的升迁也成为一种激励措施。[1] 此外,对于监督工作考核结果为优秀的监事,可适当延长任期,但不能无限期的一直连任。

(四)建立健全监督责任可追溯机制

法律责任是当事人违反法定义务或约定义务时必须承担的不利后果,是一种法律上的惩戒性负担。激励机制应当有相应的约束和责任机制与之相对应,才得以通过法律的威慑力和强制力保障各种法律关系的进行。"没有责任的权利必然导致滥用",所以强化监事的法律责任是必要的。国有企业的特殊属性和目标定位决定了不仅应当构建特殊的激励性监督制度,而且需要建立相对严格的法律责任追溯机制,强化对监事的法律责任追究。对监事的法律责任进行规定,不仅能够落实事后对违反义务行为的惩罚,更有助于激励监事积极主动承担义务、履行职责。

1. 明确个人责任追究

法律在赋予监事各种权限的同时,有必要进一步明确他们的责任和义务,增强其责任意识。对于监事失职、渎职行为要有相应的惩治措施,以督促政府委派的监事积极、合理地履行监督职能。对错检、漏检,应报未报以及不规范的履职行为,导致国有资产流失或者国企利益受到损害的,要追究相关责任个人的民事赔偿法律责任、行政责任和刑事法律责任。

2. 准公务员考核评价机制

在国有企业中,对监事的任免考核基本上可以参照公务员考核评价机制,由政府委派,具有相应的行政级别,根据专门的考核评价标准决定监事的任免和奖惩。对于监事的失职、渎职行为,委派机构有权通过降职、罢免等行政处分的方式使监事承担行政责任。立法应当建立特殊的国有企业罢免机制,即当国有企业监事违背公共性目标、考核未予通过时,可由各级人大或其常委会予以罢免。任何 10 名以上的公民可以联名向各级人大提出罢免议案。

---

[1] 黄速建:《国有企业改革和发展:制度安排与现实选择》,经济管理出版社 2014 年版,第 158 页。

中国进口跨境电子商务相关法律问题*

世泽律师事务所　虎门中央法律事务所　陈轶凡

一、引言

电子商务 EC（Electronic Commerce，以下称电子商务）在中国萌芽于1998年，在其发展中形成了三种主要的电子商务模式：（1）B2B（企业对企业），（2）B2C（企业对个人），（3）C2C（个人对个人）。由于中国消费者对海外产品的需求的增加，逐渐形成在C2C模式下的以“代购”形式进口跨境电子商务。随着进口跨境电子商务的蓬勃发展，包括B2B、B2C模式下的发展，对进口跨境电子商务的行政监管也日趋清晰和完善。2017年，中国跨境电商零售进口金额566亿元人民币，同比增长75.5%；2018年1月至10月，进口金额672亿元人民币，同比增长53.7%。[1]

本文旨在以中国的进口跨境电子商务的商业发展现状以及与此相应的行政监管政策为中心，简单梳理相关法律问题。

二、进口跨境电子商务的概念及现状

（一）进口跨境电子商务的概念

2018年8月31日，国务院发布《电子商务法》，根据《电子商务法》的相关规定，电子商务是指通过互联网等信息网络销售商品或者提供服务的经

---

* 本文得到世泽律师事务所中国律师徐开元、中国律师陈俊豪，以及中国律师林丽凉的协助。

〔1〕 李成钢：《国务院政策例行吹风会》，载中国政府网2018年12月7日，http://www.gov.cn/xinwen/2018zccfh/44/index.htm，最后访问日期：2018年12月7日。

营活动。

电子商务经营者从事跨境电子商务,应当遵守进出口监督管理的法律、行政法规和国家有关规定。

(二)进口跨境电子商务的常见模式

广义上的跨境电子商务涵盖B2B、B2C、C2C三种电子商务模式。实务中,B2B在形式上与传统的跨境商务(货物进出口贸易、服务进出口贸易)基本相同,因此可按照传统的跨境贸易进行监管。

C2C通过个人物品进出境途径开展,不属于跨境电子商务监管的重点。跨境电子商务监管的重点在于B2C模式。C2C以及B2C均能使用行邮模式。

在研究跨境电子商务的商业环境及政策环境时,应注意确认其中所述"跨境电子商务"的具体范围,以免误解。本文以比对视角出发,对三种模式均进行分析,其中以B2C作为分析重点。

三、进口跨境电子商务中的进口环节税收

(一)行邮模式下的进口环节税收

在行邮模式下进入中国境内的物品,根据《进出口关税条例》,其关税以及进口环节海关代征税合并为进口税,由海关依法征收。进口税也被俗称为"行邮税",通常而言其税率会低于一般货物贸易进口环节的税收。

行邮税适用于C2C模式,以及B2C下不符合"跨境电子商务零售进口"条件的交易[关于B2C符合"跨境电子商务零售进口"的条件,详见以下(二)]。中国在确立及完善进口跨境电子商务税收政策的过程中,对行邮模式下的进口税进行了调整。

2016年3月16日国务院关税税则委员会发布《关于调整进境物品进口税有关问题的通知》(税委会〔2016〕2号),自2016年4月8日起对行邮税(进口税)进行调整。

之后,国务院关税税则委员会于2018年9月30日发布的《关于调整进境物品进口税有关问题的通知》(税委会〔2018〕49号),进一步调整行邮税(进口税)的税率,并于2018年10月25日修订《中华人民共和国进境物品归类表》及《中华人民共和国进境物品完税价格表》(海关总署公告2018年

第140号)。

需要注意的是,行邮税(进口税)的起征点为50元人民币,按照商品税率计算的税金低于50元人民币的不予征收,超过50元人民币的全额予以征收。

(二)B2C模式下跨境电子商务零售进口税收

中国对于B2C模式中跨境电子商务项下的物品进口作为"跨境电子商务零售进口"监管,适用"跨境电子商务零售进口税收政策"。该等税收政策于2016年3月24日通过财政部、海关总署和国家税务总局联合发布的《关于跨境电子商务零售进口税收政策的通知》(财关税〔2016〕18号)确立。

在此之前进口跨境电子商务项下的物品缴纳较低的行邮税。此后,2018年11月29日财政部、国家税务总局、海关总署共同发布《关于完善跨境电子商务零售进口税收政策的通知》(财关税〔2018〕49号),进一步调整相关政策。

表1立足于现行政策,总结跨境电子商务零售进口税收政策,以供读者参考。

表1　现行B2C模式下跨境电子商务零售进口税收政策总结

内容	具体规定	备注
纳税范围	符合条件的跨境电子商务进口商品(B2C)	所谓"符合条件",系指符合以下条件: ①属于《跨境电子商务零售进口商品清单》内、限于个人自用并满足跨境电商零售进口税收政策规定的条件; ②通过与海关联网的电子商务交易平台交易,能够实现交易、支付、物流电子信息"三单"比对的跨境电子商务进口商品; ③未通过与海关联网的电子商务交易平台交易,但进出境快件运营人、邮政企业能够接受相关电商企业、支付企业的委托,承诺承担相应法律责任,向海关传输交易、支付等电子信息
纳税义务人	购买跨境电子商务零售进口商品的个人	电子商务企业、电子商务交易平台企业或物流企业为税款代扣代缴义务人,向海关提供税款担保,并承担相应的补税义务及相关法律责任

续表

内容	具体规定	备注
完税价格	实际交易价格	完税价格=零售价格+运费+保险费。其中,运费指的是全程运费,包括国际段和国内段。(一般货物贸易模式下完税价格为CIF价格,未包含国内段物流成本)
交易限值	单次:5000元人民币 年度:26,000元人民币	完税价格超过5000元单次交易限值但低于26,000元年度交易限值,且订单下仅一件商品时,可以自跨境电商零售渠道进口,按照货物税率全额征收关税和进口环节增值税、消费税,交易额计入年度交易总额,但年度交易总额超过年度交易限值的,应按一般贸易管理
税率及关税计算	**限值以内**进口的跨境电子商务零售进口商品,关税税率暂设为0;进口环节增值税、消费税取消免征税额,暂按法定应纳税额的70%征收。 **限值以外**的进口的跨境电子商务零售进口商品,按照一般货物贸易方式全额征收关税、进口环节增值税、消费税。与限值以内相比多缴纳的税金为100%关税+30%×(进口环节增值税+消费税)	
退货的处理	自海关放行之日起30日内退货的,可申请退税;并相应调整个人年度交易总限值	
国内再次销售的禁止	已经购买的电子商务交易进口商品属于消费者个人使用的最终产品,不得进入国内市场再次销售;原则上不允许网购保税进口商品在海关特殊监管区域外开展"网购保税+线下自提"模式	

四、进口跨境电子商务中的海关监管

随着跨境电子商务零售进口税收政策的实施,我国也出台了相应的海关商品通关政策。以下将简要介绍行邮项下以及跨境电子商务零售进口的海关监管方式。

(一)行邮进口物品的海关监管

因2016年4月8日跨境电子商务零售进口税收政策实施之后,有必要避免跨境电子商务商品为减少入境环节缴纳的税金而借由行邮方式入境,为此海关总署发文加强对行邮进口物品的监管。具体而言,监管措施包括以下两大方面。

(1)加强旅客办理物品的提取手续时的监管,包括旅客应当向海关提交

《凭单》原件并出示旅客本人有效的进出境证件。旅客委托他人代为办理物品提取手续的,接受委托的代理人应当向海关提交《凭单》原件、旅客本人出具的书面委托书、旅客有效的进出境证件复印件,并出示代理人本人有效的身份证件等。

(2)加强对商业快件,尤其是快件中的个人物品的信息化监管。此前,海关总署将商业快件分为文件类、个人物品类和货物类三类分别进行监管。新快件系统上线后,海关总署将快件分为A类快件(无商业价值的文件/单证/票据/资料)、B类快件(个人自用物品)、C类快件(价值5000元人民币以下的货物)三类进行监管。

(二)跨境电子商务零售进口海关监管

配合2016年4月8日以后跨境电子商务零售进口税收政策的实施,海关在通关管理方面也做了相应调整。由于该等调整过于严格,2016年5月24日开始又设定了截至2018年12月31日的政策实施过渡期间。

随着2018年8月31日《电子商务法》的出台,2018年11月底,各有关部委陆续公布了配套的跨境电子商务新政,自2019年1月1日起,中国跨境电子商务零售进口业务告别长达两年半的“政策实施过渡期”,迈入以《电子商务法》为主导的“跨境电子商务时代。”因此,有必要区分三个阶段分析跨境电子商务零售进口的海关监管方式。

1.第一阶段:2016年4月8日至5月23日

2016年4月8日之后实施的进口跨境电子商务海关通关监管措施主要包括以下两方面,主要规定在海关总署发布的《关于跨境电子商务零售进出口商品有关监管事宜的公告》(海关总署公告2016年第26号文)。

(1)海关通关之时实行“三单比对”监管。由于享受跨境电子商务零售进口税收政策的前提条件是能够提供真实的交易、支付、物流等信息,跨境电子商务进口商品申报前,电子商务企业或电子商务交易平台企业、支付企业、物流企业应当分别通过跨境电子商务通关服务平台如实向海关传输交易、支付、物流等电子信息。

(2)对跨境电子商务进口商品实行“正面清单”分类管理。由于只有正面清单上的商品方可享受跨境电子商务零售进口税收政策,因此在通关时予以监管。

具体的正面清单参考财政部、海关总署、国家税务总局等十一部联合发布的《关于公布跨境电子商务零售进口商品清单的公告》(2016年第40号,2016年4月6日开始实施,已失效),以及财政部、海关总署、国家税务总局等十三部委联合发布的《关于公布跨境电子商务零售进口商品清单(第二批)的公告》(2016年第47号,2016年4月16日开始实施)。

对于跨境电子商务正面清单上的进口商品,具体有以下两项监管要求。一是通关单核验;二是对特定商品提出了首次进口许可证、注册、备案要求,即化妆品、婴幼儿配方奶粉、医疗器械、特殊食品(包括保健品、特殊医学用途配方食品等)首次进口,须提交许可证、进行注册或者备案(其他正面清单内商品免于向海关提交许可证)。

2. 第二阶段:2016年5月24日至2018年12月31日

2016年4月实施的相关通关监管政策过于严格,尤其是对化妆品、婴幼儿配方奶粉、医疗器械、特殊食品(包括保健品、特殊医学用途配方食品等)首次进口许可证、注册、备案的要求过于严格。

为此,2016年5月24日,海关总署发布《关于执行跨境电子商务零售进口新的监管要求有关事宜的通知》(署办发〔2016〕29号,2016年5月24日开始生效),对于跨境电子商务新政下关于通关单、首次进口许可证、注册或备案的要求设定为期一年的过渡期(截止期为2017年5月11日),称为过渡期政策。之后,该等过渡期在实务上被延长至2018年12月31日。

3. 第三阶段:2019年1月1日至今

2019年1月1日之后实施的进口跨境电子商务海关通关监管措施主要包括以下几方面,主要规定在商务部、国家发展和改革委员会、财政部、海关总署、国家税务总局和国家市场监督管理总局等六部委联合发布的《关于完善跨境电子商务零售进口监管有关工作的通知》(商财发〔2018〕486号,以下简称六部委通知)。

(1)加强"网购保税+线下自提模式监管"。"网购保税+线下自提"模式,是指在"海关允许+税收保全"的前提下,允许符合监管要求的电子商务交易企业可将网购保税进口商品在实体"体验店"进行展示展销,消费者完成线上下单、经过身份验证、跨境支付、三单信息核对、缴纳跨境税等一系列合规购买流程后,可以在"体验店铺"当场提货或选用其他境内物流方式完成购买的模式。

(2)零售进口商品清单全面整合和增加。根据财政部、海关总署等十三部委新发布《关于调整跨境电商零售进口商品清单的公告》(已失效,以下简称2018版清单),2019年1月1日起跨境电子商务零售执行2018版清单,2016年出台的第一批、第二批《跨境电子商务零售进口商品清单》同时废止。相较之前,2018版清单有以下亮点:①在整合2016年两批清单的基础上,新增63项消费者需求量大的商品税目;②并未将“进口化妆品、婴幼儿配方奶粉、特殊食品”等首次进口需要许可或者是按照规定应当注册或备案的产品排除在清单之外,而是统一在备注中要求“按照国家相关法律法规的规定执行”;③细化清单中部分商品的进口方式为“仅限于网购保税进口”以及部分商品的进口数量限额。

(3)零售商品不执行首次进口审批备案要求。2018版清单在备注中明确,依法需要执行首次进口许可批件、注册或备案要求的化妆品等特殊商品“按照国家相关法律法规的规定执行”。根据六部委通知的规定,从2019年1月1日起“对跨境电商零售进口商品按个人自用进境物品监管,不执行有关商品首次进口许可批件、注册或备案要求”。至此,通过跨境电商零售进口渠道的化妆品等特殊商品明确不需要提交首次进口批件。

(4)启动海关企业认证新标准。六部委通知强调“将跨境电商零售进口相关企业纳入海关信用管理,根据信用等级不同,实施差异化的通关管理措施”。

五、进口跨境电子商务中的电信管理

进口跨境电子商务的开展,需要互联网作为媒介、网站作为载体。在中国境内设立并运营网站,涉及中国对于电信业务的管理,包括以下三种:ICP许可、ICP备案、EDI许可。以下将分别进行说明。

(一)ICP许可(经营性互联网信息服务)

按照是否有偿,互联网信息服务分为经营性和非经营性两类。就有偿的经营性互联网信息服务,需要依法从通信管理部门申请并取得业务范围为“信息服务业务(仅限互联网信息服务)”的《增值电信业务经营许可证》(俗称ICP许可)。对于ICP许可,外方投资者的出资比例最终不得超过50%。

在中国境内设立运营电子商务网站,在《电信业务分类目录(2015年版)》(2016年3月1日生效)生效以前,一般均认定为有偿的互联网信息服务,应当取得ICP许可证。《电信业务分类目录(2015年版)》生效之后,第二类增值电信业务中增加了一类B21在线数据处理与交易处理业务。

相比于互联网信息服务，提供B2C、C2C电子商务平台的行为更倾向于应认定为在线数据处理与交易处理业务（EDI业务）。

需要指出的是，尽管目前实务中尚未要求全部电子商务网站取得EDI许可证，但是将来的趋势是区分ICP许可和EDI许可。

（二）ICP备案（非经营性互联网信息服务）

非经营性互联网信息服务是指无偿性的互联网信息服务。从事非经营性的互联网信息服务，只需要向所在地的通信管理部门办理备案，不需要取得许可。对于外方投资者亦无限制。

关于是否进行“经营性”和“非经营性”的区分，法律法规中并没有明确。实务中有一种认识为向上网用户收费为经营性，不向上网用户收费为非经营性。

（三）EDI许可（在线数据处理与交易处理业务）

如上所述，2016年3月1日起生效的《电信业务分类目录（2015年版）》中增加了一类B21在线数据处理与交易处理业务，其定义为“利用各种与公用通信网或互联网相连的数据与交易/事务处理应用平台，通过公用通信网或互联网为用户提供在线数据处理和交易/事务处理的业务。在线数据处理与交易处理业务包括交易处理业务、电子数据交换业务和网络/电子设备数据处理业务。”该定义相较于互联网信息服务，更接近于电子商务的概念。

理论上，根据现行有效的《电信业务分类目录（2015年版）》，向第三方提供电子商务平台的电子商务网站，均应当取得许可范围包含“在线数据处理与交易处理业务”的《增值电信业务经营许可证》，如果不向上网用户有偿提供信息服务，则无须取得ICP许可。该认识得到了工业和信息化部和上海市通信管理局的认可。但是，由于2016年以前没有该分类，实务中各地通信管理部门的管理方式有所不同。具体请参考前述“（一）ICP许可（经营性互联网信息服务）”中的总结。

此外，自2015年4月10日开始，EDI许可对外方投资者的出资比例即没有限制。

六、进口跨境电子商务中的外汇管理

（一）对境内消费者的外汇监管方式

进口跨境电子商务中，存在中国境内的消费者向境外经营者进行支付的情形，此时会涉及中国法对于个人外汇的监管。目前对于个人在跨境电子商务中使用外汇，通过两方面进行监管：一是年度额度监管，二是真实性监管。

年度额度监管，是指境内消费者在年度5万美元的额度之内使用外汇进行跨境电子商务交易的，可以直接办理购汇手续；超过年度5万美元额度以外的，需要凭借交易凭证、个人有效身份证前往银行柜台办理。

真实性监管，是指对跨境电子商务中支付的真实性进行的监管。该等监管可以通过海关的“三单比对”（交易单、支付单、运单）直接实现。

（二）进口跨境电子商务中的收付渠道

目前境内消费者在进口跨境电子商务中进行支付，主要有两种方式。一是使用境内办理的信用卡，通过银行渠道进行支付；二是通过中国境内的第三方支付机构，如阿里巴巴旗下的支付宝等。无论哪种渠道，境外经营者可以直接收取外汇，收款方面不存在特别的限制。需要注意的是，境外经营者收款也可能受电子商务网站平台的规则限制，如在天猫国际开设店铺，可能被要求通过支付宝收款。

七、进口跨境电子商务中的管辖及准据法问题

在进口跨境电子商务中，一般会涉及中国境内的消费者、电子商务网站、境外经营者三方参与者，除此以外还可能涉及境内或境外第三方经营者、物流公司、第三方支付机构等多方参与者。以下主要探讨境外的经营者与中国境内的消费者之间发生争议时涉及的管辖及准据法问题。

（一）进口跨境电子商务的争议解决途径

进口跨境电子商务由于其特殊性，在进入司法程序之后还有其他途径可以解决买卖双方的纠纷。概言之，主要有以下三种解决途径：(1)根据电子商务网站平台的售后服务规则解决；(2)双方在电子商务网站平台的售后

服务规则之外,另行协商解决;(3)电子商务网站平台介入并协调双方解决。以上三种解决途径,往往引用电子商务网站平台的相关规则。这些解决方式具有快速、方便的优势,因此在实践中被广泛利用。在进口跨境电子商务争议解决中,往往并不涉及对准据法的准确界定,更无关管辖问题。

尽管如此,准据法和管辖问题仍然是经营者在面对可能的争议时首先需要评估和判断的问题,在此前提下经营者才能进一步判定争议发展下去的可能后果,反过来根据该等可能的后果评估及决定进入司法程序之前的应对策略。

(二)进口跨境电子商务中的管辖确定

1. 合意管辖

作为跨境的商务合同,理论上境外经营者和国内的消费者是可以书面合意约定管辖的,包括约定由一国的法院管辖或仲裁机构管辖。我们注意到,部分自营的电子商务网站平台在其规则中明示了管辖方式,消费者在该等网站购买商品即被认为同意了该等管辖方式。

2. 法定管辖

在跨境电子商务中,可能存在没有合意管辖,或者根据适用的法律合意管辖并不能排除法定管辖的适用的情况,此时需要判断法定管辖。

在适用中国法律的前提下,根据中国的《民事诉讼法》等相关规定,被告为境外经营者时,可以由合同签订地、合同履行地、诉讼标的物所在地、可供扣押财产所在地、侵权行为地或者代表机构住所地人民法院管辖。

具体在跨境电子商务中,实际可供适用的主要是合同履行地、侵权行为地。根据相关司法解释,合同履行地很可能解释为买受人或收货人所在地,而侵权行为地一般理解为侵权行为地或侵权结果发生地。即由中国境内消费者所在地的法院管辖的可能性比较高。

另外,实务中还可能发生平行诉讼的情形,即当事人双方分别在不同国家有管辖权的法院提起诉讼,且均被受理。中国法律并不禁止平行诉讼,但是平行诉讼可能面临强制执行的问题,因此建议尽量避免该等情形。

(三)进口跨境电子商务中的准据法确定

境外经营者与中国境内消费者之间的跨境电子商务贸易,属于涉外的民事关系,其准据法的确定主要适用中国的《涉外民事关系法律适用法》。

由于针对不同的民事法律关系其准据法的规定也存在差异，因此以下分别就合同纠纷和产品侵权纠纷两类争议进行说明。

1. 跨境电子商务合同纠纷

一般而言对于合同纠纷当事人可以自主约定适用的准据法，除非法律有另行规定。《涉外民事关系法律适用法》第 42 条规定，消费者合同，适用消费者经常居所地法律；消费者选择适用商品、服务提供地法律或者经营者在消费者经常居所地没有从事相关经营活动的，适用商品、服务提供地法律。也就是说，跨境电子商务合同纠纷属于法律法规中对于准据法有明确规定的情形，应当适用该等明确规定。

在此前提下，需要判断对于没有在中国境内从事经营活动的境外经营者而言，何为商品提供地。目前对于该问题缺乏明确的司法解释或案例，从一般法理分析，很有可能可以解释为境外经营者所在地或发货地。举例而言，如果日本的经营者通过跨境电子商务的方式向中国的消费者销售了产品，且日本的经营者也未在中国从事过相关产品的销售经营的，不排除适用日本法。

2. 跨境电子商务产品侵权纠纷

对于跨境电子商务中的产品侵权纠纷即产品责任，根据《涉外民事关系法律适用法》第 45 条规定，产品责任，适用被侵权人经常居所地法律；被侵权人选择适用侵权人主营业地法律、损害发生地法律的，或者侵权人在被侵权人经常居所地没有从事相关经营活动的，适用侵权人主营业地法律或者损害发生地法律。

也就是说，跨境电子商务产品侵权纠纷应当适用中国法律，但是境内的消费者也可以选择适用境外经营者所在地的法律。境外经营者没有在中国从事相关产品的销售经营的，境外经营者也可以主张适用其所在地法律。

关于日本现地法人设立及在留资格认定的理论及实务研究

Will(ウィル)合同法律事务所　山本宽

一、引言

我国正向着营造对日本企业和外国企业都十分友好的营商环境这个方向努力迈进。为了进一步扩大外商投资,在日本举办的对日直接投资推进会议上,特别达成了“吸引外国企业来日投资五项协定”[平成二十七年(2015年)3月17日],之后又接着发布了“以成为全球中心为目标、释放了促进对日直接投资的各种政策红利”[平成二十八年(2016年)5月20日],其目的在于一方面,谋求改善外国企业在日本的营商环境;另一方面,积极提供外国人在日本易于生活的环境,从根本上提高他们在日本的生活质量和水准。[1] 事实证明,以上一连串的举措已取得了良好的效果,例如,2015年年末对日直接投资额达到了24兆3843亿日元,比前年年末同比增加了2.7%,继前年又再创历史新高。[2]

本文将以股份有限公司的设立程序为核心,对近年来外国企业在我国设立现地法人及在留资格认定相关的新规定及行政程序方面的改进等多个问题进行简要的说明。

---

〔1〕 日本内閣府:『対日直接投資推進会議帰省・行政手続見直しワーキング・グループとりまとめ』,http://www.invest-japan.go.jp/committee/compilation_report_jp.pdf。

〔2〕 [日]JETRO:《対日投資報告2016』,https://www.jetro.go.jp/ext_images/_Invest/pdf/refe/jetro_invest_japan_report_201701jp.pdf。

二、外国企业对日进行直接投资的方法[1]

外国企业想要在日进行企业活动,主要有以下两种方法。第一种方法是开设营业所(以下简称分店),第二种方法是出资设立现地法人。无论是设立分店还是设立现地法人,都可以在日本进行登记并持续进行交易,这是两者的共同点,至于它们的区别点则可以从以下五个方面得以体现。

1. 责任

如果是外国企业在日本设立分店,因该分店与外国企业为同一法人人格,归属于分店的责任将涉及外国企业。至于该分店与日本代表人之间的关系,除非是有代表人在分店设立登记前进行了持续交易(《公司法》第818条第2项)这样的情况,归属于分店的责任一般不会涉及日本代表人。

如果是外国企业要在日本设立现地法人,该现地法人是股份有限公司或者合伙公司时,外国企业对归属于现地法人的责任,仅在其出资范围内承担有限责任。至于现地法人同日本代表人之间的关系,归属于现地法人的责任,除非代表人对其失职行为存在恶意或者重大过失,原则上是不会涉及代表人的(《公司法》第429条第1项)。

2. 代表人

首先要解决的问题是外国企业本身能否成为代表人。若分店和现地法人是股份有限公司,而日本代表人仅限于是自然人,外国企业不可能成为代表人。如果现地法人是持股公司,外国企业作为出资人就拥有代表权,可以设置由自然人担任执行职权。

其次,关于分店的日本代表人的权限事宜,日本代表人拥有参与该外国企业在日与业务相关的一切审判及审判外的行为之权限(《公司法》第817条第2项),该权限范围仅限于在日本发生的业务。而对于作为现地法人的股份有限公司,通常董事长就代表着公司(《公司法》第349条第1项),其权限范围是与该股份有限公司相关的一切事项,而并不仅限于在日本发生的业务。

最后设立分店的场合,要求至少有一名在日本有固定住所者担任代表人(《公司法》第817条第2项),但如果现地法人是股份有限公司,就不要求

---

〔1〕［日］鈴木龍介編著:『外国会社のためのインバウンド法務』,『商事法務』2016。

有在日本拥有住所的代表人。[1]

3. 会计结算

是否有必要与外国企业进行合并结算这一点上,两者也存在差异。因为分店与外国企业为同一法人,就应当将两者合并进行会计结算。而在现地法人的情况下,由于其具有独立的法人人格,因此与外国企业应该分别进行结算。

此外,关于资产负债表的公开事宜,在设立分店的场合,外国企业类似于日本的股份有限公司时,就必须参照日本股份有限公司的标准将与资产负债表上相当的信息进行公告(《公司法》第819条第1项)。而如果现地法人是股份有限公司的场合,单就该股份有限公司来说,只需依照日本法作成资产负债表并公开即可,但现地法人是合伙公司的场合,本来不负有公开资产负债表的义务。

4. 税务

课税范围有所不同。首先,对于法人税,设立分店的场合,根据在日本是否有永久性设施其课税方式有所不同。设立现地法人场合,作为日本法人则要被课以法人税。其次,关于地方税,如果是分店且在日本拥有永久性设施,则要以外国企业的资本金额等为基准予以课税(《地方税法》第52条)。因此,即便分店的规模没有那么大,只要外国企业的资本金额足够高,就要以此为标准被征收均摊地方税。与此相对,设立现地法人场合,现地法人作为日本法人,地方税则以该公司的资本金额等为基准征收。

5. 出资

设立分店的场合,该分店与外国企业为同一法人格,所以外国企业无须进行出资。而设立现地法人场合,不管是股份有限公司或合伙公司,外国企业就必须对资本金进行出资。

通过对上述区别点进行分析,前文着重探讨了作为外国企业对日进行直接投资的方法。接下来,笔者将对现地法人的设立进行论述。

三、现地法人的种类

外国企业在日本设立现地法人时,要根据日本《公司法》规定的法人形态,选择将要设立的法人类型。现行日本法将公司的种类分为股份有限公

---

〔1〕 日本平成二十七年(2015年)3月16日民商第29号通知。

司、合名公司、合资公司、合伙公司，其中后三者统称为“持股公司”。

股份有限公司的出资人（股东），在成为股东时仅负有向公司出资的义务，而对于公司债权人不承担任何责任（《公司法》第104条）。

在持股公司中，以出资人（社员）向公司债权人所负责任性质的不同为区分标准，可分为合名公司、合资公司和合伙公司三种。具体来说，全体社员均承担无限责任的为合名公司；部分社员承担无限责任，另一部分承担有限责任的为合资公司；全体社员均承担有限责任的为合伙公司（《公司法》第576条第2项至第4项）。

因合名公司和合资公司当中，出资人承担的并非有限责任，而是承担无限责任，因此实务当中很少会设立这两种形式的公司，通常会选择股份有限公司或者合伙公司这两种形式。[1] 如2016年的公司设立数量当中，股份有限公司为90,405家，合伙公司为23,787家，合名公司为93家，合资公司仅为58家。[2] 接下来，笔者将重点对设立数量最多的股份有限公司的设立程序进行概要性介绍。

四、股份有限公司的设立程序

股份有限公司的设立方式分为发起设立和招募设立两种。发起设立是指公司成立时发行的所有股份由发起人进行认购的设立方式（《公司法》第25条第1项1号）。招募设立是指发起人仅认购公司成立时发行股份的一部分，其余部分则由招募发起人以外的其他人进行认购的设立方式（《公司法》第25条第1项2号）。[3] 实务中，通常采用发起设立的方式居多。股份有限公司的发起设立流程如图1所示。

章程的制定
↓
章程的认证
↓
出资的履行
↓
设立时董事等人员的选任
↓
登记

图1 股份有限公司的发起设立流程

---

〔1〕［日］伊藤靖史等：『会社法（第3版）』，有斐阁2015，13頁。

〔2〕日本法務省：『登記統計　統計表』，http://www.moj.go.jp/housei/toukei/toukei_ichiran_touki.html。

〔3〕［日］伊藤靖史等：『会社法（第3版）』，有斐阁2015，30頁。

1. 章程的制定

章程是公司确定组织形式及开展活动所依据的基本规则，通常以书面形式或电子形式记载。[1] 如果要设立股份有限公司，必须由发起人来制定章程并由全体发起人在该章程上署名或盖章(《公司法》第26条第1项)。

2. 章程的认证

制定好的章程必须经过公证人的认证才能生效(《公司法》第30条第1项)。如果是由日本法人作为发起人进行章程认证，则必须向公证人提交该法人的登记事项证明书及该法人代表人的印鉴证明书。如果是由中国企业作为发起人，因为在日本没有进行过登记，应当提交该企业的营业执照和证明该印鉴确系企业代表人本人所有这类经过中国公证机构认证的声明书。

此外，在进行章程认证时，为了保证认证制作的申请，实务中通常要求加盖骑缝章。如果申请人是外国企业，通常会要求法人代表人采用骑缝签名来代替骑缝章。外国并没有骑缝签名这种习惯，因此要向代表人等进行事前说明，与国外进行邮递往来等，因此实务上通常要花费大量的时间和劳力。[2] 关于这一点，如果章程认证程序的发起人是外国企业或海外居住者，替代骑缝签名方式是可以在各页的留白处进行签名或者签上自己姓名的第一个字母，这样的操作显然是被认可的。[3]

3. 出资的履行

设立股份有限公司时，必须向发起人或者设立后的股份有限公司董事长的银行账户中缴付出资。此时，中国企业必须向中国商务部或商务部门履行申报手续。

在进行设立登记申请时，必须要提交书面证明文件以证明出资确已缴付。但是，外国企业或在海外居住的董事长预备人选，在日本没有住所的话，开设日本银行账户实际上是很困难的。这样的话就无法缴付出资，从而

---

[1] [日]伊藤靖史等:『会社法(第3版)』,有斐阁2015,31頁。

[2] 日本内閣府:『対日直接投資推進会議帰省・行政手続見直しワーキング・グループとりまとめ』,http://www.invest-japan.go.jp/committee/compilation_report_jp.pdf。

[3] 日本法务省:『外国人・海外居住者の方の商業・法人登記の手続について』,http://www.moj.go.jp/MINJI/minji06_00104.html。

产生公司的设立程序无法顺利推进的问题。[1]

对于这个问题,出资证明可用银行账户名义的办法解决。公司设立后,以成为该法人董事的名义开户当然可以,与此同时,如果发起人或者公司设立时的所有董事在日本均没有住所的场合,即使上述这些人以外的其他人作为银行开户名义人也是可以的。[2] 另外,对于《公司法》所认可的对出资资金经办机关的范围,除了日本银行及国内支行与外国银行的国内支行之外,明确日本银行的海外支行也是包含在这个范围内的。[3]

4. 董事等人员的选任

董事长作为股份有限公司的代表,可以由 2 名以上的人来担任。在股份有限公司场合,以前要求董事长中至少有一人必须在日本拥有住所的这一规定,[4]那么,从外国企业派遣人员就任现地法人的董事长,该董事长在取得在留资格以前无法在日本拥有住所,就有必要另找一位在日本有住所的协作人来就任董事长。但是,该规定已经被废止了,即便股份有限公司的全体董事长在日本都没有住所,其设立登记以及担任董事长重任或就任的登记申请也均可被受理。[5] 因此,即便董事长都在海外居住,也可以申请在日本设立股份有限公司的设立登记。[6] 此外,董事长也不要求必须是日本人。

5. 登记

(1)附加文件

进行设立登记申请,必须要附加法定书面文件(《商业登记法》第 47 条)。在日本进行登记申请手续时,为了证明公司的存在及代表人等事项,经常需要提交公司的登记事项证明书,以及担保当事人意思表示的印鉴证明书。但是国外的制度不一定和日本相同,也可能没有公司登记事项证明书。因此,一般会要求公司的代表人向公证处等认证机关宣誓自己确为该

---

[1] 日本内閣府:『対日直接投資推進会議帰省・行政手続見直しワーキング・グループとりまとめ』,http://www.invest-japan.go.jp/committee/compilation_report_jp.pdf。

[2] 日本平成二十八年(2016 年)3 月 17 日民商第 29 号通知。

[3] 日本平成二十八年(2016 年)12 月 20 日民商第 179 号通知。

[4] 日本昭和五十九年(1984 年)9 月 26 日民四第 4974 号回答。

[5] 日本平成二十七年(2015 年)3 月 16 日民商第 29 号通知。

[6] [日]鈴木龍介編著:「外国会社のためのインバウンド法務」,商事法務(2016 年)28 頁。

公司代表人,并将书面化的《宣誓供述书》向公证处等认证机关进行认证作为替代。除此之外,经过认证的《宣誓供述书》还可作为住所证明书等多种证明书的替代物。另外,日本还有印鉴登记制度,如果登记过的印鉴在所选定的文件上盖章,就可以要求提供该印鉴的印鉴证明书。但是,大部分国家都没有印鉴登记制度,所以没有办法提交印鉴证明书。因此这种情况下,一般要求文件的制作者就其在文件上署名的事实向公证处等认证机关进行认证,也就是所谓的"签字证明书"。此外,中国的公证处也可以进行印鉴的认证。

登记申请的附加文件并不要求必须用日语作成。原本,如果向法务局提交的文件是用外语作成的话,通常会被要求翻译成日语。这时,即便是与申请等内容无关的部分也会被要求翻译成日语,这会造成外国企业一定的负担。[1] 但是,2017 年 1 月 25 日有了新的变化,即在外国企业股东大会会议记录中,明确表示与在日进行登记无关的事项、外国的登记事项证明书等文书当中与在日进行登记无关的事项,以及各种证明书中与登记的内容或与要证明的对象无关的部分,上述内容的日语翻译可予以省略。[2] 此外,附加于登记申请的外国公文以及认证书,即便没有经过法律认可程序,大多也会被受理。[3]

(2)董事等人员的登记

如果董事等人员是外国人,与商号登记不同的是,其姓名和住所不可以用字母来表示,要转换成片假名等日语文字才能进行登记。[4] 如果是中国人,也不能用拼音来表示,一般就登记为汉字。但如果中国人在日本取得了在留资格并拥有住所,用于证明该中国人住所和姓名的日本住民票,原则上姓名就只用拼音来表示。因此,如果在日本拥有住所的中国人要就任董事等职或申请住所变更登记时,就必须预先办理用汉字表示在留资格卡姓名的手续,并将汉字姓名追加到住民票上。

---

〔1〕 日本内閣府:『対日直接投資推進会議帰省・行政手続見直しワーキング・グループとりまとめ』,http://www.invest-japan.go.jp/committee/compilation_report_jp.pdf。

〔2〕 日本法務省:『商業登記の申請書に添付される外国語で作成された書面の翻訳について』,http://www.moj.go.jp/MINJI/minji06_00102.html。

〔3〕 [日]鈴木龍介編著:「外国会社のためのインバウンド法務」,商事法務(2016 年)29 頁。

〔4〕 同上书,76 頁。

此外,没有日本印鉴证明书的外国人作为董事长进行与设立股份有限公司相关的登记时,作为印鉴证明书的替代,应当提供本国官厅作成的签字证明书或者印鉴证明书。该签字证明书或印鉴证明书只能从本人的国籍国或者在日本设立的国籍国领事处取得。因此,在第三方国家居住的外国人,为了取得签字证明书或者印鉴证明书,就不得不到国籍国或日本去办理,从而造成很大负累。[1] 据此,对于附加在商业登记申请书中的外国人的签字证明书,也可以从本人居住的第三方国家内的国籍国官厅取得。[2] 在此基础上,对于前一通知进行了修改,外国人在来日期间,如果要取得进行商业登记申请所必需的签字证明书,即便在国籍国和居住国能够取得,并且日本的国籍国领事处没有发行签字证明书,也最好从日本公证人处取得签字证明书。[3]

6. 本人确认等

如果外国企业把股份有限公司的设立手续委托给日本的律师或司法代书人办理,律师或司法代书人基于《防止犯罪收益转移的相关法》(以下简称《犯收法》)需要对委托人本人进行确认。此外,律师或司法代书人基于其自身职责,也被要求对委托人本人进行确认。[4] 至于二者之间的关系,一方面是基于《犯收法》对委托人进行确认,其目的是对交易的相关当事人予以特定,故需要确认委托人的实际存在及同一性;而另一方面是基于工作的职责对委托人进行的确认,根据《犯收法》要求对委托人进行确认的基础,增加了对委托内容及其意思表示的确认。[5]

股份有限公司的设立程序中委托人确认的对象为,作为发起人的外国母公司、该母公司的代表人以及设立时的董事长(《犯收法》第4条第4项)。应当进行确认的委托人特定事项为:对于外国企业,应当确认它的名称、总店以及主要办事处所在地;对于代表人等,应当确认其姓名、住所、出生年月

---

〔1〕 日本内閣府:『対日直接投資推進会議帰省・行政手続見直しワーキング・グループとりまとめ』,http://www.invest-japan.go.jp/committee/compilation_report_jp.pdf。

〔2〕 日本平成二十八年(2016年)6月28日民商第100号通知。

〔3〕 日本平成二十九年(2017年)2月10日民商第15号通知。

〔4〕 日本弁護士連合会:『依頼者の本人特定事項の確認及び記録保存等に関する規定』,日本司法書士連合会会則基準91条の2。

〔5〕 [日]鈴木龍介編著:「外国会社のためのインバウンド法務」,商事法務(2016年)77頁。

日(《犯收法》第4条1项1号、第4项)。对于中国企业,通过营业执照就可以对委托人特定事项进行确认。而对于在日没有住所的中国籍自然人委托人,仅凭护照无法对住所进行确认,除了护照之外,还需要提供中国公证人出具的声明书等文书用以证明该自然人的住所。基于律师或司法代书人的职责而进行对委托人的委托内容及意思表示进行确认,原则上是通过面谈的方式来进行,如果由中国律师等可以信赖的第三方作为中介,运用电视会议进行确认也是可以的。

五、在留资格认定

在留资格是外国人在日本得以合法滞留的必要法律资格。《出入国管理法》以及《难民认定法》(以下简称《入管法》)规定的在留资格共有27种,在日滞留的外国人原则上必须取得这其中的一种在留资格。[1] 作为现地法人代表人的外国人一般应当取得"经营、管理"的在留资格。

此外,为了促进高级外国人才的引入,2012年5月起,对于高级人才开始实行积分制制度,在出入国管理上的提供各种优待措施[2](以下简称高级人才积分制)。高级人才积分制,是以能为日本经济发展做出贡献且具有杰出能力及资质的外国人为对象,通过设定"高等经营、管理活动"等活动类型,并根据相应的活动特性,对"学历""工作经历""年收入"等项分别设置一定的积分,总分达到70分的外国人就可以被认定为"高级外国人才","高级外国人才"在出入国管理上就可以享受各种优待措施。

该制度实施之后,为了更进一步促进拥有高等专业才能的外国人才引入日本,在2014年《出入国管理法》的修订当中,对在此之前被授予"特定活动"在留资格的高级人才基础上,决定重新授予"高等专门职1号"及"高等

〔1〕 外国人ローヤリングネットワーク编:『外国人事件 Beginners』现代人文社(2013年),50頁。

〔2〕 参见法務省:『高度人材ポイント制による出入国管理上の優遇制度』,http://www.immi-moj.go.jp/newimmiact_3/index.html. 补充:高级人才的评定分大学教授等"学术研究"、医生等"高度专业和技术"以及企业管理层等"经营与管理"3个领域。希望参加评定的外国人及其所属的企业可以向日本各地的入国管理局申请。例如,属于"经营与管理"领域的申请时,博士学位或硕士学位持有者可以加20分,具有10年以上的实际工作经验则加25分等。对年收入和日语能力等方面也将进行评分,如果积分达到70分,就会被评定为高级人才。

专门职 2 号”的在留资格。据此，作为现地法人代表人的外国人，若持有“高等专门职 1 号”的在留资格，也能在日本进行经营管理活动。[1]

高等专门职 1 号与高等专门职 2 号享有优待措施分述如下。

1. 高等专门职 1 号的优待措施 7 项：

(1) 给予 5 年的在留期间。

(2) 允许进行复合性在留活动。

(3) 配偶的就职。

(4) 一定条件下父母的随同。

(5) 与滞留资历相关的永住许可条件的缓和。

(6) 一定条件下家政人员的随同。

(7) 入国、在留手续的优先处理。

2. 高等专门职 2 号的优待措施 6 项：

(1) 与高等专门职 1 号的活动范围合在一起，几乎所有的就业资格活动都可以进行。

(2) 在留时间无限期。

(3) 上述 1 中从(3)至(6)的全部优待措施。

按照日本相关法规，对于一般外国人只有在日本生活 10 年，其中工作满 5 年，有稳定工作和收入来源，照章纳税，还要有固定的住址，生活基盘都在日本，且没有发生过违法乱纪等情况，申请永住才有可能获批。但是，2016 年日本政府率先提出了“世界最迅速的外国高等人才绿卡”计划，第二年的 4 月，就创设了日本版的高级外国人才绿卡制度。具言之，如果得到 70 分以上被认定为高级外国人才的人，申请永住许可所要求的工作签证的在留期限由现行的 5 年缩短至 3 年。高级外国人才中被认为特别高级者(取得 80 分以上)，申请永驻许可所要求的在留期限由现行的 5 年大幅缩短为 1 年。这样的变化，不能谓之力度不大。由此足见，日本政府在引进国际高级人才这项工作上表现出来的急迫性和高效性。日本的人才强国战略十分明显，在人才引进、人才激励、人才服务等各种政策方面紧密衔接，磁场不断强化，达到大面积接收各国都在争相吸引高级人才之目标。

关于积分制，对于那些参与主管省厅部门从事的具有成长性先端项目

---

[1] 日本法务省：『平成 28 年版出入国管理(中国語版)』，https://zhuanlan. zhihu. com/p/112348612，2017 年 4 月 15 日訪問。

的研究人才、较大规模的投资家、顶尖大学毕业生、灵活使用 ODA 完成人才培养计划的人、高水平学术研究领域的大学毕业生、取得多个硕士学位或博士学位的人、具有相当高水平的日语人才,新增了加分项目。[1] 该制度对外国人根据学历、职历以及年收入等进行评分,如果达到一定以上标准,日本则认定其为"高级人才"。针对这些高级人才将给予优惠待遇,其中包括上述提及的入国、在留手续的优先处理、放宽永住资格和配偶就业条件,父母永住申请等。如能取得永久居留权,该高级人才在日本的社会信用将会大大提升,除了可以自由选择职业外,还能申请房贷等,由此外国人在日本的生活便利性将得到大幅度的提升。几年来的实践证明,日本采取的以上各项举措,取得了预期的效果,成绩比较突出。

需要强调的是,在 2016 年 6 日 2 日内阁会议上决定的"日本复兴战略 2016"中,明确指出了截至 2032 年年末要吸纳来自国外 10,000 个高级人才的目标,而对于随同高级外国人才一起赴日的家政人员接纳条件如何进行修改等一系列配套问题也随之而来,今后政府部门还要对此继续加以研究,从而制定出相应的对策。

---

〔1〕 日本法务省:『高度人材制の見直し』,http://www. immi-moj. go. jp/isa/policies/ssw/nyukokukanrio/_00127. html,2017 年 6 月 14 日訪問。

日本民事调解的基层价值

朝日大学法学部(兼)法学研究科教授、
法学工学双博士　平田勇人

一、日本的民事调解

日本有《日本促进利用审判外程序解决纠纷的法律》(Act on Promotion of Use of Alternative Dispute Resolution,2004 年 12 月 1 日法律第 151 号)。审判外程序解决纠纷 ADR(Alternative Dispute Resolution)法,是为了促进 ADR 的利用而制定的。但是,日本民事调解案件的新受理案件数在 2003 年之后持续减少,在这种状况下,最高裁判所认为有必要努力提高调解解决纠纷的实际能力,因此试行以下新措施:①评议应确保在充分、准确的事实认定基础上进行;②基于认定的事实制定合理的解决方案;③带着已想好的预案,在说服当事人的同时进行调整这一解决方针。[1]

裁判所将受理的案件分为四类。第一类,在事实关系上存在争议,其认定与评价是调整活动中的重点(例如,对承包合同是否成立存在争议的案件等)。第二类,评价所依据的事实(正当事由、过失等)和金额(抚慰金、恢复原状费用等),也是调整活动的重点。第三类,对存在履行义务上没有异议,但具体的债务金额、履行方式成为调整活动的重点。第四类,对感情上存在对立的,加以调整(亲属间的共有物分割请求等)同样也是极其必要的。按照长谷川先生的观点,对于事实认定和法学观点的商讨越充分,就越有可能制定出具有较强说服力的解决方案,以这样的解决方案处理纠纷的成功率会更高。

---

〔1〕 [日]長谷川彰:『民事調停の新たな試み』,Oike Library 40 号,16 頁。

但是,能制定出解决方案的案例,在东京仅为50%,大阪也只是停留在42%,由此今后仍有必要讨论对于复杂案件解决方案的制定上会存在哪些阻碍。[1] 此外,"灵活依靠调解委员在处理纠纷案件中所积累的丰富的社会经验这一手段""基于调解委员拥有丰富的社会经验和专业知识,对当事人进行突出重点的提问"等,这些对于调解中的事实认定都是有益的。[2]

本文以作为ADR之一的民事调解为焦点进行探讨。需要注意的是,在日本,已将裁判所的民事调解称为"Civil Conciliation",民间的民事调解称为"Civil Mediation",此处需要加以区别。

二、日本民事调解程序概述

民事调解是根据《日本民事调解法》来进行的。根据《日本民事调解法》的规定,民事调解可以分为民事一般调解、房地产调解、农事调解、商事调解、矿难调解、交通调解、公害等调解、特定调解等。

根据《日本民事调解法》,裁判所的民事调解是由调解委员会介入、斡旋,依据当事人的互让、以合乎情理且满足实际情况地解决问题为目的的纠纷解决方式(《日本民事调解法》第1条)。调解委员会由法官和两名以上的民事调解委员组成,原则上在简易裁判所进行(依据当事人的合意也可在地方基层裁判所进行)。

调解委员会可依职权对事实和必要的证据进行调查。为了正确掌握事实,需要灵活地运用听取当事人和相关人的陈述、对当事人提出的证据资料等进行研判、展开现场调查等手段。

当事人之间达成合意,将之记载于调解书,调解成立后即视为撤回起诉。调解书与审理中的和解具有同等效力,也就是说与确定判决具有同等效力从而具有执行力。与此相对,若没有达成合意的可能性,也没有形成代替调解的决定(同法第17条)之时,即以该调解不成立而终结。同法第17条的决定,是指双方当事人对于纠纷解决的内容,大体形成一致意见,仅因为微小差异尚未达成合意或事实调查尚不充分而导致案情不明确时,当事人一方坚持主张不让步而无法达成合意的情况下,就不适用调解条款,而是以决定的方式来解决纠纷。但是,在决定的通知之日起两周内,若有当事人

---

[1] [日]長谷川彰:『民事調停の新たな試み』,Oike Library 40号,17頁。

[2] 同上书,18、19頁。

一方提出异议的,决定就失去效力。决定一旦确立,就与裁判所审理中形成的和解具有同等法律效力。

三、民事调解的规范

民事调解旨在合乎条理也符合实情地解决纠纷。因此,应该依据的规范就是条理。但是条理的意义及其与法规之间的关系未必明确。因此,首先介绍一下与条理相关的日本的各种学说。(1)"川岛说"认为,作为审判规范的条理应该是成为实体法体系基础的基本价值体系[1]。(2)"小山说"认为,无论是作为裁判规范的条理,还是作为调解规范的条理意义都是一样的,但是在适用范围上并不一致[2]。(3)"三月说"是学界共同倾向的多数说,法学说认为,将纠纷解决的构造比作为圆锥体,从垂直方向切入后的截面来看,在最上方的是实定法,中间部分是仲裁,底部就是条理。虽然法律中间也存在条理,但条理的外延比法律更加宽泛,但学界共同的倾向是,条理与法的距离不断地缩小乃是发展趋势[3]。(4)"梶村说"认为,所指采用条理解决的情况是指:①条理是法规本身的情形下;②适用任意法规得不到合理解决的情形下;③在法律缺陷、不完备的情况下,作为依据的总称[4]。(5)"小岛说"认为,所称平衡解决方法,是由专业人才的智慧与普通人的常识混合一起的产物,其成功的案例,能成为将来制定法律的珍贵资料,相较于从制定法视角的纯法律性判断,调解中的判断性框架是从市民的常识出发,尽可能避免与制定法的冲突,能最大限度地发挥民意[5]。

1. 合乎情理地解决

调解这种纠纷解决方式并不是日本所独有且固有的制度,民事也好,家事也好,裁判所主持的调解都旨在"依据当事人的互让,合情合理地解决纠纷"。民事调解是依据《日本民事调解法》规定的程序,由调解机关介入、斡旋,依据当事人的互让,以合情合理解决问题为目的的纠纷解决制度。(《日

---

〔1〕［日］川島武宜:『民法総則』(法律学全集 17),有斐閣 1965,25 頁。

〔2〕［日］小山昇:『民事調停法(新版)・法律学全集 38－Ⅱ』,有斐閣 1977,105 頁。

〔3〕［日］三ヶ月章:「紛争解決規範の多重構造」,法学協会編:『法学協会百周年記念論文集(第 1 巻)』,有斐閣 1983,469 頁。

〔4〕［日］梶村太市、深沢利一:『〔新版〕和解・調停の実務』,新日本法規 2001,134～136 頁。

〔5〕［日］小島武司:『民事調停における国民の参加』別冊判タ4 号,37 頁。

本民事调解法》第1条)

(1)作为纠纷解决基准的条理

每次发生纠纷时,法律在作为审判规范发挥作用之前,会作为纠纷解决规范发挥作用。纠纷解决规范,在实体法之外,还存在判例、条理、诉讼上的和解、调解以及仲裁中的解决实例、学说、习惯等。

(2)作为基本价值体系的条理

由于东方和西方存在法文化的差异,因此目前尚无与条理完全对应的词汇。若非得举例加以说明的话,笔者认为,大概"natural Justice"用语是可以与此相对应的。在欧洲各国有"ex aequo et bono"(平衡与善)、"ultima ratio legis"(法律内在的基本思考方法)、德国的"gesundes Rechtsgefühl oder Rechtsempfinden"(健全的法律感情或法律感觉),这些词汇可以说是与条理意思相近的词汇。民事调解旨在合情合理地解决纠纷,其所依据的规范是条理。但条理这个词是抽象的,而且是多义的。关于条理的意思,如前所述存在多种学说观点。条理的意思,应当完全基于法律(专业人才的智慧),还是基于市民的常识(民意),由于两者之间很难划出一条线,所以对"条理是实在法的基本价值体系"这种观点也还存在争议。但是对于"条理是基本价值体系"的把握,这一点,学说上基本上是一致的。在对调解的基层价值进行研讨之前,有必要先对调解制度的本质、机能、存在理由、调解的方法、法背离型与法面对型的对立进行一系列的考察。

2. 民事调解的本质

调解的本质通常被认为任意性与判断性。民事调解程序的第一特质就是当事人的任意性,第二特质就是看调解结果是否合乎条理且兼顾实情,即调解机关的判断性〔1〕。由于当事人的任意性与调解机关的判断性是二律背反的关系,因此调解的本质就是调解程序中当事人的任意性,即若当事人之间达不成合意就不能成立调解(调解合意说),这与调解委员会认为没有达到相当程度的调解是不能成立的,即通常需要进行相当性的判断[调解审判说(调解判断说)]的思考方法是相对立的〔2〕。一直以来调解合意说是处于通说的地位。有评论说,正因为有两种学说的对立,对于阐明民事调解本

〔1〕[日]梶村太市、深沢利一:『〔新版〕和解、調停の実務』,新日本法規出版2001,136~138頁。

〔2〕同上书,139~143頁。

质有较大的正面作用[1]。因此在立足调解合意说的同时,在现行法的框架内尽可能地强化调解审判说主张的事实认定和法律判断,从而取消两种学说的这种观点颇具说服力(梶村说)[2]。

在家事调解领域,大塚法官认为通过法官、书记员、事务官的合作,可以合理保障实体性和程序性的正常运营,甚至还可根据需要让医生等专业人员一起参与进来,以便可以用更好的方式使调解委员的良知得到反映,给予当事人充分陈述意见和反驳的机会,若既能使当事人积极接受的合意,又能使调解达到相当性的判断,消弭这两种解释的差异的话,就可以逐步取消这两种学说存在的必要性[3]。

3. 民事调解的机能和存在理由

民事调解长期存在的理由,主要是其根据双方的合意,圆满、有效、简易、迅速、低廉地解决了纠纷。对此,"佐佐木说"认为,简易、迅速、低廉性不是调解制度所固有的,调解制度的存在理由在于将纠纷本身直接作为对象,设法公正、全面、从根本上予以解决[4]。"小山说"也认为,简易、迅速、低廉性不是调解制度的目的,而是其属性,依合意圆满解决才是调解制度存在的主要理由[5]。

针对以上的立场,"萩原说"认为,调解之所以存在,理由在于以下四点:①纠纷分类机能;②简易、迅速、低廉性以及根据不同的纠纷,给利用者——国民提供具体妥当的解决方式;③民主主义的机能;④权利形成(创造)的机能[6]。进而,"梶村说"对于调解的作用和存在理由,更是列举出以下六项内容:①对诉讼补充的作用,②简易裁判的作用,③交易中介的作用,④案件摊派的作用,⑤法创造的作用,⑥民主主义的作用[7]。

---

〔1〕 [日]梶村太市、深沢利一:『〔新版〕和解、調停の実務』,新日本法規出版 2001,143 頁。

〔2〕 同上书,143 ~ 145 頁。

〔3〕 [日]大塚正之:「日本における家事事件処理手続と裁判官・調査官・調停委員等の役割 ~ 離婚及び子の監護を中心として ~ 」、日本家族『社会と法』学会第 21 回学術大会レジュメ。

〔4〕 [日]佐々木吉男:『増補調停制度の研究』,法律文化社 1974,122 ~ 124、127 頁。

〔5〕 [日]小山昇:『民事調停法(新版)・法律学全集 38 – Ⅱ』,有斐閣 1977,52 ~ 61 頁。

〔6〕 [日]石川明、梶村太市編:『注解民事調停法〔民事調停規則〕』,青林書院 1993,53 ~ 55 頁。

〔7〕 [日]梶村太市、深沢利一:『〔新版〕和解・調停の実務』,新日本法規 2001,146 ~ 152 頁。

小岛教授从强调通往正义道路多元化的立场出发，在整理已有的调解存在理由的基础上，进一步提出以下两点补充：①调整衡平法的机能（保证人责任的调整、缓和消灭时效的效果等），②缓和程序风险机能（对证明和程序选择困难的对策）[1]。

在半个多世纪里，日本法律界的大多数学者对仲裁的发展持积极意见。与此相对，对调解持怀疑意见者也不在少数。正如小岛教授所指出，出现这种情况的原因，可以说是在于与法律的距离[2]。更具体地说，存在“勉强调解”（调解委员对于争议点整理和事实认定基本不展开，直接让当事人作出适当让步的调解）、“均摊调解”，更进一步说，有学者表明了对与社会的封建或非民主风气关系的怀疑，也有学者担心调解是否有无视法律和对主张权利进行压制的危险[3]。但是如前所述，日本最高裁判所也主张有必要从以下三点出发，提高调解的实质性解决纠纷的能力：①使评议更充实与进行更加准确的事实认定；②基于认定的事实制定合理的解决方案；③带着已想好的预案，说服当事人的同时制定出调整方法，从而可以期待今后能作出更加充实的调解。

4. 关于调解的应有状态

关于调解的形式主要有以下三种：①评价型调解（evaluative mediation）。这是一种传统的做法，指拥有专门知识的调解人强力介入结论，以法律评价为背景引导出合意的过程。②请求妥协型调解。其是指在互让的名义之下，取双方当事人主张的“中间”，使双方当事人的利益适当的平衡。③促进型调解（facilitative mediation）、对话促进型调解、自主交涉援助型调解。即调解人的作用就是帮助当事人自主进行交涉，促进双方进行对话[4]。

关于调解的应有方式，理论和技术两个方面都出现了新的动向，特别是

---

〔1〕［日］小島武司：「民事調停の存在理由」、石川明、梶村太市編『民事調停法〔現代実務法律講座〕』，青林書院 1985，18～19 頁。

〔2〕［日］小島武司：仲裁 ADR 法学会学会杂志「仲裁 ADR 法の将来展望（序説）—基礎法理と制度戦略の方向転換を目指して—」仲裁とADR（仮）創刊準備号。

〔3〕同上。

〔4〕经济产业省、日本商事仲裁协会以及日本仲裁人协会：『调解人养成教材（基础编）』，2004，8 頁。

受美国的各种影响较大，理论界和实务界提出了各种方案。从日本的司法调解现状来看，至今为止都是评价型的色彩较强，事实上，我们一直在积极地面对“强加权威性”和“无原则的妥协”存在的缺点[1]。针对评价型调解的缺点，有学者对其表明了评判和怀疑的态度，也挖掘出以促进当事人间交流为基调的各种调整手法，评价型调解和促进型调解之间界限也在逐渐缩小[2]。

不过，有学者充分听取当事人陈述案情，对客观资料进行慎重的斟酌，以法律基准为基本考虑证明阐明度低的事实，并提出有幅度的调解案[3]，不能否认评价型调解存在的意义，也要尽可能地准备符合当事人需要的选项。正如小岛教授所指出的，对评价型调解的需求，特别是大城市之外的地方在相当程度上是存在的，在大城市等地方也产生了新类型的需求[4]，从希望评价型调解的当事人比例来看，与民间调解相比，司法调解的情况更多。与此相对，促进型调解在民间组织中需求很高，是以当事人间的交涉为中心[5]。笔者认为，充实 ADR 的功能且便于利用的话，国民就会在多种纠纷解决手段中做出最合适的选择，可以提高国民的满意度。

5. 法背离型与法意向型的对立

围绕民事调解的规范，将民事调解看作法背离型（合意尊重型）的纠纷解决制度，还是法意向型的纠纷解决制度，这是一个难题。笔者着眼于价值观是“事物思考方式”还是“判断基准”这一点，试图从法的价值体系的观点出发进行探讨。

民事调解是合乎条理兼顾实情的纠纷解决制度，其虽重视双方当事人互让、妥协，以当事人间达成合意为目标，但并不意味着可以无限度地背离法律。虽说民事调解是基于条理、在互让的精神上成立的，但还应当以法律规范为根本。在裁判规范背景下的基本价值体系，与在调解规范（用于民事调解的纠纷解决规范）背景下的基本价值体系应当是一致的。

---

[1] [日]小島武司「仲裁 ADR 法の将来展望（序説）—基礎法理と制度戦略の方向転換を目指して—」仲裁とADR（仮）創刊準備号。

[2] 同上。

[3] 同上。

[4] 同上。

[5] 同上。

两者并非性质截然不同的制度,在具体的民事调解案件中,如果排除了任意法规的适用,无论如何都不超出实体法基本价值体系的条理就成了调解规范。

当然,虽然对法背离型的 ADR 普遍持否定态度,但并不否认其存在。基本价值体系中,尽管裁判规范和调解规范中的价值侧重点是不同的,但如果将条理理解为现行法基本价值体系,条理就不可能同现行法相背离。对作为任意法规规制对象的调解,排除其适用依据条理寻求解决的情况下,虽条理与任意法规的内容不一致,但是与现行法的基本价值体系相调和,应该也是与现行法不相违背的条理。

条理不过是裁判规范的补充,但调解规范与法律并存,只要不违反强制法规就可以排除任何法规并发挥作用的这一结论,在学说上一般是得到普遍支持的,若将裁判所的调解考虑成法院附设(court annexed),ADR 从一开始就不能将与法律背离作为前提。在民事调解委员熟读的《调解委员指南》[1]中,体现出重视当事人合意的同时,也要求调解中纠纷解决的法律约束性。

关于调解规范,调解能发挥与诉讼不一样的长处允许与法律背离的是根据实情解决的部分。但调解如果是站在将条理作为调解规范的法面对型纠纷解决制度的立场上话,只根据实情解决的法背离——合意尊重型,在具体的事例中也不能无限制地背离法律。

四、调解的基层价值

如前所述,一般承认条理是基本的价值体系。本文在参考最高院事务总局民事局的《民事调解委员的民事调解法规概说》(2002)[2]的同时,笔者还总结了从调解的实务经验中得出的一些个人见解。

民事调解作为合乎条理兼顾实情的纠纷解决制度,即使重视双方当事人的互让、妥协,旨在双方当事人达成合意,但针对可以与法律背离到何种程度,如日本最高裁判所民事局《民事调解委员的入门(修订版)》中指出的那样[3],一直以来都是以双方互让为中心进行调解解决纠纷,但不是单纯

---

〔1〕 調停委員研修委員会編:『調停委員必携(民事)』,日本調停協会連合会 2009。

〔2〕 最高裁事務総局民事局:『民事調停委員のための民事調停法規の概説』,2002。

〔3〕 最高裁事務総局民事局:『民事調停委員の手引(改訂版)』,2012,2 頁。

的妥协让步，而是要强化法律判断和专门知识，寻求合理的调解结果，裁判所的调解委员应该沿着最高裁判所的思考方式来面对纠纷的解决。这次限于篇幅关系，就不讨论调解规范（调解中运用的纠纷解决规范）下的基本价值体系，而仅围绕调解的基层价值进行考察。

1. 和的精神

在“调解是根据当事人的互让与合意圆满解决纠纷的方法”法律命题的背景下，蕴含的诸价值中存在和的精神。让说服工作能更加顺利进行而达成合意，促进当事人间相互理解，使对立的主张向合意发展，对调整后的解决方案进行提示和讨论，为此营造良好的讨论环境是十分重要的，而调解委员是当事人的理解者也是公正的第三人，赢得当事人双方的信赖是最重要的。这也就是从和的精神引导出合意的价值。

虽然调解的本质是合意，但是也无法掩盖依合意达成的调解条款其本身存在违法性，并非所有与法律相背离的情况都是可以被允许的。民事调解中的合意，说到底是当事人的自由意思，调解机关不可强制干预。调解机关应该唤起当事人自主解决纠纷的意愿，引导当事人自发达成合意。只有当事人真正认可的合意才具有规则〔1〕。和的精神并不是宣扬不与他人争执、同他人保持步调一致就好，如加贺山教授所说，究其根本，和有其深刻的意义。笔者作为常年从事调解实务的工作者，从调节法律诸价值间矛盾冲突的最高阶位规则的角度考虑，“为了通过以‘和’为前提的讨论和说服工作来解决纠纷，应该优先考虑引导最合理且有说服力的解决方案”，这一规则应该是最优最高阶位的规则〔2〕。

所谓的最高阶位价值，就是包含诸价值的规则间产生矛盾冲突时，对其进行调整、调节的规则。加贺山教授指出，“和”与“同”要与“随声附和”相区别，“法律手段是以‘和’为前提的议论和说服”，立足于此条纲领，不能按照自己的思考方式行动，因为多数人这么做就认为是正确的而采取同样的行动，这种理论不能作为论据使用。但是作为支持这种思考方式的论者，岩田宗之氏做出以下说明，对于从正确的观察得出的事实出发、根据清晰的逻辑展开导出的结论，是为多数人所赞成的。“正确”与多数人赞成之间是存

---

〔1〕 調停委員研修委員会編：『調停委員必携（民事）』，日本調停協会連合会2009，5頁。

〔2〕 ［日］加賀山茂「民事法への招待—法科大学院で学ぶ前に知っておくべき知識とものの考え方」仮想法科大学院，Accessed April 4，2012，http://lawschool.jp/kagayama/。

在关联的。也就是说,赞成的人数多的话,正确的可能性就较高。但是,这是在假定他人在准确把握事实、以清晰的逻辑展开导出结论的情况下才成立的,在这一点上,岩田氏与加贺山教授持同样观点。笔者认为,这才是直击到要害。因为多数人都赞成,即以此为正确的想法而予以盲目的赞成的话,只会增加导致错误结论的可能性,正是因为包含着自相矛盾,即便结论正确也不得使用[1]。

2. 解决的合理性

调解适用于事情简单且当事人之间的对立不是很严重的这类纠纷的解决。为了使日常生活中的各种纠纷尽可能理性、合理解决,应该充分活用调解制度。

3. 公正

无论是《民事诉讼法》还是《民事调解法》,都是基于立足正义、寻求公正解决这个共同的理念。因此,调解的解决必须是基于双方当事人的诚意(Good Faith)和调解委员的能力,使双方当事人的问题得到公正并且正当的解决(fair and just solution)。

4. 中立性

中立性中包含“应平等听取反对当事人的意见”“任何人不能做自己诉争案件的法官”这些法律命题。

5. 平等

在听取实情的时间上,要分配差不多相同的时间,在同一天内,要注意从双方当事人听取实情的次数相同。

6. 合理

不允许过度的合意优先、压制一方当事人的强烈主张、欠缺客观妥当的调解。虽说当事人同意调解在解决的内容上存在一定的弹性,但是要优先确保恰当合理。虽然说审判中合理是要首先考虑的,民事调解中迅速性突出,但民事调解中合理价值的重要性也是自不待言的。

7. 信赖是值得保护的价值

调解必须是基于调解委员和双方当事人的信赖与合作。负责调解一方要有尊重当事人的诚意,必须有将当事人的问题当作自己的问题来努力解

---

〔1〕［日］岩田宗之:『議論のルールブック』,新潮新書 2007,18～19 頁。

决的热情[1]。

8. 妥适

在民事调解中,以妥适性价值的方法解决纷争备受重视。即使法律在制定的当时是合理的,但是随着社会发展变得不符合实际情况,或者在出现新的社会问题没有可具体适用的法律的情况下,根据实际情况解决各种纠纷时,这个妥适性的法律价值就应该放在首位。

9. 均衡

有必要保证相互提出主张的机会。调解委员或者当事人认为,双方力量(平衡)显著失衡而无法使调解有效进行的情况下,调解委员需将该事实通知当事人,可以决定终结调解。因为双方当事人出现了力量不平衡,加上调解委员采取消极立场,强者当然很容易打败弱者。

10. 解决的灵活性

以当事人的合意为基础的调解,可以自由决定纠纷解决的内容。因为如何解决纠纷是基于当事人自由意思广泛地灵活选择,所以可以根据每个事件的实情做到平衡妥当的解决[2]。

11. 权利的滥用

在调解委员知道当事人进行不诚实(Good Faith)的协商,有滥用调解程序的情况时,或者说当事人没有提供重要信息、没有达成更好的理解和解决意愿,主要是想要获得其他利益的情况下,调解委员必须思考继续调解是否妥当这一问题。禁止权利滥用在调解中占有重要的位置。

12. 整体性的纠纷解决

民事纠纷并不一定只由经济性的利害对立引起,还伴随感情上的对立等,以合意达成为目的的纠纷调解解决,包含人际关系的层面、争议全面得到解决,能带来有实效性的、稳定的解决[3]。在整体纠纷解决的法律价值中,作为关键词,可以列举出感情、人际关系、整体的解决、有实效性的解决、稳定,在诉讼中,包含人际关系的争议解决也是基本的法律价值组成部分。

13. 解决的简易迅速低廉性

在诉讼中,因为无论是内容还是程序都要重视适当性,所以程序复杂并

---

[1] 調停委員研修委員会編:『調停委員必携(民事)』,日本調停協会連合会2009,48頁。

[2] 同上书,3頁。

[3] 同上。

且技术性强,当事人提出的主张需要进行法律化梳理、架构,还要为对此主张提供证据支持,这些都是作为当事人的责任。与之相对,调解没有诉讼那样严格的规定,陈述自己主张的形式比较自由,为了使案件事实明确对事实展开调查,调解机关认为有必要的,也可以依职权进行调查。因此,当事人没有特别的法律知识也可以申请调解,将程序进行下去,且费用负担也较轻,案件终结的期间也不会很长〔1〕。

诚然,诉讼有复杂性、缓慢性、费用高之特点,在某种程度上讲这是不能避免的,但是如前所述,简易性、迅速性、低廉性不是直接成为民事调解理论的存在理由,这是因为现实的诉讼手续具有复杂性、缓慢性、费用高,不属于诉讼的性质上不能避免的范围,简易性、迅速性、低廉性不是调解制度固有的,应该说这是纷争解决制度整体内在的理念〔2〕。

14. 探明真相

为了基于事件实情得出解决方案,必须要充分把握案件的真相。急于说服双方达成合意,反而轻视查明事实关系,就不会得到真正的对案件适合的解决方案,也不能获得当事人的信赖。虽然与准确认定事实做出判断的诉讼主旨不同,但是调解也要对关系纠纷的案件事实进行广泛的调查、讨论,综合考虑以上因素,在努力探求客观妥当的解决方案方面不可懈怠〔3〕。

15. 效率性

在日本,很多人重视效率性、支持交互方式,最近欧美采取了一部分交互方式。然而,在我国也倾向于延伸到用网络同席方式进行调解,无论哪一种方式都有提高调解技术能力的倾向。也就是说,具体问题具体分析,增强了使用交互方式和同席方式双方的优点来解决纠纷的意向〔4〕。

五、结语

本文从上述考察中特提取出 15 个方面作为调解的基层价值进行研讨。在执笔本文的过程中,笔者另一篇英文论文"Balance of Various Values in the Conciliation"向匈牙利的 A 级学术日报的 *The academic journal of Pro*

---

〔1〕 調停委員研修委員会編:『調停委員必携(民事)』,日本調停協会連合会 2009,4 頁。

〔2〕 [日]佐々木吉男:『增補調停制度の研究』,法律文化社 1974,124 頁。

〔3〕 調停委員研修委員会編:『調停委員必携(民事)』,日本調停協会連合会 2009,5 頁。

〔4〕 [日]廣田尚久:『民事調停制度改革論』,信山社 2001,59~60 頁。

Publico Bono-Public Administration edited by the National University of Public Service 投稿并被采用,借此机会,笔者从至今为止作为裁判所民事调解委员的自身经验出发,在思考法律价值的同时,也对解决纠纷的基层法律价值体系的重要性有了新的认识。

如前所述,因篇幅的关系,本文没能对基本价值体系如数尽叙,但至少从中提取的15个价值应当是调解的基础。为了让日本的调解能够更加充实,今后身为一名调解委员愿尽微薄之力。

关于《日本行政不服审查法》的修改

神户学院大学法学研究科教授　法学博士　恩地纪代子

一、引言

2014年,《日本行政不服审查法》进行了全面的修改,新《日本行政不服审查法》于2016年4月1日开始施行。所谓的行政申请制度,是指无论国家公共团体还是地方公共团体,国民对行政处分或行政厅可以提出不服申请。修改前的《日本行政不服审查法》是在50多年前(1962年)制定的略显落后的法律,其中暴露出很多不足之处。[1] 本文将介绍此法修改的背景和新《日本行政不服审查法》的主要内容,并探讨该法的边界。

二、修改背景——原《行政不服审查法》的缺点

日本是法治主义国家,要求行政厅必须依照法律做出行政处分。但是,处分是由人来执行的,实际上也难免会有违反法律的行政处分,出现侵害国民的权利利益的情况。"对行政厅提出不服申请",是国民指责违法的处分行为并借此寻求权利救济的途径之一。不服申请"是以国民为主体命名的,如果是以行政机关作为主体提出的,称为"不服审查"。

1. 修改前的《日本行政不服审查法》的缺点

修改前的《日本行政不服审查法》,是接受不服申请的行政厅,按照"简易迅速程序"对不服申请进行审查。因此,程序的"简易迅速性"是行政不服

〔1〕 被指出不服申请的案件数少、救济率低。根据总务省2011年度的调查,依据《日本行政不服审查法》提出的不服申请的案件数,国家级案件数为30,022件,认可率为10.6%,地方公共团体级案件数为18,290件,认可率为2.8%。期望通过此法的修改,能使救济率有显著提升。参见芝池義一:『行政法読本〔第4版〕』,有斐閣2016,263頁。

审查制度的优点。对国民的不服申请,"行政厅"采用"书面"形式,不用花费任何手续费就能快速地予以审查。

但是,从另一方面讲,重视"简易迅速性"一定程度上会损害程序的"公正",从而引发国民对于行政不服审查制度的不信任感这一难题。优点反过来看,也就成了缺点。

2. 审查厅

行政不服审查制度的根本的弱点之一就是作为审查机关的"行政厅"。行政组织呈金字塔型构造。修改前的《日本行政不服审查法》,原则上规定审查厅由作出处分的行政厅(处分厅)的直属上级机关担任。所谓上级行政机关,是指与该行政事务、有权利指挥和监督处分厅的行政机关;所称直属上级机关,是指存在二级、三级的上级机关的情况下,与处分厅最接近的上级机关。最直接的上级机关在对行政不服进行审查时,更偏向于哪一方呢?一方是处于同一行政系统的自己的直属部下的处分厅,另一方是从未谋面提出申请的国民 A,很大可能是偏向于处分厅。因此,一般都认为很难期待直属上级机关能作出公正、中立的审查。

3. 审理的负责人

修改前的《日本行政不服审查法》,没有关于"负责审理的工作人员"的规定,因此,从法律上讲,曾经参与了成为审查请求的对象——处分(原处分)的工作人员或者与此有密切关系的工作人员来审理行政不服案,也是有可能的。比如说,国民 A 认为作出的处分(原处分)违法,提出了审查请求。直接上级机关中担任审理的职员,实际上可能就是之前对处分厅来征询意见时做出过具体指示(也可以说实质上就是其对此作出处分)的人。该职员就会认为"这是在我的指导下作出的处分,不会有错的。若是按照这位非专业的国民 A 提出的意见一一修改,不仅关系自己的颜面,也会影响个人发展"。这样一来,该职员就会因为有自负心、虚荣心和与同事的竞争心理等因素,以不合理的理由拒绝审查请求,而作为审查请求人的国民 A 当然也不明就里。如果审查厅的工作人员不清楚怎样解释自己的主张、做出判断,国民心中就会产生"难以对行政不服审查中应有的公平、妥当就抱有期待"这样的想法。

4. 口头意见陈述

还有一个缺点就是"书面审理"。在修改前的《日本行政不服审查法》

中,明确规定了"书面审理审查请求"[1]。作为例外规定,在审查请求人申请口头陈述意见的情况下,审查厅要给请求人口头陈述意见的机会。但是处分厅没有派员出席口头陈述意见现场的义务,审查请求人不能直接质问处分厅,因此审查厅只是姑且听听一方的意见而已,这样的口头意见陈述被称为"片面的审理方式",因不能明确争议事项而受到广泛的批评。

三、修改后的主要内容

在上述批判的背景下,新《日本行政不服审查法》规定,作为最上级厅的审查厅,由与原处分无关联的工作人员负责审理,在审查请求人口头陈述意见的情况下,审查请求人可以直接要求质询处分厅。

新《日本行政不服审查法》的本质和宗旨可以从第1条的规定中看出。即修改前的《日本行政不服审查法》,规定的是审查按照"简易迅速的程序",新《日本行政不服审查法》在此基础上新加了一个词,修改为"简易迅速且'公正'的程序"。虽然程序的简易迅速性和公正性不能两全,但这表明了保障程序公正的比重相较之前有了大大的提升。

1. 审查厅的变更

新《日本行政不服审查法》,从尽可能确保审查的公正性的立场出发,首先采用将审查厅作为最高机关的方针[2]。所谓的"最高机关",就是除各省大臣、都道府县知事,没有比其级别更高的行政厅。在与处分厅的关系上,因为是比直属上级更远的行政厅,可以期待审查能够在公平无私前提下进行。

2. 导入审理员制度

新《日本行政不服审查法》导入了"审理员制度"。审理员制度作为新《日本行政不服审查法》的核心制度受到了社会的广泛关注。依据新《日本行政不服审查法》,有审查请求时,审查厅从其下属的工作人员中指定审理员。在此,新《日本行政不服审查法》的创新点在于规定了"回避要件","与原处分有关联的工作人员"不得担任审理员(第9条第2项1号),以此来获得国民对审理公正性的信赖。从国民的立场出发,为了让国民能清楚地看

---

〔1〕 第25条第1项。然而,与此相对应的修改后法律的第31条,删除了此项表述。

〔2〕 在处分厅没有上级厅的情况下提出的审查请求,对该处分厅适用。在法律有特别规定的情况下适用该规定。

到审理程序是由与原处分无关联的人来办理的，就要求审查厅努力制作出"审理员候补者名单"。具体的审理员候补者，设想是那些没有参与对审查请求人进行处分的、与原处分无关联的总务科工作人员[1]。审查厅的名单制作完成后有公开的义务，人们能够很方便地在网站主页上进行浏览。审查厅在指定审查员时，必须通知审查请求人(例如：关于你提出的审查请求，已经指定以下人员为审理员，特此通知。审理员其所属部门、职务、姓名都会明示)。

被指名的审理员，基本上按照《申辩书》(处分厅的主张)[2]和《反驳书》[3](审查请求人的反驳)等书面材料来进行审理，在审查请求人申请口头陈述的情况下，为充分确保审查请求人申辩的权利，必须给予其口头陈述意见的机会。审理员认为必要的审查结束时方可终止审理，并制作《审理员意见书》[4](审查厅做出的裁决相关的意见书，可能作为裁决草案记载其中)，与事件记录(审查请求书、申辩书以及其他与审查请求相关的书面材料)一并提交给审查厅。

另外，为了提高审查厅审理的客观性和公正性，新《日本行政不服审查法》在此基础上又进一步导入了第三方机关检查制度(也称为二阶段审理方式)。

3. 面对面式的口头陈述意见的变更

新《日本行政不服审查法》为了使审理能够顺利进行，在进行口头意见陈述时，需召集处分厅，审查请求人可以直接质询处分厅(第31条)。也就

---

[1] 此外，可能会将律师以及退休的原工作人员等外部人才作为非专职职员或附任期职员指名为审理员。在法律修改的讨论中，有认为鉴于"与处分厅的距离"即"公正性"，任用外部人员更加合适的意见。所谓名单就是记录审理员的所属、职位、姓名(或是所属、职务)的名单。具体的记载方法，依据各行政厅的判断。

[2] 处分厅的记载审查请求相关处分的内容、理由等书面材料(第29条第3项)，为了让审理员把握案件的概要，判断与审查请求相关的处分是否违法、不当而要求提交。

[3] 与申辩书记载事项对应的记载审查请求人反驳意见的书面文件(第30条第1项)。为了简易迅速公平地审理，希望审查请求人的主张内容能在审理的开头予以明确，因此设计了提交程序。

[4] "可能会作为裁决草案(第50条)，整理裁决书的记载事项，记载了案件的概要、审理关系人的主张要旨在明确该案件的争议点的基础上，对于审理请求的结论和其理由进行记载"。

是说,新《日本行政不服审查法》的口头意见陈述是“面对面审理方式”。

口头陈述意见情形下的意见陈述、提问、回答,需按照以下方式进行,口头意见陈述时,审理员需制作记录〔1〕。例如,审查请求人申请减免为子女缴纳的残疾智障者福利设施使用费,处分厅驳回了其申请,于是审查请求人提出审查申请〔2〕,在口头陈述意见的情况下,需要审理员、审查请求人包括其代理人〔3〕、处分厅(经办人)一同在场。如果存在审理关系人的主张要旨不够明确,争议点不易把握的情况,审理员可以依职权向审理关系人进行提问(第36条)。

(1)审查请求人意见陈述

“将审查申请人分居中的丈夫的收入也一并计算,以超过了基准收入为由,处分厅驳回了使用费减免的申请,但是审查请求人的丈夫不是单身赴任,而是处于分居、离婚调解中,可以认为处分厅的判断与实际情况不相符。”

(2)针对审查请求人陈述意见的处分厅的回答

“刚刚审查请求人提到了收入区分认定相关的家庭情况,关于厚生劳动省的意见已公布,市的审查基准也在网站上公布了,有需要的话日后可以作为证据提交。”

(3)审理员对审查请求人的提问

“审查请求人现处于离婚调解中,是何时提出离婚调解申请的?”

(4)审查请求人的回答

“在提出减免申请时,还未进入离婚调解程序,实际上是在本案被驳回之后申请的离婚调解。但是,在提出减免申请时,已经分居并商量离婚事项了,实质的婚姻关系已经不存在了,关于此事已在提出减免申请时向负责人

---

〔1〕 行政管理センター:『新しい行政不服審査法の解説 DVD —第2部—口頭意見陳述』。口头意见陈述程序是,首先,在审理员在确认出席者并说明注意事项后,由申请人口头陈述意见的形式。但是,在申请人陈述的事件与案件无关或者其他不相关的情况下,审理员可以对其进行限制。其次,在陈述意见时,申请人在取得审理员的许可后,可以就审查请求相关事项对处分厅等进行质问。因此,在口头陈述意见程序中,申请人意见陈述完毕后,进行申请人对处分厅的质问以及处分厅等作出回答的流程。审理员在口头意见陈述程序结束之后,必须立即制作记录、整理质问和回答的书面内容。

〔2〕 依据《残障者综合支援法》第97条(第4条有特别规定)。

〔3〕 审查请求人的代理人,原则上可代理与该审查请求相关的一切行为(第12条)。

员口头做出了说明。”

(5)审理员对处分厅的提问

“除户籍上的婚姻关系之外,处分厅还有认定同一家庭的证据吗?”

(6)处分厅的回答

“从审查请求人提交的存折复印件来看,虽然是不定期的,但在减免申请提出的前一个月,其丈夫还向其汇款。询问了审查请求人,是作为生活费的汇款,所以判断是同一家庭。”

(7)审理员对处分厅的提问

“处分厅对于今后使用费的减免是怎么考虑的?”

(8)处分厅的回答

“处分厅认为,当时认定审查请求人与其丈夫属同一家庭是适当的。但是现在处于离婚调解中,是处于离婚成立的阶段,如果再次提出申请的话,在审查请求人所得收入区分的前提下,再决定是否可以减免。”

(9)审理员对审查请求人的提问

“关于刚才的说明,审查请求人有什么意见吗?”

(10)审查请求人的意见陈述

“如之前所述,我认为本案驳回的处分是与实际不符,该结论是不适当的。如果离婚后重新申请,即使申请被认可,还是要支付到被认可前的使用费,实际上享受不到低收入家庭应该有的减免,会造成不当的结果。这是与减轻低收入家庭负担的制度的宗旨相违背的。”

四、新《日本行政不服审查法》的边界

以上,介绍了新《日本行政不服审查法》确保公正性、积极向上的进步部分。但是,新《日本行政不服审查法》也存在一定的局限性,其是否能取得国民的信赖,很大程度上还依赖于其如何运用。

1. 新审查厅

首先,审查厅一下子变更为最高级厅,之前基本以都道府县级别为不服审查的申请地,现在变更为东京或者各个行政部门的大臣,无论民众是从精神上还是从地理位置上考虑,都会对行政不服审查这一制度有种远不可及的感觉,因此对于要否对处分结果提出不服审查的申请,容易产生犹豫不决

的心态[1]。例如,某省在住的高中生C,通过就读的高中申请认定其具有高中就学支援金的领取资格,但是作为处分厅的该省知事作出了驳回的决定,高中生C从学校得到了驳回的通知后,如果该高中生C不服此决定提出申请审查的话,审查厅就是文部科学大臣,审理员就得从初等中等教育局初等中等教育企画课课长辅佐、同时兼任大臣官房总务科行政改革推进室的工作人员中指定。对于这位高中生C来说,假设他的学校位于福冈,那么为了提出不服审查,就得向东京的文部科学省提出,审查请求人还不得不从福冈赶去东京参加面对面式的口头陈述,要完成这个过程无疑要花费相当的时间和费用,这与原来直接可以向当地的福冈提出审查请求相比,显然有种不便捷和排斥感,从而对审查申请产生动摇。

2. 审理员审查

以与原处分"无关联"的这种表述作为审理员的回避事由,从根本上来说是不明确的,即使是事前接受过询问或是参与过商讨的工作人员,在一般的法律解释上,也不能认定为"关联"人员。审理员也是"审查厅的工作人员",在国民看来他们具有相同利益关系。他们也有自己要守护的立场和自己的生活方式,比起国民的权利救济,有可能优先考虑的是捍卫组织体系和明哲保身。不论怎样,毕竟是同一行政系统的工作人员,思考方式、价值观相似也不足为奇。这就是审理员制度公正性的局限之处。

顺便一提,如上述"修改背景——原《日本行政不服审查法》的缺点"的2中所提及,为了弥补其局限性,新《日本行政不服审查法》导入了第三方机关检查制度。审查厅在接受审理员提交的审理员意见书时,除审查请求人不愿意的情形外,原则上必须向由专业人士组成的第三方机关进行咨询。

---

〔1〕 第一百八十六回国会众议院总务委员会会议记录第22号(平成二十六年5月20日)盐川委员发言。新《日本行政不服审查法》,之所以采用将最上级厅作为审查厅,是因为要确保审查请求人能够得到本府省或公共团体的首长审查的机会,确保不服审查的统一性,尽可能确保审查的公正中立性。参见宇賀克也:『行政不服審査法の逐条解説(第2版)』,有斐閣2017,28頁。依据审查请求人的自由意志,审查请求可以经由处分厅提起,作为行政不服审查法前身的诉愿法中规定,诉愿需要经由处分厅提起(《日本诉愿法》第2条第1项),存在诉愿书被搁置在处分厅的弊端。参见雄川一郎:『行政争訟法』,有斐閣1957,245頁。从这个角度出发,《日本行政不服审查法》应将审查请求直接向审查厅提出作为原则。(修改前的《日本行政不服审查法》第17条,修改后的《日本行政不服审查法》第21条)。

国家级的第三方机关被称为“行政不服审查会”，接受审查厅的咨询，包括检查审理员在审理过程中其程序是否合法，以及检查审查厅针对审理请求做出的判断是否妥当[1]。但是，新行政不服审查制度实行的第一年即2016年度，行政不服审查会在接受咨询进行调查审议的案件中，回复审查厅做出的判断不妥当的案件仅有两起[2]。

3. 辅助机关和咨询机关

然而，最重要的是对审查请求拥有最终判断权（裁决权限）者，其既不是审理员，也不是第三方机关，而是审查厅。因此，即使审理员向审查厅提交了《审理员意见书》，第三方机关向审查厅提出了《回复书》，审查厅也有可能做出与之截然不同的裁决[3]。在这种情况下，从国民的立场出发，其花了很长时间又投入不少精力所提出的不服申请，可能存在最终只是费力不讨好、无功而返的情况。反驳书也好、口头意见陈述也好，各种程序都需要投入相当的劳力，这样劳神费力还不能期待权利得到救济，国民大概会对行政不服审查制度感觉到失望或是愤怒。

4. 现场运用的一例

2017年2月，在日本召开的国际研讨会上，有一位担任地方行政不服审查会会长一职的人发言提道：“虽然《日本行政不服审查法》是以简易迅速为方针制定的，但现实中进行的审查会完全不简易，而迟延这一点倒是很突出的”。在笔者担任会长的福冈县，2016年5月审查会在两个部会中分别成

---

〔1〕“行政不服审查会”，是总务部设立的国家咨询机关，多被称为第三方机关。有成为审查厅可能性的某些地方公共团体，也有必要设置第三方机关。在地方层面上，这种设置本身也有困难。新《日本行政不服审查法》认可4种形态。其中一种是独立的常时设置形态。有一定的规模，不服申请的案件较多的地方公共团体适用这种形态。除此之外的地方公共团体，还有与其他公共团体共同设置的形态、选择委托其他团体的形态。不服申请案件数很少的地方公共团体的第三方机关，可以不是常时设立的，在有具体的案件时再设置。

〔2〕13件中共有2件回复审查厅做出的判断不妥当案件。其一，文部科学大臣（审查厅）的《基于高等学校等就学支援金的给付相关法律第4条作出的驳回受领资格的申请（平成二十八年度回复第1号）》，其二，厚生劳动大臣（审查厅）的《依据针对阵亡者等的遗属的特别吊慰金支付法第4条的规定做出的驳回特别吊慰金的申请（平成二十八年度回复第6号）》（平成二十八年度《行政不服审查会的活动状况》总务省HP）。

〔3〕审理员是审查厅的辅助机关，法律上审查厅不受《审理员意见书》中意见的约束。第三方机关（行政不服审查会）是咨询机关，其回复意见不具有法律上的约束力。

立,2016 年 4 月受理申请的案件,经过 10 个月之后的 2017 年 2 月才开始审理,截至 2017 年 9 月总共才解决了 4 个半案件。总之,一个审理员(实际上有时下属的同事还帮了很多忙,但是担任审理员的只有一人),要作出 9 份裁决书。现在的实际业务就是,先认真制作申辩书,然后是针对申辩书提出的反驳书、审理员的意见书,之后是经过历时两三个月的行政不服审查会的委员的审查,提出答复意见,然后再作出裁决,这个长期化的过程真是无法想象。县厅和市政厅的人工费也是一笔不小的开支。不过,笔者所在县的行政不服审查委员会委员的津贴很少,用这么少的津贴来对待真的合适吗?[1] 进而,行政不服审查会的外部委员中,国家级有 9 人,地方级别的有 3~5 人,大家并不是在同一单位工作,召集一起开会,调整会议日程也不容易,"唉,活动那么多,已经与体育差不多了,所以我真的很担心"笔者才会进行这样的介绍。

某些地方团体为了回避新《日本行政不服审查法》的困难,派员在窗口进行各种指导以尽可能减少审查请求的提出,这与《日本行政不服审查法》修改之前相比,审查请求的案件数确实减少了一半。但是这种做法实在令人哭笑不得。

五、结语

综上所述,随着新《日本行政不服审查法》出台,行政不服审查制度的根本弱点——"行政厅"的"书面审理",在一定程度上得到了补强。但是,众所周知,抛开这些弱点不提,拥有独立的地位、在有旁听人参加的公开场所由双方当事人以口头形式自由发表意见,在听取意见之后做出裁断的制度已然存在了,即行政裁判制度(取消诉讼)。在程序的"公正性"上,行政不服审查一定程度上比不上行政裁判。而且,在认为行政处分违法、寻求权利救济时,是选择行政不服审查还是行政裁判,原则上是可由国民自由决定(自由选择主义)。

在新《日本行政不服审查法》下,不服申请案件数是否增加,救济率是否提升,新制度能否获得国民的信赖,要看到这些成效还需要一定的时间。

---

[1] 木佐茂男在 2017 年 2 月 18 日于大阪大学举办的国际研讨会"国家部门法的责任承担者的理想状态与行政法、行政法学"上的评述。

铁路的危机管理与法律课题

——法律责任与人道处理

朝日大学经营学部副教授　横井祐一

引言

虽然铁路是公共交通,但日本的铁路事业基本上是由企业经营的,在铁路运营过程中日常频发私人间有关法律关系的争议。基于商法的旅客运输者责任,企业要对自己无过失承担证明责任。因为铁路事业有公共性质,公共组织的使命与法律责任的两面性使案件处理存在困难。

首先,本文就日本与邻国发生重大事故时组织防卫的倾向事例进行探讨,并指出当组织防卫导致危机处理失败时与诉讼程序之间的关联性。其次,为了避免失败,当危机发生时要毫不动摇地坚持组织的使命与战略,同时对初期处理的思路及手段要点进行介绍。除此之外,本文将论述与人道处理费用负担问题相关的民法上无因管理规定适用的意义,以及近年来人身事故发生时长时间运行中止时间的缩短,这些问题现在仍是重要的法律课题,对现场工作人员的教育以及组织的后援构建是十分重要的。

一、日本铁路经营状况与法律风险

不少人印象中认为,日本人与欧美人或中国人相比,权利意识比较薄弱。但实际上,在日本从未停止过争夺法律权利的裁判。每天有数十万到数百万的客流量的铁路、公交的公共交通事业者,作为日常最可能成为损害赔偿请求目标的业种被列举出来。

先介绍一下日本铁路业界概况。日本公共交通公司自 19 世纪后半期到 20 世纪初相继设立,其中不乏即使在现代也称得上是大规模的企业集团，其中核心的大型民营铁路公司（以下简称大型私铁）有16家，曾经的国有企业分割后民营化的JR有7家，这些与地方自治政府等经营的地铁、比较大的规模的铁路经营主体并存。除这些之外，也存在很多中小规模的铁路企业以及公共汽车企业。

16家大型私铁与JR的各个公司，现在全部为股份公司。大部分大型私铁也会一并经营以铁路沿线的地区为中心的大规模的路线公交业务。也就是说，其营业地域的大部分公共交通由同一个企业集团承包的情况较多，当然日本作为地域代表企业其知名度也高。因此，这些企业也会被当作企业恐吓和不正当损害赔偿的目标。《日本商法》第590条规定，承运人（铁路事业者）要免于损害赔偿责任需证明本公司无过失，在危机处理准确性上比一般标准要严格。

即使是经营社会贡献度较高业务的企业，为了奉献社会也需要承担不合理的较重的法律责任，这与《日本宪法》第29条和第22条第1项保障的经济自由权的侵害相关。作为股份公司的经营组织有进行适当的会计处理的义务，但企业也并不希望过度承担不合理的、巨大的经济支出。并且，铁路的现场工作人员不是精通法律的专家，他们该如何处理这种蕴含法律问题的事态是一个重要的课题。

二、事故、纠纷发生时初期处理的重要性

事故、灾害以及其他问题发生时，现场的初期处理具有极其重要的意义。初期处理的适当与否，对后期的事态发展也会产生很大的影响。在损害规模的扩大与缩小及当事人间的纠纷处理中，初期的处理适当与否尤为重要。本文探讨在日本铁路中实际发生过的事故、故障在发生时的应对及其与此附随的法律问题。

笔者曾在某大型私营铁路从事事故赔偿处理的汇总工作，本文所介绍的危机处理的结构就是以该公司在事故纠纷发生时的处理程序为基础，在此之上进行整理、深化而来。该内容同时也介绍给了其他铁路公司，以大型私铁为首的其他公司也在采用这样的结构，因此希望不管是日本的铁路公司，还是不少尚未采用这种危机处理结构的公司都能留意其中的一些内容。

三、组织防卫与被害者支援之间的冲突

重大事故发生后，公司不可避免地会产生想要逃避法律责任的心理。

以下是实务中日本国内和近邻国对于重大事故处理的概览。

1. 日本重大铁路事故案

即使是率先进行设备、系统近代化的日本铁路系统,也屡次发生较大的铁路事故,以下便列举近年来发生的重大铁路事故案。

(1)1991 年 5 月 14 日(滋贺县)信乐高原铁路列车正面撞击事故

该事故是由于信号发生故障而导致对列车操纵出现失误,在列车单线区间行驶的信乐高原铁路列车,与驶入同线路的 JR 西日本的列车正面相撞,导致 42 人死亡、614 人受伤。[1]

中尾在《四方山话》中作了这样的记述:"JR 西日本向警察隐瞒了其设置了方向优先杠杆,妄图逃避责任。其实,在事故发生之前曾多次出现红灯出发的问题,但 JR 西日本并未对信乐高原铁路进行指导和矫正,最终在民事裁判中败诉之后方才承认自己的责任。可以这样认为,不是在危险变大前就采取必要的措施将危险因子排除,而是在事故中企图逃避追责的这种体制可能是 JR 西日本福知山线发生事故的间接原因。"

(2)2000 年 3 月 8 日(东京都)地铁日比谷线脱轨事故(上轨脱轨)

由 8 节车厢编组组成的地铁列车在低速通过曲线之际,最后一节的第 8 节车厢脱轨,出轨的第 8 节车厢车轮与站前的一处道岔发生碰擦,导致第 8 节车厢整体突出轨道,与对向驶来的一辆也是由 8 节车厢组成的列车的第 5、6 节车厢发生碰撞,造成了重大损伤的事故。此次事故造成 5 人死亡,63 名人员受伤的后果。

此次事故没有违反铁路员工执业规范,主要是技术上的原因导致本次事故的发生,国土交通省在事故调查研讨会上,关于本次事故的脱轨原因作出了以下的分析和说明:"脱轨原因推测是,与左急曲线相接的缓和曲线的始端附近[因为此处构造上的轨道面有缓缓地扭曲(包含保守基准值内的误差),产生右侧车轮的轮重减少和横压的增加],在此处线性条件下,在轮重减少、横压增加等多种因素重合下,第 8 节车厢的第 1 轮的右侧车轮的脱轨系数增大,车厢的车轮载重负荷不均使得车身发生倾斜,再加上事故现场曲率半径为 160 米的曲线轨道没有设置护轨,最终导致了列车的出轨。列车

---

〔1〕 中尾政之『信楽高原鐵道での列車正面衝突』失敗知識データベース - 失敗百選, Accessed July 12,2017,http://www. sozogaku. com/fkd/hf/HA0000607. pdf,2017 年 3 月 10 日訪問。

在上铁轨时发生了脱轨现象(也称为‘上轨脱轨’)”[1]。

此次事故之后在对受害者问题的处理上,公司管理人员直接与受害者逐个进行交谈交涉,平时不在铁道现场直接工作的管理层也增强了当事人意识。(笔者从处理该事故的负责人员处了解到)

(3)2005 年 4 月 25 日(兵库县)福知山线脱轨事故

因列车进入急转弯而上升到曲线通过的最大限制速度却未能降速继续行驶,车身脱轨横滚,酿成死亡者人数达到 107 名(乘客 106 人、驾驶员 1 人)、受伤乘客达 506 人的重大伤亡事故。事故电车在前一站伊丹站驶过停止线约 70 米,倒退回标准位置,导致误点 1 分 30 秒。在 JR 西日本的政策下,误点达 1 分钟就会被处分,接受严苛的“日勤教育”;司机害怕遭到“教育”,将车速推至极限以图追回误点的时间(到达事发地点前,肇事电车以 116 千米每小时通过前一站的冢口)。到了弯道前方(事发前 4 秒)使用紧急制动,此时已来不及将车速减至限制速度,造成了严重的脱轨事故。由于司机驾驶经验只有 11 个月,驾驶技术和工作方式仍不成熟;在伊丹站发生的驶过停止线之问题上,司机与乘务长私下协商,误报为过站 8 米,然而实际为 70 米。为了方便旅客于尼崎站转搭往神户和新大阪方向的电车,司机企图超速以弥补因前面列车问题所延误的时间。

国土交通省的事故调查委员会指出,该事故发生的原因归结于司机没有集中精力驾驶,当然这也仅仅是止于没有具体证据的各类推测。“关于司机采取刹车措施迟延事由,可以考虑为注意力从驾驶转移所致。其注意力分散原因被认为有以下几点:司机想提交虚假报告的车内电话被切断,因此就特别担心并在意本事故列车的乘务长和输送指令员之间的通信内容,又害怕自己要被迫接受‘日勤教育’,还得考虑寻找其他各种借口。此外,本次事故司机打电话编造虚假报告,注意力从驾驶分散到其他事情上,与该公司下述的司机管理制度、方法可能有关。根据 JR 西日本管理方法规定,对于引发事故的司机要进行日勤教育或是惩戒处分,在部分司机看来就是一种严厉的惩罚,而怠于提交报告或者提交虚假报告的司机可能还要接受更为

[1] 事故調査検討会「帝都高速度交通営団　日比谷線中目黒駅構内　列車脱線衝突事故に関する調査報告書」国土交通省,2000 年 10 月 26 日。

严厉的日勤教育和惩戒处分。"[1]

至于司机过于把精力集中在列车的无线通信上,使注意力从驾驶转移到了通信上面这一点,也没能出示相关具体的证据,只是停留在揣测的范围内。此外"注意力不集中"被认为是本次事故发生的核心原因。另外,如果附加了最新式的ATC(自动列车控制装置)和传统的ATS(列车自动停止装置)的速度对照检查技能(超过限速时会自动启动刹车系统),就能十分有效地防止这些事故的发生,因此没有以上装置被认为是事故发生的主要原因。

关于这个问题的探讨,笔者也在另附文件"建议"中已有阐述,这也是将来应该作为课题的一个重要部分进行研究。

自事故调查书公开之后就出现了很多质疑的声音,因此事故调查的内容也要接受验证。被怀疑的内容是事故调查委员会成员与涉案公司的干部私下见面的事情被公开,因此《事故调查报告书》的内容是否存在对涉案公司以及经营人员的责任追究存在酌情考虑后作出从轻特别处理让人怀疑。

关于《事故调查报告书》是否歪曲事实,本文不加以讨论,但是可以推测当事人最关心的是法律责任的有无和轻重。

补充说明一项,那天偶然乘上此次事故列车的职员,发生意外后立即与工作单位联络并报告了发生交通事故的情况,居然接到了上司"在正规的上班时间之前上班"的指示,这些职员无法在第一时间到现场参与死伤者的救助而只能步行到公司上班(《事故调查报告书》第29页)。

(4)2005年12月25日(山形县)羽越线特快列车脱轨事故

6节车厢编组的特快列车在通过桥梁部分时,于土堆构造区段全车厢脱轨,第1节到第3节车厢横滚落到土堆之下,此次事故造成了5名乘客死亡,33人受伤(乘客31人、乘务员1人以及车内售卖员1人)。

事故报告书中写到本次事故的原因是列车在经过事故桥梁后在土路基构造的直线区间运行中,因受到了来自右侧超过列车颠覆界限的局部性狂风,使得车厢向左发生了倾斜。第1节至第3节车厢脱轨,不仅翻至土路基

---

[1] 航空・鉄道事故調査委員会:『鉄道事故調査報告書「西日本旅客鉄道株式会社 福知山線塚口駅~尼崎駅間 列車脱線事故」』国土交通省,Accessed July 12,2017,http://www.mlit.go.jp/jtsb/railway/fukuchiyama/RA07-3-1-1.pdf,2017年8月24日訪問。

并颠覆,还导致第 4 节至第 6 节车厢跟着发生脱轨。[1]

虽然考虑铁轨附近的积雪和附着于轨道上的冰块可能是导致脱轨的原因,但是完全没有在第一时间检查列车最前部车厢的车轮踏面的相关资料,其他车厢的车轮踏面都有放大照片,可是,最前部车厢的车轮踏面的放大照片却一直没公开,如果真的没有进行过全面检查,那是极不正常的。

考虑到本次事故与上述的福知山线脱轨事故同年发生并开始调查,对本次事故可能有必要再次进行检查。但不管怎样,得出"公司以及公司干部远离责任的方向"的事故原因这一结论未必妥当,反过来也有可能需要重新审视对有关人员的法律归责问题。

(5)2011 年 5 月 27 日(北海道)JR 北海道特快列车脱轨火灾事故

6 节车厢编组的特快列车在隧道内脱轨,发生异常声音的同时车内涌进烟雾甚至导致了停电。列车停车后 25 分钟,先有一部分乘客根据自己的判断自主下车开始避难。全体乘客和列车乘务员也跟着步行到隧道外开始避难,之后列车 6 节车厢因火灾全部烧毁。幸运的是这次事故没有死亡者,只有轻伤者。但是在乘客开始避难前,有根据部分乘客的证言记述:"起初列车工作人员广播,因为太危险请不要离开车厢走到外面去"(《事故调查报告书》第 31 页)。也就是说,尽管发生火灾烧毁了所有车厢,但所幸未造成一人死亡,可以说这是乘客违反工作人员的禁令,开始自主下车逃到车外的结果。

虽然在早期阶段,第 3 节车厢后的车厢内烟雾已经弥漫到令人呼吸困难的程度,如记述中所知"如本事故中,由于火灾在没有被确定的情况下,不管是指令,还是没有把握控制火灾方法这种车内紧急情况的信息,都难以传达给车内各位乘客,在这种特殊的场合下,故也理解乘务长等确实难以作出确切的指示"。可是,在列车停车后至少 22 分钟的时间里,列车乘务员不是引导避难,而是指示乘客留在车内,如果乘客没有根据自己的判断采取必要的避难行动的话,那恐怕就已经酿成了一场大惨案。避难指导的迟延将多数乘客生命曝露于危险的境地,这个重要的问题在事故调查报告书中却写

---

〔1〕 航空・鉄道事故調査委員会「鉄道事故調査報告書〈東日本旅客鉄道株式会社　羽越線砂越駅～北余目駅間　列車脱線事故〉」国土交通省,Accessed July 12,2017,http://www.mlit.go.jp/jtsb/railway/rep-acci/RA2008－4.pdf,2017 年 5 月 20 日訪問。

得十分模糊。[1]

2. 近邻国重大危机处理案

下面对作为日本近邻国的韩国2014年发生的重大的事故进行介绍。

2014年4月16日,韩国的大型游船“世越号”在海上倾覆沉没。在这次事故中死亡与失踪人数大约有300人。这一事故不仅在韩国备受关注,即便在日本也大规模报道了此次事故的全过程。

特别引人注意的是船长的初期处理行为,世越号船长(名字省略)在事故前、后的行为饱受批判。还有报道称,船在急转弯时他不仅离开了指挥室,在事故发生后还丢下众多的乘客逃生。据韩国媒体报道,他在救助船的搭乘人名单中以“普通人”的身份登记,伪造自己真实的身份。还有报道称目击者看到其在接受治疗的医院利用地热烘干被海水浸泡过的纸币。[2]

此外,也有评价称,此事故已经影响到韩国的国政选举等政治局面。[3]

四、经营和法律责任

1. 关于民事责任

对于日本发生事故时的民事责任,有使用者责任的规定(《日本民法》第715条规定:为完成某事业而使用他人劳动者,对于被使用者在完成该事业过程中导致第三人的损害,承担赔偿责任),除了第三人行为或是被害者自身责任的原因,因铁路一方的原因发生事故给旅客造成损害的情况下,承担责任的不仅有直接过失的铁路职工,铁路公司对受害者也要承担损害赔偿责任。关于此点,在日本并无争议。

2. 关于刑事责任

日本刑法是采用个人责任主义原则。有直接过失行为的铁路职工被起诉有罪的事例有很多。大多是因有限的瞬间判断错误导致的后果。如果有

---

〔1〕 運輸安全委員会「鉄道事故調査報告書　北海道旅客鉄道株式会社　石勝線　清風山信号場構内　列車脱線事故」国土交通省,Accessed July 12,2017,http://www.mlit.go.jp/jtsb/railway/rep-acci/RA2013-4-1.pdf,最后访问日期:2017年4月18日。

〔2〕 朝日新聞:『「船長、早く脱出の決定を」韓国船、交信記録　旅客船沈没事故』,朝刊2014,39頁。

〔3〕 聯合ニュース『韓国大統領府「謙虚に受け止める」=統一選の結果受け』,Accessed July 27,2017,http://japanese.yonhapnews.co.kr/Politics2/2014/06/05/0900000000AJP20140605001300882.html。

充裕时间进行判断并实施行动的话,大多数情况下就不会发生那样的失误。

一方面,进行安全设备设置等意思决定的经营者,可以在仔细调查很多条件之后,细致且慎重地进行意思决定。另一方面,意思决定不是一次而定,通常会多次作出决定,所以重新审视的机会也很多,但是,实际情况是发生铁路事故涉案企业的经营者被起诉判决有罪的事例几乎没有。

3. 现场处理与诉讼程序的关联性

当今,日本铁路都是以企业经营体的形式存在。原则上,在事故、纠纷发生时对旅客带来损害发生私法上的关系,所以用民法、商法等来解决问题。

日本的民事诉讼法采用辩论主义,审判程序中的"自白"是判断法律责任的根据。(《日本民事诉讼法》第179条中规定无须证明的事实,当事人在裁判所的自白和显而易见的事实是无须证明的)

自白作为审判的判断材料,在诉讼程序中是辩论的必要要件。作为证据调查的向证人发问中,会将在事故现场中当事人间的对话作为证言,其中,在现场的一方当事人作出自认自己有法律责任的行为,不可否认这可能对判决会产生影响。因此,自己有过失责任的自认行为被认定为事实的可能性很高,所以,建议大家要谨言慎行。

至于是否有法律责任以及承担怎样的法律责任,在进入司法程序后,需要律师、法官这些法律专门职业者经过数月甚至数年的审理和辩论才能定下结论。另外,发生事故的现场证据和信息都不充分,也没有进行过整理,当然,由于无法期待现场的相关人员能够掌握正确的法律专业知识,所以要求他们正确确定事故现场的法律责任关系,事实上是不可能的。

五、危机处理时的思考方法和手法

1. 危机发生时的混乱

在事故或纠纷发生后的具体困难,并非仅靠法律就能解决全部问题的,特别是对受害者进行救护和支援更应得到足够重视。

平时的人员配置、作业顺序和时间分配等都以尽可能不浪费为原则进行设计和运用,这是符合企业寻求利益最大化的目的的。而在事故、灾害、纠纷等非常时期,就不能按照日常程序来进行操作,依靠平时恰到好处的人员配置来应对事故是存在困难的。

因此,在进入非常时刻时,可以考虑把平时的作业顺序作为零基准,简单来说,可以暂且停止一切工作。铁路上行驶的列车一旦发生任何异变,除了不得停止运行的情况(如列车处于隧道中或铁桥上)之外,列车要立即停车。在脱轨的情况下,信号可能无法正常发挥作用的同时,还可能成为对向列车行驶轨道上的障碍的隐患,因此如果对向列车有接近的可能,乘务员应该一边举着紧急停止信号(红色火焰筒),一边沿着朝停止列车的方向驶来的前方列车走去,示意司机停车。相反,如果后续列车有追尾的可能性的话,就朝后方列车的司机做同样示意停车的行为。像这样,首先应该做的就是将可能扩大的损害控制在最小范围之内。

2. 关于人道处理的优先和法律处理的劣后

如上所述,事故、纠纷发生时,逃避法律责任的组织防卫(面对障碍或者威胁时的一种自保性反应)很容易发挥作用。但是,实际上要求现场工作人员在把握正确的法律责任关系下,选择满足条件的措施,直接对现场采取初期对应处理和必要行动是不切合实际的。

因此,笔者提倡,在现场不作法律责任的判断,而作为任何情况下都能完成组织使命和战略的危机应对手段,构建一种人道对应(主体的处理)与法律对应(合理处理)分类处理的"战略型初期处理"的结构体系。这种"战略型初期处理"的思维与手法,实际上已经被多数大型私铁和一部分公营地铁所采用。以下叙述战略型初期处理的要点和必要条件。[1]

3. 人道处理的定义和条件

"战略型初期处理"中的人道对应的定义是,与法律责任的有无、轻重无关,将人的生命、身体的保护最优先作为人的行动准则。

确实,当认为本公司没有责任或者责任很轻的场合,就会担心自己不小心牵涉到这个事件中蒙受某种不利的损失,为了不卷入这种不幸事件,最好什么都不做(不作为)。但是人道对应是在不考虑有无法律责任的情况下采取的行动。例如,人道对应的一个特征是,对于在本公司要承担法律责任的情况下采取积极行动,在没有法律责任或者责任很轻的情况下也采取积极行动的这两类情况,进行不作区别的对待也是其特点。

人道对应最大的支柱就是人的生命、身体优先于一切。这是日本人地道的思维模式"人文关怀"在制度上的实践。

---

〔1〕 横井祐一「戦略型初期対応の二元的整理」日本経営診断学会論集 2008,Vol. 8,121~127 頁。

关于人道对应的操作，笔者曾经在拙著中也有过说明，具体需要满足以下 7 个条件：

①基于主体价值观进行行动选择

明确价值观的优先顺位，所有的行动和决策都需要遵循这个原则。

②组织价值观的优先顺位，不能与法律规范相背离

在法律规范中，对生命、身体的保护置于优先顺位并非不可。法律规范的优先顺位与组织价值观的优先顺位相背离，会引起“公司的常识并非是社会的常识”这样的矛盾。

③行为选择标准的规范高于法律规范

各种情况下，行动选择的基准依赖于组织和个人的规范意识。因此，如果这个规范是在法律规范水平之下，现在那些不可或缺的合规就会被剔除，变得完全不能被接受。合规应该与法律规范保持同样的水准，没有太大的差异。人道对应是以比其他规范有更高规范水平为基准进行行动，依此创造新的价值。

④组织的战略方针与价值观的优先顺位间的高度的一致性

有必要将组织的目标战略方针与主体的价值观整合并明确化，实现组织的战略方针与价值观保持一致，向组织的最小单位渗透，朝着实现目标迈进。

⑤自发采取行动

行动的契机不是来自其他方的要求，而是尽可能地来自内心自愿采取行动。

⑥不能给组织和组织内个人的防卫目标以更高的顺位

如果给组织或组织内个人的防卫更高顺位，对外部的贡献就会相形见绌。与“好心必有好报”这句日本谚语一样，尽力为外部作贡献，反过来就会使组织存续并不断地成长。

⑦追求最善的行动

在实际决策时会受到各种各样的制约，以这些制约条件作为辩解，迫于压力容易选择当场的应付性行动。若是不受制约条件的约束追求最善的姿态，那么在任何状况下都很难坚定地贯彻人道对应。

4. 法律处理的定义

所谓的战略型初期处理的法律处理（合理处理）就是，明确法律责任之所在，根据责任采取合理的行动。

如前所述,让现场的工作人员进行法律责任判断是不可能的,因此这样的法律处理最好在现场不进行法律判断的阶段前停止。现场应该进行的“法律处理”,就是进行证据和信息收集、保全和记录,使之成为日后专家判断法律责任的依据。

六、与危机处理相关的法律课题

如前所述,战略型初期处理,是指在事故、纠纷的处理现场中一种不依赖法令知识的有无就能够将组织的使命、战略具现化的结构,但也并不意味着问题能够全部得以解决。关于法令知识和法律责任,要求在现场当即作出决断。围绕该问题将主要列举以下两个课题进行阐述。

1. 人道对应费用的法律处理议题(“无因管理”适用的可能性)

在人道对应时,不仅当事人的自主行动会产生费用,例如,将被害人送到医院接受救治也会产生相应的费用,此时就会出现产生的费用由谁负担、怎样负担的法律问题。原则上,关于金钱的处理要根据法律责任来正确处理,从企业会计的透明度这一观点来看是最理想的原则。可是有些情况下无法单纯地确定对于此项原则贯彻到什么程度才算比较合适。

《日本民法》上,以解决已经有权利义务关系的情况下该权利关系如何整理的问题为中心。一方面,尽管没有相应的义务却去支援他人,从而产生了金钱给付关系,原则上《日本民法》并不给予很强的法律保护。但是,作为例外,在《日本民法》的第 697 条至第 702 条中有“无因管理”的规定,在没有法定或约定义务的情况下,为他人开始管理事务的人(管理人)为被管理人(本人)支出了必要费用时,可以向本人请求偿还。至今为止,无因管理规定被认为是例外的、补充性的规定而被积极适用的场合不多。但是“无因管理”的规定,也从侧面支持了危机发生时基于“关怀”的人道对应。[1]

2. 人身事故发生时的长时间运行中止的议题

在人身伤害事故中(列车与人碰撞或接触发生的列车事故),列车的运行机能并没有出现障碍,且又不需要救助人命的情况下,在物理时间 15 分钟内可以重新开始运行。但是实际情况是,日本的铁路从事故发生到列车再次运行大约需要 50 分钟。警察基于查看和调查实情等理由,对于立即恢

---

〔1〕 横井祐一:「初期対応における人道的対応費用の意義」、日本産業経済学会『産業経済研究』2010 年 10 号。

复运行显得为难,而使运行中止的时间大幅延长。日本大城市的铁路每几分钟就运行一辆列车,运行中止时间超过10分钟就会引起运行时刻表的大紊乱。像这样运行时刻表的混乱,使紧急业务爆发性增加,进而引发风险的扩大,因此最好把停止运行的时间控制在必要的最小限度内。

警察的言行可能违背现场铁路工作人员的意思,延迟铁路的再次运行。本来,作为公务的警察活动基本上是根据警察官职务执行法及《刑事诉讼法》等法令来进行的。日本警察的搜查原则是任意搜查优先于强制搜查,如果依照这样的原则,警察对于铁路工作人员应当谨慎言行,不要中止铁路运行,而是应当协助列车尽快重新投入运行。

但是,如果警察行使强大的公权力时,现场的铁路职员又不是法学专家,期待他们采取正当的法律处理措施这一主张也是不现实的,从而留下了这个有待研究的课题。〔1〕

七、对现场工作人员进行危机处理教育的课题兼结语

事故、灾害、纠纷发生时的状况比较混乱,人手也不足,很难按照一贯遵守的企业使命、战略方针作对应处理。加之,每个人在直面重大事件时,首先都会考虑如何回避法律责任。

一般情况下,在涉及法律关系的重要场合,要求铁路的现场工作人员作出正确的言行。但是现场工作人员不是精通全部法律的专家,况且对于事故和纠纷的对应,是完全没有相同情况的非固定决定。这种危机发生时的法律责任关系的判断,如果不通过系统性的法律知识的学习和各种各样的事例的研究是无法作出的,对铁路现场工作人员开展如此高度的法学教育则是稍微有点迂回绕远了。

本来,对于法律上的责任关系的判断,即使是法律专家聚集在一起,经过慎重的审理到进行判决也至少需要几个月的时间,因此期盼不是法学家的铁路工作人员能当即作出正确的判断是不切合实际的。故此,对铁路工作人员进行危机处理教育中,关于法律部分的内容,有两个重要的因素。

(a)在法律判断并非必要的情况下,根据判断内容采用不让事态显著恶化的结构体系。

---

〔1〕 横井祐一:「鉄道自殺による輸送障害の短時間化に関する一考察」、日本産業経済学会『産業経済研究』2011年11号。

(b)作为法律判断的准备阶段,在合理的范围内、依照合理的方法进行证据和信息的收集以及保全。

对于要素(a),战略型初期处理的核心是人道对应优先。人道对应就是采取不考虑法律责任关系的态度,也就是说不管公司有无责任,都要以优先保护相关人员的生命和身体为第一要务,因此现场的工作人员未必要作出法律关系的判断。此外,无论有无法律责任都要优先人道主义对待,这就成为对受害者热心救助与对法律责任的认识两者完全无关的证据。如果在审理中对此产生争论,即使对方认为对受灾者的热情支援是公司自己认识过错的根据,铁路方面表示不管是否有法律责任都采取同样的对策,据此可以很容易地进行防御。

对于要素(b),作为战略型初期处理中的法律处理,重视在现场对证据和信息进行收集、保全和记录,尽可能详细地展示该操作方法并进行教育是十分有效的。

再者,认真耐心对待与相关各政府机关发生的冲突和法律纠纷,要以强有力的领导能力使方针得以贯彻、针对已发生的问题,要确保和培养能够以强烈的责任感和高度专业的法律知识进行谈判的公司经营干部人才,构筑现场工作部门的后援结构,这些都成为今后研究的重要课题。

在事前确定申报工资中的社会保险费任意调整问题*

谷隆之税理士事务所　谷隆之

一、问题所在

在平成十八年的税法修改中规定，同族公司（是指大多数股东、出资者和雇员都是由亲属组成的员工间人际关系密切的公司。在日本法人税法中，对于3人以下的股东，实质上拥有该公司50%以上股份的公司被称为同族公司）管理层的工资按照定期等额支付，被认为是计算损失金额（税前扣除）的必要条件。同时，关于管理层的奖金，在事业年度的一定期限前申报的金额“事前确定申报工资”中，导入了可以将损失金额计入（税前扣除）的制度。

将“定期等额工资”和“事前确定申报工资”导入的理由如下：对于同族公司管理层的工资，在法人税的计算中，当股东与作为企业经营者的管理层是同族的情况下，在决定管理层工资时可以任意设定金额，因此，作为结算对策，就是对事业年度之中的管理层工资的操作设定限定性条件，从而达到排除利益操作的目的。

按照这个制度支付的工资，一方面作为法人的损失金计算税前扣除，另

---

* 从该论文的核心内容来看，作者分析了若提前通知当地税务部门公司管理层的奖金支付日期及金额的话，该部分金额可以税前扣除的“日本事前申报工资制度”。该文重点指出了部分同族公司的管理层巧妙利用降低工资、增加奖金的办法，以达到减少分摊社会福利费目的的操作办法和防止这一问题的具体对策。为了便于理解，译者建议该论文题目改为《高管变更薪酬支付方法致社保财源大减之分析》。

一方面作为领取的管理层的工资所得，按照个人所得税进行课税。该制度从法律修正开始已经过了10年以上，可以感受到这些相关的知识已经通过税务士在税务实务中对同族公司进行了一定的渗透和普及。

近年来伴随日本社会保障费的增加，对于作为其财源的社会保险费的关心也日益提高。所有法人都有加入社会保险的义务，同族公司的管理层针对高管工资及高管奖金也要提交事前确定申报工资，从而负担相应的社会保险费。

社会保险费的计算是根据每年7月提出的社会保险费计算基础报告来决定承担金额的，其计算是根据社会保险费率表，根据管理层或者员工的收入来支付保险费，同时工资支付者的法人也要负担同等金额的保险费，从而形成了这种制度性的结构。社会保险费的计算是根据计算基础报告的定时决定以及由于大幅度的固定工资变动而随时修订决定，与此同时还要根据奖金支付报告的奖金额计算。

这里的主要问题是，根据社会保险费算出的奖金的处理事宜。社会保险费的明细主要分为“健康保险费”和“厚生年金保险费”，在计算各个保险费时，基本的奖金额设有上限。然后，计入法人税的损失金的管理层工资被决定为定期等额工资和事先确定申报的工资，全部计入法人税法中的税前扣除。至于个人所得税缴付，不管是作为定期同额工资支付，还是作为奖金的事前确定申报工资支付，如果一年支付的工资金额相同的话，在课税上就完全没有差别。

尽管如此，在社会保险费的计算中，固定的工资和奖金额是分开计算的，奖金额设置了上限，所以尽量将管理层工资作为事先确定的申报工资来支付，由此产生很多基于超过社会保险费计算上限而可以舍去的部分。本来，社会保险费应该根据收入而被广泛公平地负担，但是如果利用这样的结构，通过任意设定管理层工资，就可以调低社会保险费的负担。

为了避免这个问题，需要修改健康保险法和厚生年金保险法，笔者拟根据实际事例梳理出问题点。另外，在本事例中，主要以同族公司的高管为对象进行叙述。从理论上讲，关于社会保险费的任意调整可能性，对于不是高管的员工也可以进行同样的实施。之所以将同族公司的高管作为研究对象，是因为关于一年的工资决定的权限集中在作为经营者的高管身上，而对于第三者的普通员工来说，事实上要任意变更工资金额很难做到，所以这类事例很多是集中发生在高管工资方面。

二、事例研讨

股份有限公司A是总部位于大阪府，由董事长甲（截至平成×八年12月正好45岁）100%持有股份的同族公司。该公司没有职工，属于仅有董事长甲在负责公司业务的法人。该法人在上年度（平成×八年1月1日—平成×八年12月31日）中，以定期等额工资每月100万日元支付给高管甲，本年度（平成×九年1月1日—平成×九年12月31日）开始之际，召开股东大会将高管工资调整为定期等额工资每月5万日元，作为平成×九年12月31日支付的定期同额工资支付1140万日元，到所属的税务部门办理了必要的手续。该法人从设立开始加入了社会保险，甲也加入了社会保险。

在本事例中，董事长甲在上一年度每月领取100万日元的高管工资，换算成年收入，会得到1200万日元的报酬。在本年度中，每月的工资金额控制在5万日元，而平成×九年年末则支付1140万日元的高管奖金。董事长甲的年收入在平成×八年和平成×九年都是1200万日元这一点上没有变化。

根据法人税法的规定，同族公司的管理层的报酬必须是定期等额工资，董事长甲在平成×八年每月是100万日元的一定金额，平成×九年虽有大幅度的减少，但是每月是5万日元的一定金额，依然是满足税前扣除的必要条件。既然在公司股东大会上决定平成×九年末作为高管奖金支付1140万日元，而且作为事先确定的申报工资，在期限内向所属税务部门进行了申报，年末实际支付的话可以实行税前扣除。在法人税的计算上，前一年和当年的税前扣除额没有差异，只有高管工资的支付时期产生了差异。

从所得税法的观点来看，甲方在平成×八年和平成×九年分别领取1200万日元的高管工资，但是所得税的计算是根据年收入计算的，所以最终的所得税负担额完全没有变化。

从社会保险的观点来看，由于A法人加入了社会保险，所以在平成×八年，将甲作为被保险人的健康保险费、厚生年金保险费按每月100万日元的标准报酬月额计算出的两个保费向本人征收，并将该金额作为法人负担缴纳部分。在平成×九年度中，设定了以定期等额工资5万日元为基准的标准报酬月额，奖金支付额1140万日元乘以健康保险和厚生年金的费率作为社会保险费来计算，但是健康保险的年奖金支付额上限为573万日元，厚生年金每月的奖金支付额上限为150万日元，超过上述两个上限的支付额将被舍去,不计算社会保险费内。

这些社会保险费负担额的模拟如表 1、表 2 所示。实际上,在社会保险费的计算中,因为是根据定期修订和随时修订进行的,所以负担额的计算时期与管理层工资变更的时机不一致,最终会产生如表 3 所示的负担差异。

表 1　平成 × 八年度和平成 × 九年度的社会保险费承担差额模拟

平成 × 八年的社会保险费的负担额(法人负担和本人负担合计额)大阪府为例

单位:日元

管理层、高管的月工资额	年收入换算	依据月标准报酬计算出的健康保险负担额	依据月标准报酬计算出的厚生年金负担额
100 万	1200 万	115,444 ×12 月 = 1,385,328(A)	112,728 ×12 月 = 1,352,736(B)

表 2　平成 × 九年的社会保险负担额(法人负担和本人负担合计额)大阪府为例

单位:日元

管理层、高管的月工资额	年收入换算	依据月标准报酬计算出的健康保险负担额	依据月标准报酬计算出的厚生年金负担额
5 万	60 万	6,832.4 ×12 月 =81,988	16,000. 16 × 12 月 = 192,001
奖金的计算		依据健康保险费率计算出的健康保险负担额(年累计上限为 573 万)	根据厚生年金保险费率计算出的厚生年金负担额(月上限为 150 万)
12 月末奖金	1140 万	5,730,000 × 11. 78% = 674,994	1,500,000 × 18. 182% = 272,730
合计	1200 万	756,982(A’)	464,731(B’)

表 3　平成 × 八年与平成 × 九年的社会保险费负担差额

	健康保险费的负担差异	厚生年金保险费的负担差异
社会保险费的负担差额	(A)—(A’) =628,346	(B)—(B’) =888,005

※适用的是平成二十九年 4 月(大阪府)的社会保险的费率,为了简化计算各年度的保险费率没有变更。

如表 1 中计算所示, × 八年的健康保险费的法人负担与本人负担合计为1,385,385日元(A),与之对应的是×九年的合计额为756,982日元(A')。两项差额(A)—(A')计算出为628,346日元,因为工资的支付方法的变更产生了如此多的金额差异。同样的,关于厚生年金保险费,平成×八年的厚生年金保险费的法人负担与本人负担的总额为1,352,736日元(B),×九年的总额为464,731日元(B')。两项(B)-(B')差额计算出为888,005日元,结果上也产生了很大的差异。

产生如此大的差异原因在于,社会保险费对奖金部分的计提方法比较特殊。在计算健康保险费时,作为基本奖金额度标准是在年度累计额上设定上限,期间为每年4月1日到次年的3月31日。因此,年度奖金超过573万日元的情况下,健康保险费就固定在573万日元这个基数上计提。另外,关于厚生年金保险费计算基础的奖金额度标准,一个月支付的金额也设置了150万日元的上限,超过150万日元奖金,保险费计算就固定在150万日元这个基数上计提。

本事例中,为了尽可能多地使用这个上限规定,产生更多的超过标准奖金的舍去部分,通过改变高管工资的支付方法,就能巧妙地将法人负担和个人负担的社会保险费的负担额大大减少。

《日本健康保险法》

(标准奖金额的决定)

第45条 保险人在被保险人获得奖金的月份,应根据该被保险人获得的奖金额,如有不足1000日元的尾数将其去除,制定此月的标准奖金额。但是因当月该被保险人获得的奖金致当年度(每年4月1日开始至次年3月31日,以下相同)累计的标准奖金额超过573万日元(根据第40条第2项所定标准月工资额分级表重新制定时,由政令规定额度。以下此项中相同)时,以该累计额达到573万日元制定此月份的标准奖金额,该年度中此月后所获得奖金的标准奖金额应为零。

……

《日本厚生年金保险法》

(标准奖金额的决定)

第24条之4 实施机关在被保险人获得奖金的月份,根据该月该被保险人获得的奖金额,在该月产生不足千日元的尾数时,将其舍去,决定该月的标准奖金额。在这种情况下,该标准奖金额为150万日元(根据第20条第2项的规定进行标准报酬月额的等级划分的修改时,政令规定的金额。以下在本项中相同),超过150万日元的,仍以150万日元这个基数计算。

……

三、事例的评价

关于研究事例时的奖金的定义，可以参考以下的通令。

> **《日本所得税法基本通告》**
>
> （奖金的意义）
>
> 第183－1之2　所得税法第183条第2项规定的奖金，是指与定期工资分开支付的工资等，以奖金、补贴、夏季津贴、年末津贴、期末津贴等名义支付的其他类似的奖金。另外，工资等是否具有奖金性质尚不明确的情况下，如下所示属于奖金。（平成19课法9－1、课审4－11追加）
>
> a. 以纯利为基准支付的
>
> b. 没有预先规定支付额或支付基准的
>
> c. 没有预先规定支付期的。但是，雇佣合同本身是临时的情况除外。
>
> （注）注意以下所列工资属于奖金。
>
> 《法人税法》第34条第1项第2号规定于《事前确定申报工资》中的工资（除未定期领取工资者，继续每年在规定的时间内向其支付）
>
> ……
>
> **《日本健康保险法》**
>
> 第3条
>
> ……
>
> 6 在本法中，“奖金”是指工资、工资、薪俸、津贴、奖金以及其他任何名称，劳动者在作为劳动补偿所接受的所有物品中，每超过3个月期间接受的物品也属于此范围。
>
> **《日本厚生年金保险法》**
>
> （用语定义）
>
> 第3条　本法中，以下各号所示用语的意义，分别根据该各号规定。
>
> ……
>
> 四　奖金工资、工资、薪资、津贴、奖金以及其他任何名称，劳动者作为劳动补偿所接受的所有财物中，每超过3个月的期间都要领取。
>
> 本法中的“奖金”，应为薪金、工资、薪水、补贴、奖金还有其他任何名称，劳动者作为付出劳动的代价接受的所有的物品中，每超过3个月期间接受的物品也属于此范围。
>
> ……

根据《日本所得税法基本通告》第183－1的2中的注释，规定了事前确定申报工资作为奖金来处理。即使管理层工资作为委任合同的报酬事先作为确定金额申报，其所得税法上的处理也作为奖金来处理。

另外，根据《日本健康保险法》及《日本厚生年金保险法》的规定，作为劳动的补偿而领取的财物是指每超过3个月的期间领取的。在这里，事前确定申报工资是对作为委任合同的管理层支付的，产生了劳动者作为劳动的补偿是否接受的疑义，但是作为行政通知，根据《昭和24年7月28日保发第 74 号通知》,规定了即使是法人的管理层也以《日本健康保险法》及《日本厚生年金保险法》的被保险人为对象,在实际工作中,对管理层的报酬也作为劳动的补偿来处理。

《昭和 24 年 7 月 28 日保发第 74 号通知》

法人的理事、监事、董事、公司的职员代表以及无限责任职员等法人的代表者或业务执行者,其他负责该法人业务的一部分的人,在其限度内有使用关系者,作为健康保险及厚生年金保险的被保险人来办理。但是,今后即使是这些法人的代表者或业务执行者,从法人处收取劳务报酬的人,也要作为法人使用者取得被保险人的资格。

另外,对于非法人社团或者工会总裁、会长以及工会主席等处于该团体的理事地位的人,或者地方公共团体的业务执行者,也是使用同样的处理方法。

从这些规定来看,事前确定申报工资作为奖金计算并计算社会保险费的这一做法,法律层面被认为没有问题,且实际业务上也有这样的处理。综上所述,通过设定事先确定的申报工资,大幅度降低每月的工资额,大幅度提升奖金额,这样确实可以减少社会保险费。

在现行的法律和运用过程中,这样的手法没有作为违法行为来处理,可以说是合法行为。鉴于社会保险制度的目的来看,应该根据每个人的收入高低要求其负担相应的责任。尽管如此,像上述事例中那样,使用技术性的方法来控制社会保险费的手法,从立法目的来看是不合适的。

四、结论

在本论文中,通过在法人的管理层工资设定中设定事先确定的申报工资,展示了利用奖金的社会保险费计算的上限可以减少分摊社会保险费的现状。鉴于这一现状,笔者拟就今后的税务立法和保险立法的方向性问题进行一些补充性说明。

1. 创建《日本健康保险法》和《日本厚生年金保险法》中的管理层规定

《日本健康保险法》和《日本厚生年金保险法》中关于奖金的定义是“劳动者作为劳动的补偿而接受的全部财物”,但原本法人的管理层是基于委任合同的报酬,为了防止本论文上述事例中看到的社会保险费逃避行为,应该设置法人的管理层的报酬或者关于奖金的规定。

《日本法人税法》中的事前确定申报工资,既然是根据股东大会等决议事先确定的工资,通过变更为在每月工资额上追加计算,算出月标准报酬额的方式，这样就可以有效避免上述事例中出现的问题。

2. 缓和和废除《日本健康保险法》和《日本厚生年金保险法》中关于奖金的上限规定

即使设置了上述提议的管理层报酬规定，也不会对普通员工给予奖金。《日本健康保险法》及《日本厚生年金保险法》中，如上述所示，在《日本健康保险法》及《日本厚生年金保险法》中设置了计算奖金时的上限规定，但应尽可能提高上限额度或取消上限规定。上限规定，一般认为对于社会保险费的负担设置一定的上限来防止负担集中，但既然通过技术方法有逃避和减少分摊社会保险费的可能性，就应该提高上限额度或者废除上限规定。

但是，对于不是股东或经营者的第三方员工，考虑避免使他们负担过度集中也是必要的，应该说不能否认一定程度的上限规定存续。正如有人提出的税制与社会保险一体改革，税务实务与社会保险实务有着密切的关系。在执行事务方面，在计算企业会计的基础上，税和社会保险的制度也是不可避免的问题。

本文列举的事例中，巧妙利用各种税法与社会保险法之间的空隙来回避企业和个人的负担。从平成三十一年 10 月开始，消费税也决定从现在的 8% 提高到 10%，今后作为社会保障财源的租税和社会保险费将会成为重要的要素。鉴于这样的情况，关于回避租税和社会保险费的行为，笔者认为，应该依此采取对应措施。如果本论文能为这样的对应之策提供一定的帮助、尽到一份绵薄之力的话，将感到十分的荣幸。

民事调停的既判力

近畿大学大学院法学研究科博士后期课程　田坂良则

引言

调停(日本调停有三层含义,一是即时和解,二是诉讼中的和解,三是狭义上的调停,进而调停还可以细分为司法型调停、行政型调停、民事型调停,本文是针对民事型调停展开的研究)是一种程序。它是国家机关斡旋于民事纠纷的当事人之间,以互让达成合意为目的的法律上的程序。虽说以解决纠纷为目的,但是这种解决并不是从法律层面来判断当事人的主张是否有理,而是当事人互相对自己的主张进行让步,最后产生新的权利或是形成新的法律关系,并且国家对通过该机关在此种情形下形成的新的法律关系起到监督和维护作用〔1〕。对私人所作的权利或法律关系的形成,由裁判所(实质上是调停委员会〔2〕或法官)参与其中,就参与这一点具有国家行为的本质,故调停程序并不具有民事诉讼程序的性质,而具有非诉案件程序上的性质。

在调停程序中,当事人之间达成协议后,会将该协议内容记载于调停笔录中。在民事调停中,调停笔录的记载"与诉讼中达成的和解具有同样的效力"(《日本民事调停法》第16条),所以"与生效判决有同样效力"(关于是否应该与生效判决一样承认有同样的既判力,参考《日本民事调解法》第267

---

〔1〕 斡旋不是对合意的情形发挥监护作用,而是根据法律规定的程序对程序发挥着监护的作用。小山昇:『民事調停法研究概説』,有斐閣1953,39頁。

〔2〕 调停委员会一般由一名主任和两名以上委员组成,主任由地方裁判所从法官中指定,而委员由最高裁判所从律师、退休公务员、教师、医师、建筑师等具有专业知识或者具有一定社会经验的知识层次的人群中选拔。——译者注

条)。但是,关于在诉讼中和解和调停笔录中,将和解与请求放弃、请求许可放在一起,由同一条文中规定这些效力的这一立法漏洞[1],从很早以前就有争议,现在的理论状况也依旧模糊,仍未彻底消除其不透明感。故民事调停方面还遗留了很多理论问题尚待研究,对《日本民事调停法》及相关法规的适当且统一的解释与运用是十分必要的。

这些年来,对于诉讼中和解的既判力,否定说占据稳固的通说地位,可是对于是否要承认调停笔录的既判力,现在的学说和判例上都有对立的不同观点。既然民事调停至少是为了解决民事纠纷的一种国家制度和法律程序,就不能这样放任民事调停的现状而无所作为。

此外,经过家事调停的生效判决与审判具有同一效力(《日本家事案件程序法》第 268 条第 1 项)。问题是,在认识到调停是司法的纠纷解决程序时,作为调停笔录的效力,必须明确是否承认调停的既判力问题。在学说上,大致可分为无限制既判力肯定说(以下简称既判力肯定说)、既判力否定说、限制的既判力说三类。为了便于说明,先讨论对立的既判力肯定说和既判力否定说,然后介绍和分析限制的既判力说。

一、学说探讨

1. 既判力肯定说与既判力否定说的对立

既判力肯定说与既判力否定说,在调停成立后的纠纷解决结果上的印象(image)是不同的[2]。既判力肯定说着眼于纠纷解决的实效这一点,认为根据调停笔录的既判力,达成的协议内容具有约束后诉裁判所判断(后诉不得作出与前诉相反的判断)的诉讼法上的效果。与之相对,既判力否定说着眼于纠纷解决的实效这一点,注重达成的协议在实体法上的效果。

(1)既判力肯定说

既判力肯定说认为,只要调停中没有不明、不定、不能、非法的内容,任何情形下都不能依据既判力阻断调解无效的主张。该见解的支持者小山博士与佐佐木吉男博士提出了以下根据。

①从法律条文的文理上的解释。《日本民事调停法》第 16 条,第 18 条第 3 项,第 24 条之三的第 1 项和第 2 项,第 31 条以及第 33 条规定,调停笔

---

[1] 中野貞一郎:「請求認諾の要件と効力」,『判例タイムズ』814 号。

[2] 中野貞一郎:『民事訴訟法の論点 1』,判例タイムズ社 1994,270 頁。

录、已确定的代替调停的决定以及裁定及调停条款报告书“与诉讼上的和解具有同样的效力”。再有，从《日本民事诉讼法》第267条的“和解……记载于笔录时，此记载与生效判决有同一效力”的规定来看，调停与诉讼上的和解有同样的效力，诉讼的和解与生效判决有同样的效力，据此可推出调停与生效判决有同样效力的结论。如果忠实地理解这些条文的话，调停不仅具有执行力，还应该具有既判力〔1〕。

②对于调停来说，肯定既判力有其必要性。作为审判纠纷解决制度的诉讼，厘清当事人互为对立的权利主张，对当事人之间同一权利义务关系作出裁决。对该裁决赋予的不可争辩性就是既判力。因此为了解决纠纷，既判力是不可或缺的。同样，在调停中，也是因为为了分清当事人互为对立的权利主张，针对当事人之间共同的一个权利义务由当事人“自己”进行裁决，故在纠纷得以稳定解决这一点上，无论是诉讼还是调停，既判力的必要性都是共通的〔2〕。

③调停具备赋予既判力制度的条件。根据《日本民事调停法》和《日本家事案件程序法》，主导调停过程者是受过良好训练的法官，在程序上采用期日中心主义、本人到场主义〔3〕，虽然在严格性上存在一定程度的差异，但民事调停和民事诉讼皆由国家纠纷解决机关依照法定程序，对民事纠纷按照解决标准作出公权判断，从这层意义上来说二者没有本质区别〔4〕。所以，在调停笔录中需要承认既判力，既然具备承认既判力的条件，在现行法没有否定既判力的明文规定情况下，应该理解为已经认可调停的既判力〔5〕。

但是，调停既判力的效果与判决既判力的效果并非完全一致。从形式上看，一方面，在民事诉讼中，既判力并不对纠纷整体产生，而是只对从那里被引出的作为审判对象的权利关系是否存在的判断时才能产生。另一方面，在民事调停中，将生活现象中的总体纠纷直接且全部地作为对象，不仅法律，条理也积极地作为纠纷解决标准，因此调停中的既判力的客体范围与

〔1〕 佐々木吉男：『増補民事調停の研究』，法律文化社1974，197頁。

〔2〕 小山：『民事調停法〔新版〕』，有斐閣1977，285～286頁。

〔3〕 同上书，第286页。

〔4〕 佐々木吉男：『増補民事調停の研究』，法律文化社1974，214～215頁。

〔5〕 小山：『民事調停法〔新版〕』，有斐閣1977，286頁。

判决的情况不一致[1]。即在判决中,对作为审判对象的权利义务关系的有无进行判断,根据现有既判力被认为是不可争辩的。

在调停中,处分的对象是权利义务关系,取而代之调停条款所表示的权利义务关系的存在,根据现有既判力也同样被认为是不可争辩的[2]。判决与调停笔录的既判力,在范围和具体形成过程上确实存在一定的差异,但两者的既判力皆源于司法纠纷解决程序。

此外,至于家事调停,在《日本家事案件程序法》中有关诉讼事项的家事调停事宜,明确规定调停笔录记载"与生效判决具有相同的效力"(《日本家事案件程序法》第268条第1项正文),从文理上看,可能比起《日本民事调停法》第16条更接近于既判力,即使是现在,对既判力肯定说依然根深蒂固。在这一背景下,与民事调停不同,家事调停的运用不是任意的,而是采取调停前置主义(《日本家事案件程序法》第257条),活用具有专门知识的调查官,实施事后效果的履行保证制度(《日本家事案件程序法》第289条)等,这些理论与制度都起到了积极作用[3]。

(2)既判力否定说

既判力否定说全面否定了调停的既判力。随着既判力否定说在诉讼的和解中居于通说地位,且《日本民事调停法》第16条明文规定"调停笔录与诉讼和解具有同等效力",对调停既判力持否定的观点成为多数说[4]。既判力否定说大体上是用以下理由来批判既判力肯定说的。

①调停中的程序欠缺严格性,缺少对当事人的保护程序[5]。

②调停是依照当事人的合意,对自己的权利义务自主规制的纠纷解决方法,因为调停协议中包含的和解合同的实体效果(《日本民法》第696条规定的确定效果)所带来的不可争辩性,所以没有必要承认既判力[6]。

③即使调停没有既判力,也可期待当事人的任意履行。因此,"没有既判力就不能解决纠纷"这种强调既判力必要性的说法是没有客观依据的。

---

[1] 佐々木吉男:『増補民事調停の研究』,法律文化社 1974,224~225頁。

[2] 小山:『民事調停法[新版]』,有斐閣 1977,287頁。

[3] 中野貞一郎:「民事調停の既判力」,『判例タイムズ』44号。

[4] 同上。

[5] 石川明:『民事調停と訴訟上の和解——其程序和实体的诸问题』,一粒社 1979,57頁。

[6] 中野貞一郎:「民事調停の既判力」,『判例タイムズ』44号。

④由于调停协议的内容比诉讼中的判决事项更为笼统，因此缺乏既判力所涉及范围的明确性，可能显著损害当事人的利益。

在调停中，不仅限于确保一次执行力的给付条款，还涉及调整持续性关系的未来，重新建立相互权利义务关系，制定确保履行方法的各种协议，甚至可能会出现在当事人申请调停时都没有预料到的结局。如果形成了当事人申请以外的权利义务，同时赋予其既判力，恐有侵害当事人接受审判的权利之嫌〔1〕。

(3)救济方法上两种学说的差异

在对当事人的救济方法上，既判力否定说也与既判力肯定说不同。强调调停的纠纷解决具有司法性质的既判力肯定说，在法官参与的前提下，由于既判力的作用，原则上阻断了当事人对意思表示错误无效等的主张〔2〕。即使不是判决，只要认可了既判力，想要打破其效力，就必须通过与再审相类似的诉讼程序来提起诉讼。因此，只有下述情形，才认可调停无效之主张。即，除了参照判决的再审事由以外，调停委员会在没有法官担任调停主任的情况下所作出的调停委员会的调停〔3〕等程序上的瑕疵、调停记录中规定了不能履行的义务、合意内容存在不明确或不确定、合意内容重大且明显违反公序良俗或法律的强制性规定等，上述瑕疵皆可成为调停无效的原因〔4〕。

与之相对，在调停中强调纠纷解决合意的既判力否定说认为，因为对当事人的程序保障不充分，如不公开调停手续、缺乏口头辩论、没有经过严格程序进行事实调查等，并且规定对调停效力发生争议的场合，严格限制提出再审的事由和再审的期间，这对于需要救济的当事人来说是非常苛刻的，并且提出和解无效的确认之诉必须在胜诉判决中得到确定，这本身就是不合理的〔5〕。

2. 限制的既判力说

限制的既判力说，将调停与诉讼上的和解同样看待，只要没有意思表示上的瑕疵就有既判力，意思表示存在瑕疵时就没有既判力。该学说的根据

---

〔1〕 中野貞一郎:「民事調停の既判力」,『判例タイムズ』44号。

〔2〕 小山:『民事調停法〔新版〕』,有斐閣1977,290頁。

〔3〕 石川明:『民事調停と訴訟上の和解——其程序和实体的诸问题』,一粒社1979,63頁。

〔4〕 小山:『民事調停法〔新版〕』,有斐閣1977,290頁。

〔5〕 中野貞一郎:「民事調停の既判力」,『判例タイムズ』44号。

基于以下几种理由。

一方面,否定既判力会大大减损调停的纠纷解决机能,所以基本上肯定调停笔录是有既判力的。该说批评既判力否定说,也就是说,既判力否定说主张因为有《日本民法》第696条的实体确定效果,所以不需要承认既判力,但是考虑到对继承人等第三方的约束力,与《日本民法》第696条不同,其又承认既判力的意义。

但是,另一方面,既然调停笔录记载的拘束力的基础是当事人之间的合意,如若认为合意存在瑕疵,仍维持其约束力是不合适的,因此在有错误等意思表示存在瑕疵的情况下,否认既判力。小山博士基本支持既判力肯定说的立场,可是,实际上对于调停无效主张的容许,则可得知其更接近于限制既判力说的立场。也就是说,作为现有判断力的效果的分析,判决的截断效果与调停的截断效果是不同的东西,"既判力的不可争辩性是不允许以那个标准时间前存在的事实为基础争论既判力事项,产生主张阻断的现象〔1〕"。

关于判例,根据既判力已经阻断主张,应该引导与"判决主文所示的权利、义务是否存在的判断"不同的判断的要件事实。而调停则与之不同。调停条款不是表明判断既存权利义务的存在,其中规定的权利义务关系,是处分既存的权利和义务而形成的。因此,调停中存在的问题是,对既存权利、义务是否存在的认识以及决定对其进行处分的事实的认识不真实,以此为理由否定合意的效力,这是否与既判力相抵触。意思本身(与意思的内容相区别)存在瑕疵的情形也是问题,这不是与既判力的作用相关的问题,而是承认既判力条件(与调停的存在本身相关)的问题〔2〕,因此从意思的形成中有瑕疵的情形来看,可能情形如下:①欠缺意思表示能力,调解无效。②在调停成立过程中,受到强迫而不得已让步时应取消合意,并且因合意的取消,调停笔录中因无效的合意形成的内容也无效。③因欺诈产生错误,达成的调停笔录中错误的情形与法律规制竞合。④关于有错误的情况,调停是根据实际情况来解决的,所以在调停中,关于现有的权利、义务的存在与否

---

〔1〕 在调解成立当时,对对方主张欠缺所有权取得登记,应该是有正当利益的第三人,在调解进行中不提及其主张,以对方取得所有权为前提达成调解合意时,之后在信义规则上是不允许主张欠缺的。(大阪高判昭36·5·22 調停時報33号3頁。相似判例也不少)

〔2〕 小山:『民事調停法〔新版〕』,有斐閣1977,288頁。

以及决定处理的情况，认识上没有重大的错误或者认识上多少有错误（权利乃至事实的存在与否的争议搁置达成合意）的前提下达成的合意。也就是说，与私法上的和解合同不同，调停中的合意是裁判所根据符合《日本民法》第696条的适用条件，以及符合《日本民法》第95条不适用条件的合意。因此，原则上应该阻断主张适用《日本民法》第95条。这就是既判力的作用［……（最）调停机关防止不了这种类型的错误〔1〕是事实，就不得不留有认可适用《日本民法》第95条的余地。此种情形也有可能适用《日本民法》第95条的但书……］。

无论是判决中的判断还是调停中的合意，原则上都不允许更新对其产生影响的认识资料。这就是既判力作用的本质。在这一点上，被认为“即使是调停也与判决没有不同”〔2〕。持既判力肯定说立场的小山博士的见解，虽然附上了这些不同的理由，但考虑该结论存在一定的妥当性，导出了与限制既判力说大体上同样的结论。

二、判例研讨

1. 从下级的审判裁决的判例来看，下级审的裁判例，当初也多是采用限制既判力说，但也存在既判力肯定说和既判力否定说，故司法实践中存在不统一情况。例如，“调停笔录具有既判力，只要成立调停，当事人就不能主张调停成立之前的事由”〔3〕、“既判力是判决特有的效力，调停笔录与和解书不产生此种效力”〔4〕“除非调停是无效的”〔5〕“限于调停条款不存在疑义”〔6〕、“调停笔录具有既判力”等各个案例。

2. 最高裁判所的判例

关于诉讼中的和解，大审院时代的主流采用竞合说或两性说，就是采用所谓的限制的既判力说的立场，即和解有既判力。关于民事调停，虽然没有

〔1〕 标的物的权利瑕疵和价格错误。

〔2〕 小山：『民事調停法〔新版〕』，有斐閣1977，290頁。

〔3〕 肯定既判力的判例：ジュリスト136号91頁。

〔4〕 否认既判力的判例：下級民集7卷1号171頁；下級民集7卷12号3562頁。

〔5〕 肯定限制的既判力的判例：東京高裁民事判決時報9卷5号80頁，此外，还有很多认可内容上存在瑕疵主张调解无效的判例。

〔6〕 下級民集1卷2号293頁。

明确表示和生效判决一样具有既判断力的案例,但有两个最高裁判所的判例被认为是分别沿袭了大审院的限制既判力说。从那之后,可以说判例的立场固定在限制的既判力说之上。

(1)认可诉讼和解既判力的判例

与诉讼和解的既判力相关判例记载于最大判昭和 33 年 3 月 5 日民集 12 卷 3 号第 381 页,关于《日本受灾城市租地租房临时处理法》第 15 条的判决,《日本受灾城市租地租房临时处理法》第 25 条规定,根据该法第 15 条的规定审判具有与诉讼中的和解相同的效力,"诉讼中的和解与生效判决具有相同的效力(原《日本民事诉讼法》第 203 条→现行法第 267 条)应理解为既判力,而且,特别是如所论,没有解释上的根据,仅在租地权设定的判决中必须否定既有判断力,并且如本案那样,因实质理由驳回了租赁权设定申请的判决也毫无疑问是《日本处理法》第 25 条规定的同法第 15 条的判决,因此,没有理由否定已有判断力"。

但是,就此点,对于规定诉讼中的和解与生效判决有同一效力的原《日本民事诉讼法》第 203 条(现行法第 267 条),下饭坂润夫法官持少数(反对)意见认为,"右民诉的规定并不是赋予诉讼中的和解有所谓判决的既判力,应理解为只是承认执行力而已的解释才是正当的"。

关于上述最高裁判所大法庭的判决,不拘泥于判决内容的文义也可以解读出,该判决一改以往大审院的关于诉讼和解的限制既判力说判例立场,如既判力肯定说一样充分肯定了无限制既判力,但也有很多观点认为不是这样的主旨[1]。然后,上述判决虽然在诉讼和解中承认了"原则上"的既判力,但是"是否是通过和解协议的所有法律关系都承认既判力的宗旨,因为没有其他详细的说明,而且不知道其中的情况,所以本判决只是'相当于原则上承认诉讼和解为的既判力',但对于既判力被认可的客观范围、是否能附加解除条件、同意解约等各种各样的问题,理解为留有余地是比较妥当的"[2]。

继大法庭判决之后,最高裁判所昭和 33 年 6 月 14 日民集 12 卷 9 号,第 1492 页[3],在肯定了诉讼中的和解具有限制性既判力的基础上,在和解存

---

[1] 鈴木重信:『最高裁判所判例解説民事編昭和 43 年度(上)』,法曹会 1969,558 頁。

[2] 三宅多大:『最高裁判所判例解説民事編昭和 33 年度』,法曹会 1969,40 頁。

[3] 伊藤眞:『民事訴訟法〔第 4 版〕』,有斐閣 2011,467 頁。

在要素瑕疵、错误的情况下，认可诉讼和解无效的主张。

(2)认可调停笔录既判力的判例

在最小判昭和43年4月11日民集22卷4号第862页，判例时报513号第3页，判例时间219号第225页，都是认可调停笔录有既判力的判例，可以认为不是根据判决代用说或调停裁判说的既判力肯定说，而是限制性的既判力说[1]，可以与诉讼中的和解作同样理解。这是关于一个以母亲受伤为理由的孩子的抚恤费请求已经达成调停后，母亲死亡的情况下，以其死亡为理由的孩子的抚恤费请求（调停中主张自己所作的意思表示由于错误而无效）是否被调停笔录的既判力阻断的问题。

最高裁判所作如下判决，撤销原判决中抚恤费请求部分，发回原审。“虽然是基于同一原因事实，但是以受伤为由的抚恤费请求权与以生命侵害为由的抚恤费请求权，被侵害的权利是不同的，不具有同一性，即使前者达成调停，除非有特殊情况，否则不能包含后者。”

根据通说的立场，调停是否有既判力，一般取决于诉讼上的和解是否有既判力。最高裁判所在上述最高判决昭和33年3月5日民集12卷3号第381页中明确表示，诉讼上的和解是有既判力的。

最高裁判所的这个判决结果，一般被认为是承认了民事调停的既判力[2]。负责案件的调查官也表示，民事调停是否有既判力，要取决于诉讼中的和解是否有既判力的这一结果而定，即使最大审判昭和33年3月5日关于诉讼中的和解是站在限制性既判力说的立场上，也达到了承认既判力的程度，可以说“如果遵从判决认可和解既判力的话，在《日本民事调停法》第16条的解释上也应该承认调停的既判力”[3]。

三、笔者的私见

1. 调停程序的再构成

调停是当事人解决纠纷内容的“具体的妥当性追求过程”，在此情况下，追求法律安定性和追求具体的妥当性（实质性正义）的二律背反。而且，当事人必须经历这个过程，在同一个人的内心深处的这种扬弃，最终是以双方

---

[1] 持相同观点的判例：最判昭25・7・14民集4卷8号533頁。

[2] 小山：『民事調停法〔新版〕』，有斐閣1977，287頁。

[3] 鈴木重信：『最高裁判所判例解説民事編昭和43年度（上）』，法曹会1969，558頁。

作出让步这种形式表现出来的。

这里应该进一步讨论的是,为什么各当事人都要(必须)追求具体的妥当性的问题。为什么在调停中各当事人主张自己的权利(法),停止追求100%的利益呢?笔者的私见认为,自古以来日本人的心中就在寻求“公共之心”。日本人的性格中,作为与他人和社会隔离的个人,当然追求100%的个人利益,但是一旦意识到自己是置于社会中的个人,这种“公共之心”就由内向外表现出来了。

可以说,这种“公共之心”确实存在于日本人的DNA中。私下了结、劝解及调停制度等可以说是周全准备了从当事者那里引出“公共之心”的装置也毫不为过。

顺便说一下“互让”的意思是,只要是表示各当事人以这样的“公共之心”来制定纠纷解决基准,根据笔者意见,即使只是对调停对象以外的事项作出让步的情况下,甚至在法律允许的范围内一方当事人即使全面地取得了利益,但只要在纠纷解决时,如果各当事人怀着“公共之心”进行交涉的话,也会认为存在广泛的“互让”。

民事调停也是以符合条理的实际情况谋求解决为目的的制度(《日本民事调停法》第1条)。作为合乎实体正义的纠纷解决机制,不能仅把“法”作为纠纷解决规范,还要摸索依据“条理”和“实际情况”的解决机制。这种解决方式是否符合条理的实际情况,由调停机关来判断。这个调停机关的判断性才是民事调停程序的特质,在这一点上,与诉讼(判决)没有质的差异,可以说只是单纯的量的差别。

可以确认在调停中已经准备了各种各样的制度和措施,以唤起当事人“公共之心”。在国家的裁判所,调停由以法官为调停委员会主任的调停机关来主持办理(《日本民事调停法》第5条至第8条),调停笔录与诉讼中的和解具有相同的效力(《日本民事调停法》第16条),调停机关可以对“合意”相当性进行充分审查(《日本民事调停法》第14条)、调停机构可以作出代替调停的决定等(同法第17条)等。由于这种公共制度和公共措施的存在,当事人不只是追求个人利益,还将自己作为社会的一员,养成参与具体谋求妥当的纷争解决(合乎实体正义的解决)的国家性计划的意识,这与“公共之心”是紧密相连的。

今天的调停制度是以“公共之心”为基础的“互让”,根据当事人之间的“合意”来解决纠纷的制度,在创造这个合意的基础上应该遵循的纠纷解决规范,不仅是法律,也是“条理、实情”。而且,关于这个“条理、实情”,事实关系的调查是不充分的,事实关系的大部分是基于当事人头脑中的主观认识,由此要找出这些事实关系的依据。可以说实体正义的探索,在这一点上是令人满意的制度设计。

调停机关让各当事人出示证据的同时,主张事实关系的总体(不限于与权利、义务相关的事实),在区别没有争议的事实关系和有争议的事实关系的基础上,对于在有争议的事实关系中获得一致意见所需的重要事项,尽可能根据证据来确定其是否存在。

此时,对于证据的评价,也要努力得到当事人间的认同。然后,在“没有争议的事实关系”以及虽然不充分但“客观承认的事实关系”的基础上,再加上“当事人认识的主观事实关系”,适用条理、实际情况,制定解决纠纷的适当、妥当的合意方案,并出示给当事人,一边反复说服、一边促进达成一致。

此时,即使是作为国家机关的裁判所中的调停委员会,其说服也只是反复进行“说明道理”“显示利益”“诉诸感情”的说服,而不能赤裸裸地行使强制力。

因此,调停的本质可以说是“合意”,但是从这个合意符合实体性正义(具体的妥当性)的意义上来说,还要考虑伴随裁决性的要素。这种合意不是与实体正义无关的单独的合意,而是当事人双方带着“公共之心”、期望实现具体正义的合意。

2. 诉讼和解的既判力

关于诉讼上的和解,应该属于限制既判力说,还是既判力否定说?笔者支持既判力否定说。如前所述,现在的通说立场是采用既判力否定说。其主要理由是,据《日本民法》第696条规定的实体性和解的确定效果,产生了不可抗争性,所以缺乏认可既判力的必要性。

笔者认为,这种实体性和解的生效效力,只不过是诉讼中的和解不应该被承认的次要理由,其主要理由是对于诉讼中的和解的情况,不关心和解内容是否符合实体性正义。在判决的情况下,作为裁判所探求实体正义的结果,其判断有承认强制通用力的基础。

但是,关于审判上的和解,提出和解方案并斡旋协议的法官不会向当事人出示关于诉讼程序得到事实的心证和法律上的评价。从这个意义上来说,那样提出的和解案可以说是对实体正义漠不关心。对于没有被制度设计成体现实体正义的东西,就不能认可既判力这种强制通用力。

另外，作为对既判力否定说的批判，如果只有该实体性和解的确定效力的话，与承认既判力的情况下对继承人等进行效力的扩展相比，其不可抗争性涉及的范围显然太窄，会损害纠纷解决效率。

3. 既判力肯定说的批判

在讨论诉讼中的和解是否承认既判力的问题上，今天几乎看不到既判力肯定说。只要诉讼上的和解是基于"合意"的纠纷解决，只有在以再审事由为准的情况下才能主张那个意思表示的瑕疵的结果，此时是因为对当事人施加了不能接受的不利利益。

4. 调停笔录既判力的再探讨

必须在此着重强调的是，即使否定诉讼中和解的既判力，也不能直接导出否认调停笔录既判力的结论。

笔者认为，调停笔录具有限制的既判力。具体列出以下几点根据。首先，承认调停笔录的既判力，这作为唤起当事人"公共之心"的装置是非常有用的。也就是说，通过承认调停笔录的既判力，当事者有意识地参与了国家赋予强制通用力的调停笔录的制作过程，这与创造"具有具体的妥当性（符合实体正义）的纠纷解决方案"有关。

其次，以承认作为国家强制通用力的既判力为基础，可以说调停笔录的内容并不完全体现"实体正义"。调停机关在调查了一定程度的事实关系的基础上，以"客观承认的事实关系"为基础，再加上"当事人认识的主观事实关系"，适用条理、实情，制定解决纠纷的适切、妥当的合意方案，将其向当事人提示，一边反复说服、一边促进达成协议。

最后，当事人也并非只拘泥于自己的利益，而是作为社会的一员，摸索符合法院实体正义的具体妥当的纠纷解决方案，达成一致意见。综上所述，以当事人的意思表示没有瑕疵为前提，可以说通过承认调停笔录既判力作为调停制度的设计是非常理想的。

但是，这里成为问题的是法律的文义。即如上所述，调停笔录的记载有"与诉讼中的和解具有相同的效力"（《日本民事调停法》第16条），"诉讼中的和解书与生效判决具有相同的效力"（《日本民事诉讼法》第267条）。如此结果，在否认诉讼中和解书的既判力同时，又承认调停笔录的既判力，产生了作为文理解释是否允许的疑义。

根据笔者个人意见，《日本民事调停法》将调停笔录的记载规定为"与诉讼中的和解具有相同的效力"，不过是为了引导其具有"与生效判决相同的效力”的立法技术而已。在某种意义上应该考虑到这是立法的不足。在家事调停中,如《日本家事案件程序法》第268条第1项规定的那样,最好直接规定调停笔录记载具有“与生效判决有相同的效力”。但是,作为法律解释,因为不能忽视“与诉讼中的和解有相同的效力”的规定,所以将该“诉讼中的和解”这句话理解为“通过合意解决纠纷”。关于这个“通过合意解决纠纷”,承认概念的双重含义,应理解为只限于探求实体正义的情况下,作为与生效判决同样效力的既判力被承认的。这样的解释,虽然在法律解释论上面临着相当严峻的困难,但是可以说作为从《日本民事调停法》的制度宗旨出发导出结论,还不得不心甘情愿地接受[1]。

〔1〕 与本文的场景不同,学者中承认概念具有双重含义的有永井博史,参见其论文「訴訟上の和解とその効力」新堂幸司編:『実務民事訴訟法講座〈第3期〉第3巻』,日本評論社2013,449頁。以法的制度宗旨为根据,通过概念的附带性,在肯定“诉讼上和解”的判例中,限定无效主张范围的限制既判力的同时,否定“起诉前的和解”的既判力。

日　　文

中国P2P融資[*]プラットフォームの多層法律監督管理システム構築に関する最新研究(要旨)

華東政法大学経済法学院教授　博士指導教授　李偉群

一、はじめに

2013年この一年は、我が国のインターネット金融が最も賑わいを見せた一年だったため、金融「元年」と説明される。余額宝、百度百発、微信資産運用等が相次いで市場に出て、インターネット金融が雨後の筍の如く次々に出現した。その中で、最も目を引いたのは、P2P融資プラットフォームの発展の勢いが凄まじいことである。2007年から2016年までの10年間、P2P融資は爆発的に増加した。2015年10月末まで、P2P融資プラットフォームの数は3598社に上り[1]、2015年の1月から10月までの契約額

---

* P2P融資は、SNS(ソーシャル・ネットワーキング・サービス)のように専用のプラットフォームで行われる。借り手はプラットフォームに入会して、希望する借金額や金利、予定する使途などを掲載する。場合によっては、写真や収支状況、友人による補足説明を信用情報として掲載し、貸し手との質疑応答にも応じる。貸し手は、その情報を見て希望する貸し出し金利や融資可能額を入札する。そうしてプラットフォーム上でマッチングが行われ、プラットフォーム運営者は融資の成立に応じて手数料を徴収する。借り手と貸し手にとっては、金融機関を介在させないことで、お互いにとって良い金利で貸し借りができる可能性がある。

〔1〕 中国今日頭条:「2015年インターネット・フヘイナニと・エユシステワ構築サシらト建設高峰論壇が間もなく開値されろ」(https://www.toutiao.com/i6220628975606039041/)2018年11月24日訪問。

は、7154.32 億元にまで達した〔1〕。

特に、2015 年 3 月 5 日に李克强総理が「インターネットプラス」の行動計画を提唱したことから、「インターネットプラス」がかつてないほどに注目されるようになり、インターネット金融、インターネット交通、インターネット医療、インターネット教育等の新しい業態が形成された。

しかし、ここ1、2 年のインターネット新業態の急速な発展、至る所での素晴らしい発展を背景に、P2P 融資プラットフォームは野蛮な発展を経た後、多くのP2P 融資プラットフォームでは支払の困難に陥り、現金引き出しの制限、現金の持ち逃げ又は倒産等の問題を引き起こすプラットフォームが次第に増加している。2015 年 6 月だけでも125 社の「問題プラットフォーム」が新たに増え、10 月にはさらに47 社の「問題プラットフォーム」が増えた。2016 年 6 月末の時点で、全国累計で1778 社の問題プラットフォームがあり、全総数の約 43.1% を占めている〔2〕。特に、北京、上海、広州において、e 租宝、融宜宝、e 速貸等広く知られているP2P 融資プラットフォームは、相次いで崩壊した後、一連の社会的騒動を引き起こしている。二年余りの整理を経て、2018 年 11 月末までに、P2P 融資インターネット業を正常に運営しているプラットフォームの数は1181 社まで減少し、問題のあるプラットフォームでの累計投資人数は約 200 万 9 千人に及び、貸出残額は約 1612.5 億元にまで達している〔3〕。

P2P 融資プラットフォームは凄まじい発展を遂げていると同時に、大きな安全面での隠れた危険をも有している。インターネット融資の発展は「速い、偏り、乱れ」の現象を呈している、すなわち、業界の規模拡大の勢いは余りにも速すぎ、業務のイノベーションは本来進むべき道から逸脱し、リスクが頻繁に発生する。融資プラットフォームに存在するリスクに対して、我が国の現実に適応した具体的な監督方法を見つける必要があ

〔1〕 中国搜狐网:「P2P ネット貸付業 2015 年 10 月月報」(http://www.sohu.com/a/40069380_119586)2019 年 1 月 4 日訪問。

〔2〕 中国 SOHU:「銀行業監督管理委員会統計、2016 年 6 月全国累積問題プラットフォーム 1778 社」(http://www.sohu.com/a/111883181_161623)2018 年 12 月 25 日訪問。

〔3〕 中国 SOHU:「根拠有関数拠、11 月 P2P 出来高 1114 億、正常運営プラットフォーム1181 に下げる」(http://www.sohu.com/a/279253476_216075)2018 年 12 月 15 日訪問。

ることは疑いがない。では、P2P 融資プラットフォームにはいかなる問題があり、どのような監督が必要であろうか? どのように監督すべきか? 保険を通してどのようにP2P 融資プラットフォームの信用を増加させるか? これらの問題に対して、本文は、P2P 融資をめぐる主要なリスク原因を紹介し分析し、あわせて監督部門が公布した関連の監督細則を分析し、最後にP2P 融資プラットフォームへの保険の導入について筆者の考えを述べる。

二、P2P 融資プラットフォームをめぐる各種リスクの解析

P2P 融資は、2007 年に我が国に導入されて以来「寵愛」を受け、ここ数年さらに爆発的な発展を遂げている。しかし、2014 年以降、関連部門の統計によると、毎日平均で少なくとも1、2のプラットフォームが経営困難で破産に追い込まれている。詐欺による雲隠れ、金銭の持ち逃げをしたプラットフォームは至る所に存在する。P2P 融資プラットフォームでは、なぜ、このような問題が多いのか? その原因は、P2P 融資を行うための必要条件が少なく、通常の状況では、実名で登記をし、銀行カードと連結させすれば、会員になることができる。そのため、会員の規模はとても大きくなる。さらに、我が国では、投資に参与する会員は個人向けの顧客を主な対象としてが主なので、明らかな大衆化の特徴を有している。彼らは金融知識に関する教育をあまり受けておらず、リスク意識も比較的低く、高収益の誘惑にさらされ流行を追いかけやすい。そのため、一旦プラットフォームの運営会社が倒産すると、被害者数は多数に上り、往々にして地域性ひいては全国性の社会的動揺を引き起こす。

安全性は投資資産運用の前提である。しかし、P2P 融資業界は高度の情報非対称が存在し、加えて監督能力が乏しいため、問題が多く発生しても何ら珍しくない。以下では、情報仲介モデル、元金保証モデル、債権譲渡モデル、自己融資モデルの 4 種類の融資プラットフォームに存在するリスクを簡単に紹介する。

1. 情報仲介モデル

情報仲介モデルとは、融資プラットフォームは、貸し手と借り手の双方に情報収集、信用評価、情報交換、貸し借りの仲立ち等の情報サービスを提供し、一定のサービス料を徴収する。P2P 融資を行うモデルの中で、

情報仲介モデルは、比較的正規の操作モデルと言うことができる。情報仲介プラットフォームとして、このモデルは単純に情報を提供するのみであり、それ自身は借り手と貸し手双方の契約に介入しないので、借り手と貸し手の間に債務不履行が生じても何らの責任も負わない〔1〕。

しかし、たとえ情報仲介モデルが規範に従って運営されたとしても、以下のようなリスクがよく見られる。第一は、借り手と貸し手双方は、姓名、身分証の番号、メールアドレス、住所、携帯電話の番号、及び家庭の固定電話等の個人の基本情報を融資プラットフォーム上に記載しなければならないが、これらの情報が、融資プラットフォームによって有償で転売される等悪用され、又は悪意で使用された場合は、借り手と貸し手双方のプライバシー権侵害の他、経済的損失を被るリスクがある。第二に、融資プラットフォームが経営赤字のため、途中で倒産した場合、貸し手は貸金を回収できなくなる状況に陥り、その上、管理責任を負う者がおらず、財産損失のリスクに直面する可能性が極めて高い〔2〕。

2. 元金保証モデル

元金保証モデルとは、融資プラットフォーム自身は、投資者の元金あるいは収益のために担保を提供し、あるいは担保会社又はその他の第三者を通じて担保を提供する。この種の商業モデルは担保サービスを提供するため、金融抜き純粋なプラットフォームモデルではない〔3〕。そのリスクは、「融資性担保会社の管理に関する暫定方法」の規定によると、いかなる単位、個人も監督部門の許可を経ずに融資性の担保業務を経営してはならないが、P2P 融資プラットフォームあるいはその他の非担保機構が提供する担保はこの規定に違反する。

実務では多くの担保会社が業務拡大のため、至る所で、担保能力があると宣伝し、往々にしてこの制限を超えている。そのため、融資プラットフォームにリスクが生じた場合、担保会社は既に収入が支出に及ばない状態に陥っており、力は及ばず、リスクが溢れ出る〔4〕。

---

〔1〕 楊東「P2P 融資プラットフォームの異化とその規制」社会科学 2015 年第 8 期。
〔2〕 伍堅「我国 P2Pネット貸付プラットフォームの制度構築」法学 2015 年第 4 期。
〔3〕 葉湘榕「P2Pネット貸付モードのリスクと監管研究」金融監管研究 2014 年第 3 期。
〔4〕 伍堅「我国 P2Pネット貸付プラットフォームの制度構築」法学 2015 年第 4 期。

3. 債権譲渡モデル

いわゆる債権譲渡モデルは、借り手貸し手双方に契約関係が直接に発生せず、プラットフォーム関連の融資者がまず融資を行い、プラットフォームが債権を異なる期限と金額に分割し、資産運用商品の形式で投資者に売却するものである。この種のモデルのリスクは、伝統的な金融機関の資産運用商品の売買が受ける監督を排除し、資金プールを構築し、違法に公衆の預金を集める疑いがあることである〔1〕。

4. 自己融資モデル

いわゆる自己融資モデルは、P2P融資プラットフォームが虚構の借り手の情報により、貸し手の資金を取得し、実際には店舗、工場等自己の生産経営活動あるいは直接これを海外投資に用いるものである。そのため、このモデルのリスクは、融資プラットフォームが、虚構の情報で貸し手の信用を得て、融資目的を実現することにあり、違法に公衆の預金を集めるための手段である〔2〕。

三、P2P融資プラットフォームの監督細則についての分析

長期にわたり、我が国のP2P融資プラットフォーム業界は、「監督機関なし、人に対する規制なし、業界基準なし」の状態にあり、業界の中に良質なプラットフォームと悪質なプラットフォームが入り交じり、弊害が続出し、迅速な発展と同時に多くの問題も発生していた。そのため、科学的で合理的な監督体制の構築が早急に必要であった。

2016年8月24日、銀行業監督管理委員会、工信部、公安部、国家インターネット情報所が共同して47条からなる「インターネット貸借情報仲介機關の業務活動の管理暫定弁法」(以下、「暫定弁法」と称する)を公布した。それを整理すると、三つの特徴に要約できる。第一は、プラットフォームの本質はあくまで情報の仲介であり、信用の仲介ではないことを強調している。第二に、必要最小限の監督という方針を掲げ、ネガティブリスト形を通して融資サイト業務を確定し、融資プラットフォーム機関は

〔1〕 林越堅、李俊「P2Pネット貸付プラットフォーム犯罪及び司法治理研究」河北法学2016年第10期。

〔2〕 伍堅「我国P2Pネット貸付プラットフォームの制度構築」法学2015年第4期。

13の行為を禁止すること明確にした。第三に、協同監督、連合作戦の監督方式を新設した。以下、「暫定弁法」の中の比較的重要な条項について解説し分析する。

1. 第三者の資金管理機構としての銀行

「暫定弁法」第28条は、融資プラットフォーム機関は、第三者の資金管理機構として、条件の合致する銀行業を営む金融機関を選択して、顧客資金に対する管理と監督を行い、顧客の資金と融資プラットフォーム機関自身の資金を別個に管理しなければならない、と規定する。

盈灿コンサルタントの不完全な統計によると、2016年8月15日までに、銀行が直接に資金管理をするとの契約をしたプラットフォームは130社に上り、その中で、ネット上で直接に資金管理をするシステムを有するプラットフォームは39社である。銀行と連携して資金管理を契約したプラットフォームは46社あり、その中で、ネット上で連携して資金管理をするシステムを有するプラットフォームは24社である〔1〕。また、銀行監督会の不完全な統計によると、2016年6月末までに、国内で正常に運営しているP2P融資プラットフォームトは2349社に上り、この数値によると、銀行での資金管理を完成させ、暫定方法の要求に合致するプラットフォームは3%にも満たず、97%のプラットフォームが業態変更か淘汰されるかに直面している〔2〕。銀行での資金管理は9割のプラットフォームに撤退を迫り、この条項による整理整頓の強さは空前のものであることがわかる。

2. 融資の限度額

「暫定弁法」第17条は、同一自然人の場合、同じ融資情報仲介機構プラットフォームでの借金残額の上限額は20万元を超えてはならない、同一の法人又はその他の組織の場合、同じ融資情報仲介機構プラットフォームからの借金残額の上限額は100万元を超えてはならない、と規定する。同時に、同一自然人の場合、異なる融資情報仲介機構プラットフォームからの借金残高统額の上限額は100万元を超えてはならない、同一の法人又

〔1〕 第一财经:「P2P網貸監管細則全解読」(http://www.yicai.com/news/5069636.htm) 2019年1月10日訪問。

〔2〕 第一财经:「P2P網貸監管細則全解読」(http://www.yicai.com/news/5069636.htm) 2019年1月18日訪問。

はその他の組織の場合、異なる融資情報仲介機関プラットフォームからの借金残高統額の上限額は500万元を超えてはならない、と規定する。

小規模企業、社会的弱者、農業農村農民の資金需要額は比較的少ないが、以前、彼らは銀行等の正規の金融機関から融資を受けることはとても困難であった。そこで、インターネット融資の最初の目的は、低コストの一般特恵金融の大衆化を実現することにあった。そのため、「暫定弁法」は、少額分散、小規模企業、社会的弱者、農業農村農民等のために資金を提供するという原則を堅持することを再度、強調している。

こうなると、もともと融資プラットフォームでの借金額がややもすれば数千万、ひいては億を超えるプラットフォームでは、融資限度額に関する規制によって、その大量の業務を整理する必要に迫られ、同時にこれらのプラットフォームの投資者を排除することになる。「暫定弁法」第17条の規定からすると、消費者金融等に代表される小規模分散業務が、インターネット融資業界の今後の主流となることが予想できる。

3. ICP許可書の申請と受領

「暫定弁法」第5条により、インターネット融資情報仲介機構は、地方金融監督部門での登記及び記録の完成後、通信主管部門の関連規定に基づいて、相応する電信業務許可書を申請しなければならず、規定に基づいて電信業務経営許可証を申請していない者は、インターネット融資情報仲介業務を展開することはできないと示している。

「中華人民共和国電信条例」、「インターネット情報サービス管理方法」によると、国家はインターネット情報サービスの電信業務(ICP)に対して許可証制度を実施する。インターネット金融企業のウェブサイトは、投資者の資金、個人情報、銀行口座等のデリケートな情報と直接関わるので、それが存在するインターネットの安全性欠如がもたらすリスクは、一般のウェブサイトに比べてとても高い。しかし、これまでICP許可証はずっと無視されてきた。今回、ついに強化され、重要なものとして認知された。

4. 情報公開に関する規定

「暫定弁法」第30条から32条までは情報公開について規定している。P2P融資機構は、政府のホームページ上に、業務活動経営管理に関する情報公開欄を作り、定期的に公告の形式で公衆に向けて年度報告、法律法規、ネット融資に関する管理規定を公開しなければならない。

インターネット金融は情報の透明度を増し、情報の不対称性を低減しなければならず、情報公開を欠かすことはできない。しかし、今回の暫定方法は、情報公開に関して詳細な規定を設けていない、規定が詳細すぎることを心配し、かえって操作性を欠如している。さらに一部の指標の設置は、業界での実践を待たなければならない。そのため、現在のところ、情報公開について原則的規定を定めるのみであり、銀行監督管理委員会は後続する関連細則の中で、業界の一般的方法と必要な監督を結合させ、業界に対する不良貸付率、期限経過率及び代償金等も含めた、適切な指標について明確な定義を行う予定である。

5. 金融消費者保護

「暫定弁法」第4章(25～29条)は、専属の章を設けて融資の方策、リスクの提示及び評価、貸し手と借り手の情報、資金の保護及び紛争解決等の問題について詳細な規定を置き、貸し手と借り手の合法的な権益を保護し損害を被らないようにしている。

この暫定方法は、「貸し手」又は「借り手」に関わらず、全面的に保護されるべきことを強調している。「貸し手」は、職責を果たしているかの評価を受ける必要があり、これらの分析評価を経ていない場合は、サービスを提供することができない。一方、「借り手」に対しても対応する規定がある。資金は銀行管理の要求に符合する他に、隔離の要求を満たす必要があり、これによって、インターネットサイト自身の資金口座と混同される状況を防止している。これ以外にも、融資プラットフォームの整理及び紛争処理のために「12ヵ月の移行期間」という猶予条件を与えている。この点は、明らかに消費者保護に着眼しており、融資プラットフォームが早々に撤退し、消費者保護に多大な問題をもたらすことを防止している。

6. インターネット融資業務に対する主要な管理措置

「暫定弁法」第10条は、インターネット融資業務の経営範囲について、ネガティブリストを中心とする管理モデルを採用し、自己融資の禁止、債権譲渡の禁止、公衆の預金集めの禁止、資金プール設立の禁止、担保提供及び元金利息保証承諾の禁止、金融資産運用商品等の販売禁止を含む13の禁止行為を明確に規定している。この暫定方法は、必要最小限の監督という方針を貫き、ネガティブリストによる管理を実行するものである。

以上から明らかなように、監督が実施されるにしたがい、インターネット融資業界の「野蛮な生長」は既に過去のものとなった。同時に、2016年10月13日、銀行監督会は「P2Pインターネット融資リスクに関する整理業務実施方案」を公布し、インターネット金融発展という新たな経済の方向性を明示し、新エネルギーの重要作用を育成し、ネット金融が大衆による創業、万民による仕事の刷新に対して有する特殊性と重要性について強調した。その一方で、P2P融資リスクの整理は、一般特恵金融において実行され、P2P融資の本質への回帰が必要である。当然、その最終目標は、金融消費者に対して手厚い保護を実現する点にある。インターネット融資業界の監督が益々厳格になっていることは、インターネット融資業界の整理が既に幕を開け、インターネット融資業界が必然的に「最も厳しい冬」に入ったことを意味し、違法なモデル、実力不足、リスクヘッジが十分でないプラットフォームは全て淘汰され、業界から締め出されるのは既に時間の問題であると考えている。

以下で、筆者は、最近三年間に集中して通知された多くの管理政策について簡単に整理する。

①2016年8月24日の「暫定弁法」。

2016年末と2017年初めに公布された「インターネット融資情報仲介機構の主管部門への報告、登記管理手引」、「インターネット融資資金の管理業務手引」。銀行管理会が研究し起草した「インターネット融資情報仲介機構の業務活動情報開示手引」。

②2017年12月8日、P2Pインターネット融資リスク専門整理業務グループ室が通達した「P2Pインターネット融資リスク専門整理検査業務を良く行うための通知」。

③2018年4月4日、インターネット金融リスク専門整理業務グループが通達した「インターネットを通じての資産管理業務展開に関する整理及び検査業務展開に関する通知」。

④同年4月27日、中国人民銀行、中国銀行保険管理会等4つの部委員会の「金融機構資産管理業務規範に関する指導意見」。

⑤同年8月、直近2カ月の爆雷潮〔1〕後、国家は終に大きく出撃し、以下の3つの書面を続けて出し、業界を安定させた。

8月5日、互金(インターネット金融の略語)整理部は、新華サイトで、「インターネット金融とP2Pリスクを緩和させる業務の推進」を公布した。

8月8日、互金整理部は、「P2Pプラットフォームの借り手債務不履行債権のデータ発信に関する通知」を発した。

8月12日、互金とインターネット金融整理部は、「ネット金融リスクに対応する10措置の立案」会議を開催した。

8月12日に続いて、互金、インターネット融資整理部は、会議を開催して、インターネット融資リスクに対応する10の措置を立案した後、全国「108条インターネット融資主管部門報告、検査細則」(略称「108基準」)を正式に通達した。「108標準」は、P2P全国整理部の指導下で制定されたインターネット融資とP2Pに関する統一的な細分化した操作の専門検査標準であり、108条に削減され、主要なものは、透過式管理監督理方法を利用し、機関全体に対する管理の実施を求めている。

ここから、政府が、P2P業界を持続可能な、安定的に発展することと健康的な業種にすることを決心したことがわかる。2018年今年の6,7月の2カ月だけでも、多くの業界内で注目度が比較的高かった融資プラットフォームが自身の経営困難あるいは经济犯罪を犯つたのために偵察され閉店となつた。業界は日ごとに元気がなくなり、市場からの信頼はなくなり、投資者の権益は有効に保護されなくなり、業界の危機は日ごとに深刻になった。2018年7月の1ヵ月内に、問題のあるプラットフォームは合計で143に上り、そのうちの35プラットフォームは自発的に閉店した〔2〕。よく耳にした「愛投資、銀豆網、金銀猫、集財猫、利民網、民愛貸、貫通金服、長久貸、銭父父」もこの中にあった。

---

〔1〕「爆雷潮」はネット流行語である。爆雷潮とは、融資プラットフォームが大量に倒産したり、現金を引き出し制限することを指す。

〔2〕劉新宇、張倩文:「融資サイトが清算される中、投資家の合法的権利は誰が支払うのか」(http://www.zhonglun.com/Content/2018/08-13/1128506333.html)2018年12月25日訪問。

四、P2P融資プラットフォームへの保険導入モデルイノベーションと多層法律監督管理の完備

インターネットと金融が深く融合するにしたがい、P2P融資は、我が国に「全国民投資」の風潮を巻き起こした。一般特恵金融時代を背景にして、P2P融資業界は、民間資金を活性化するのみならず、金融要素を活発にし、さらに金融体制の改革をせまり、それが発揮する積極的作用は容易に切り捨てることはできない。

しかし他方で、e租宝、融宜宝、e速貸等の「資金持ち逃げ」事件は、社会各界のP2P融資業界に対する深刻な不信と図り知れない憂慮を引き起こした。この点を解決するため、上述したように、監督機関は積極的に多様な監督措置整理方案を公布した。当然、監督による方法以外にも、我々はさらに各種有効な手段を探し、P2P融資業界の健全な発展を後押しする必要があると考えている。その中で、P2P融資プラットフォームへ保険を導入し信用増加を図る新モデルは次第に成熟し、静かに進行中である。この積極的な試みは、我が国の中央銀行等10つの委員会が発布した「インターネット金融の健全な発展促進に関する指導意見」と保険監督会が制定した「インターネット保険管理業務に関する暫定方法」の中で、「保険会社とインターネット企業の提携を推奨し、インターネット金融企業のリスクヘッジ能力を高める」戦略方針の高度な結合として、明確に提示されている。

筆者は、P2P融資プラットフォームと保険会社の提携の優位性は、以下の2つの面にあると考える。第一に、P2P融資プラットフォームがよりリスクを薄めることを助け、資金の安全性を保証する。第二に、保険は相対的に成熟した金融商品であり、「P2Pプラス保険」はP2P融資プラットフォーム自身のリスクヘッジ体系の形成を補うことができ、保険会社はP2P融資商品の完成、期限における返金責任を援助し、無意識にP2P融資プラットフォームに二重の保障を提供することができる。

現在の情報激増のインターネットビックデータ時代では、保険業とインターネット金融業は緊密に連系し、深く提携することができるので、双方ともにメリットである。保険会社はインターネット融資プラットフォームのビックデータの研究を通して、顧客の契約習慣と保険に対するニ

ーズを分析し、保険契約者のリスクについて分析して制御し、さらに保険会社のインターネット金融リスク管理と制御機能を十分に発揮することができる。盈灿コンサルタントの不完全な統計によると、2017年3月末までに、保険会社と提携したP2P融資プラットフォームは55社となり、既に33社の保険会社はP2P融資プラットフォームの保険業務に介入し、4社の保険会社が提携したプラットフォームは平均5社以上ある。2018年7月時点では、P2Pプラットフォームと提携した保険企業は10社余りに減少した。陸金服、宜人貸、小赢理財、玖富、邦融汇、精融汇、小馬金融、米缸金融、金投行、蜜蜂有銭等のプラットフォームと保険会社は業務提携し、提携した保険の種類の中には、履行保証保険、借り手事故保険等が含まれる[1]。

以上、監督機構の支持と実践上の応用は、P2P融資プラットフォームに保険を導入し信用増加を図るシステムの優位性を十分に証明し、この種のモデルがP2P融資業界の乱立を整理する重要な鍵になりうる。

現在のところ、我が国の融資プラットフォームと保険会社の提携は、保険対象の相違と提携方式の相違により、おおむね以下の4種のモデルに分類することができる。

第一は、リスク準備金保険である。サイトは、リスク準備金の管理を保険会社に委託し、保険料を毎月支払い、保険会社はリスク準備金を保障し、リスク準備金が返金をカバーできるようにする。一旦、リスク準備金が不足すると、保険会社は立て替える。

第二は、投資者資金口座安全保険である。主に、サイトは、支払い口座の安全性について保険をかけ、もし口座情報が盗まれたり、盗用されたりして損失が出た場合には、保険会社は契約に従い、賠償する。

第三は、借り手の人身傷害保険である。借り手が事故により借金を返済できなくなると、保険会社は賠償責任を負う。この業務について、保険会社は担保業界や信託業界で早くから行っており、現在次第にP2P融資業界で広まっている。

---

〔1〕 中国新华网:「P2Pの倒産が個別の保険会社に影響を与え、まだ多くの融資プラットフォームは保険の引受を主張している」(https://baijiahao.baidu.com/s?id=1619426589238431607&wfr=spider&for=pc)2018年12月18日訪問。

第四は、契約履行保証保険である。いわゆる契約履行保障保険(以下、「信用保証業務」と言う)とは、保険会社が契約履行保障保険の受益者(債権者、貸し手)に対して、もし保険契約者(債務者、P2P融資プラットフォームにおける借り手)が契約の約定あるいは法律の規定に従い、返金義務を履行しない場合には、保険会社は保険契約に従い、賠償責任を負うことを承諾する、一種の保険契約である。

以上の4つのモデルの中で、契約履行保証保険が業界から公認されている比較的安全で有効な保険形式となり、大きな支持を受け、爆発的な勢いである。しかし、実際は、近年この保険の爆発的増加の背後には、隠れたリスクがあるため、早くに保険監督部門から重大な関心を集めている。インターネットサイト保障保険業務の迅速な発展の中で発生したリスクと問題点を防止し、保険機構の経営行為を規範化するため、保険監督会は、近く「インターネットサイト保証保険業務の管理をさらに強化することに関する保険監督会の通知(意見稿)」を発表する。この意見稿は、インターネットサイト保証保険業務の管理について非常に詳しく定めており、経営原則を明確に示し、商品開発を要求するのみならず、さらに保険金額の抑制、損害に対する最大限のコントロール等について量的な規制も行っている。

具体的に言うと、主要な内容は以下のように概括できる。第一に、インターネットサイト保証保険商品の名称ははっきりしていて、正確でなければならず、引き受ける保険の具体的リスクを体現し、基礎となる保険契約内容と方向性が具体的で明確でなければならない。

第二に、保険会社は、慎重原則に基づいてインターネットサイト保証保険の各責任準備金を見積もらなければならず、見積もり時に十分にリスクを考慮し、もってリスクに関連する不確定性と賠償責任の後発性を十分に反映させなければならない。

第三に、保険会社が展開するインターネットサイト保証保険業務は、引き受ける保険責任の残額が保険会社の純資産の3倍を超えてはならない。

第四に、保険金額抑制の面において、保険会社が経営するインターネットサイト保証保険業務は、保険金額を合理的に設置しなければならない。保険会社は、社内の管理コントロール制度において、保険契約者が法人及びその他の組織、自然人の場合とで別個に、異なる累積引受保険金額上限額を設定しなければならない。

インターネットを通して展開するインターネットサイト保証保険業務は、保険契約者が法人、その他の組織である場合、1社につき累積引受保険金額上限額は500万元を超えてはならず、保険契約者が自然人である場合、一人につき累積引受保険金額上限額は100万元を超えてはならない。保険会社は業務システムの中で校験規則を設定して個々の保険契約者の累積引受保険金額上限額を制御し、保険契約者が多数回にわたる保険契約を通して金額制限を回避する事態が起きないようにしなければならない。

一般的に言って、インターネット融資プラットフォームは、担保会社に比べてさらに大規模な保険会社と提携し、そのような保険会社は融資プラットフォームの信用を増加させ、インターネット金融の融資活動に保険保障を提供する。しかし、現在、いくつかの保険機構はわざと金融商品のリスクに関する保険引受業務に深く介入し、契約履行保証保険の方式を試して私募債の契約履行リスクに関する保険引受をして、私募債発行に信用を与えている。

例えば、2016年12月20日に暴露された僑興グループの僑興電詢、僑興電信の2つの上場会社が、その私募債違約事件で、保証保険を引き受けた浙商財産保険会社のために、騒動に巻き込まれたのが一例である。

浙商財産保険会社の年間報告によると、2009年の開業から2016年第3期まで、この会社の累積赤字額は2億元を超え、2社の違約企業が返金できない金額は合計3.12億元に増元、浙商財産保険会社の賠償額は保険監督会の意見稿で規定されている1社の最高保険引受限度額500万元をはるかに超えた。

この他、2018年12月3日に又、安心財険というインターネット保険会社がインターネット融資プラットフォーム「米缸金融」の違約の噂に巻き込まれ、これにより「リアルハンマー」を受けました〔1〕。

---

〔1〕 リアルハンマー、原語は「実锤」、ネット流行語の一種である。それは、いくつかのことによって証拠の作用があって、いくつかの事物の性質に対してすでに変えられないことをいう。

実際、2018 年 8 月から米缸金融は最後の返済のが多くなった。安心財険は以下のように表示した、「合法的に賠償請求に応じて処理を行うためには、資料及びデータが必要であり、かつ適格な保険受取人の目録を確認後に、会社は厳格に保険契約の約条に照らし、期限を過ぎた資産に対して賠償責任を負う」。

しかし、安心財険のみがインターネット融資プラットフォームの違約の渦中に巻き込まれたわけではない。現在、業界内から入った情報によると、多くの中小保険会社が保険を引き受けているインターネット融資プラットフォームでは、異なる程度の違約状況が出現しており、高額な賠償金支払いの圧力に直面している。多くの中小保険会社が積極的に保険を引き受けた原因は、伝統的な損害保険の製品と比べて、インターネット融資プラットフォームの信用保険業務の保険費比率が比較的高いのに対して、費用コストは比較的低いためである。違約事件が発生しないという前提として、当該業務は、この種の業務を行う損害保険会社に対して、かなりの利潤をもたらし、特に業務品種が単一な中小損害保険会社にとっては、利潤の貢献は突出している。しかし、もし損害保険会社が保険業のリスク分散原則に違背すると、この種の保険証券のリスクは数個の会社に過度に集中し、数個のプロジェクトにおいて一旦違約リスクが発生すると、関連するリスクは保険会社に伝わる[1]。

今回の意見稿は、保険会社がインターネットサイト保証保険業務を経営するにあたり、少額分散、リスクのコントロール、穏健な活動原則を遵守し、かつ資本実力、資産状況及びリスク制御能力とマッチするものでなければならず、同時に、インターネットサイト保証保険業務を始める保険会社は、中国人民銀行の信用情報システムに逐次接続し、かつ関連情報を適時にそのシステム上に流さなければならない。この意見稿はさらに、多方面にわたって保険会社の保険引受の「リスク限度額」を規定し、もって融資プラットフォームのリスクが過度に財産保険の領域に及ぶことを防止している。このため、この意見稿は、保証保険における具体的な問題について問診し、その症状により投薬をなす役割を有するもので、筆者

---

〔1〕 每经网:「監管警告:P2P 違約、保険踏雷、この保険を買うときに気をつける」(http://www.nbd.com.cn/articles/2019-01-05/1288562.html)2019 年 12 月 7 日訪問。

は、早期の公布を期待する。

同時に、リスクを避けるために、公布された関連する規範性書類を除いて、最近、多くの損害保険会社はP2P違約を踏みつけたことが暴露された背景の下、幾つかの地方銀行保険監理局が近日早速に、わざわざ関連通知を発した。その中で、中西部地区のある銀行保険監理局は、2019年第一号文書である、「信用保証保険業務の経営管理をさらに強化するための関連事項の通知」(以下「通知」)を発した。

「通知」は以下のことを指摘した、さらに信用保証保険業務(輸出信用保険と関税保証保険は除外する、以下信用保証業務と言う)の経営管理を強化するために、金融交差リスクを防ぎ、系統的なリスクが発生しないように最低ラインを固く守り、関連方法等の要求に従い、現実と結合し、以下の各項目の要求を提出した。

一、2018年12月31日以前に中国人民銀行の信用情報システムに接続していない損害保険会社は、2019年1月1日より信用保証業務を経営することはできない。

二、信用保証業務を展開する場合、以下の行為が存在してはならない。

①保険加入者による法律法規違反、管理等を免れる行為。

②実際に発生していない損失あるいは既に確定した損失について保険を引き受ける行為。

③保険証券の期限あるいは保険金額の分割、保険の引き受けと同一になした賃貸借契約下の融資期限あるいは融資金額に不相応な信用保証業務。

④審査あるいは主管部門への報告を経ていない保険商品の使用、あるいは保険証券の特別の条約を通して、又は補充協議への署名等によって、審査あるいは主管部門への報告を経る約款、タリフを実質的に変更すること。実質的な内容には、保険の目的物、保険責任、責任免除、保険費率、賠償金支払い方式、賠償の処理等に限定されるものではない。

三、保険会社は原則上、省をまたいで融資性信用保証業務を展開することはできない。展開が必要な場合は、事前に保険機関の所在地と業務発生地の銀行保険管理部門に対して報告しなければならない。

四、保険会社は関連する規定に照らして、業務を開始、一時停止、停止、再開する時、5営業日以内に当地の銀行保険管理局に報告しなければならない。信用保証業務を経営する保険会社は、毎年4月末までに、当地の銀行保険管理局に一年度の信用保証業務の経営状況を報告しなければならない。

要するに、関連市場、関連区域における信用リスクの増加に従い、関連リスクが保険業界に伝わることを厳格に防ぐ必要がある。さらに、リスクの引受人として、保険会社は経営を慎重に行うことを求める業務制度、及び十全なリスク審査制度と管理コントロール措置を作るべきであり、インターネット金融関連規定に符合しないインターネット融資プラットフォームが信用保証業務を展開することを許してはならない。

五、終わりに

P2P融資プラットフォームは、インターネットの情報技術の優位性を運用し、少額資金を集め、借り手の融資需要を満たすものである。そのため、大衆化、低コスト、高い効率一般特恵金融の目的を実現し、大いに歓迎を受けた。しかし、e租宝、融宜宝、e速貸等の有名なP2P融資プラットフォームで相次いで問題が起こり、P2P融資はあたかも資金持ち逃げ、金銭詐欺の「特殊ラベル」を貼られ、何度も公衆から厳しい責めを受けた。P2P融資プラットフォーム上の詐欺行為、自己融資自己担保、違法な資金吸い上げの嫌疑、違法資金集め等の問題は、インターネット金融市場全体の健全な発展に対して破壊力を有し、それらを無視できないことは、疑いない。

P2P融資業界は我が国で既に十年近く発展を遂げているが、業界の迅速な発展に相応した監督政策の立ち遅れと欠如が存在する。2016年4月14日、国務院が組織する十四の省庁テレビ会議を行ない、全国規模で1年内にインターネット金融領域における整理を宣言し、かつ比較的厳格な「インターネット金融リスクに関わる整理業務実施方案」を公布し、インターネット金融業界における野蛮な生長の中で暴露されたリスクに対して適切な対処をした。同年の8月24日には、銀行監督会等、十の省庁「インターネット融資情報仲介機構の業務活動に関する管理暫定方法」を公布した。その後、又盛大な触れ込みがなされ、一連の監督措置が出された。現在、監督が開始され、正式でかつ大規模なP2P融資業界の再編成が進行中である。この業界の再編成の中で、経験できる試練は得がたいものである。

しかし、たとえ厳格な選択を経て現在残った1881 社の優良なP2P 融資プラットフォームであっても、その正常な運営中に各種のリスクに遭うことは避けられない。俗に、「リスクなければ保険なし」と言う。保険は経済の互助制度であり、危険の存在が制度の基礎であり、かつ危険分散が制度の機能である。P2P 融資プラットフォームのリスクを取り除くことは、保険会社にとって言うまでもなく新しい課題であり、P2P 融資プラットフォームのリスク解明は難題であるが、保険会社自身の発展にとって、得難い発展のチャンスに遭遇したと言えよう。

このような環境の中で、特に担保を除く大きな流れの中で、多くのP2P 融資プラットフォームと保険会社の「提携」は、新しい構想として注目を集めている。P2P 融資による保険の導入は、投資者からすれば、「鎮痛剤」の作用を有し、一定程度、投資リスクを低減することができる。他方、保険会社は信用保険業務を経営する上で、「何ができるか、何ができないか」を明確にすべきであり、特にインターネット融資プラットフォームでの信用保証業務、及び融資性信用保証業務を展開する場合には、「目を光らせてはっきり見ること」がより重要であり、関連リスクが保険業界に伝わることを厳格に防ぐ必要がある。そこで、さらに、いかにP2P 融資プラットフォームのために、提携した保険会社が安全でリスクをコントロールできる簡素化した手続きを設け、真剣にこの方面に関する研究業務を行うことは、保険業界と保険法学界にとって、光栄で重要な任務であるとともに、得難い歴史的チャンスでもある。

自家型プリペイドカードの規制アプローチ(要旨)

南京師範大学法学院准教授　趙　莉

一、問題の提起

美容、フィットネスなどの消費分野で、单用途プリペイドカードの発行は、すでに定着されたビジネスモデルとなり、そしてケーキ家、スーパーやレストランなどの消費分野でも、ギフトカードや商品券やチャージカード等も発行している。これらの单用途プリペイドカードは、消費者に割引優遇を与えると同時に、大量のトラブルも起こしてしまった。

中国では、プリペイドカードの用途により、多用途プリペイドカードと单用途プリペイドカードを分けることができる。多用途プリペイドカードは専門的にカードを運営する機構で発行され、地域を跨いで,華界を跨いで,法人を跨いで使用することができる。多用途プリペイドカードは電子マネーに類似しているため、中央銀行に規制されてぃる。それに対して单用途プりペイドカードは企業が発行し,当社や同一ブランドのフランチャイズ経営システム内で商品,サービスを購入するものである。さウに单用途プリペイドカードの定義について、2012 年 11 月 1 日から施行されている「单用途商業プリペイドカード管理方法(試行)」(商務部令 2012 年の第 9 号、以下「管理方法」と略称する)2 条 2 項により、「前項に規定する企業が発行したもの、本企業又は本企業に所属集団や同一ブランドのフランチャイズ経営システムに限って、磁気カードやチップカード、紙券などを媒体とする実体カードとパスワード、串コード、図形、生体情報などを媒体とする仮想カードを含む商品やサービスの前払書証」としている。便宜上のため以下単用途プリペイドカードは自家型プリペイドカードをいう。

「管理方法」は、単用途プリペイドカードの規制当局は商務部と明確された。また、いくつかの地方条例にも、単用途プリペイドカードに対する規制条項も盛り込まれている。

しかし、発行の主体が多いため、単用途プリペイドカードに対する規制がかなり困難な状態となっている。経営者は資金を回收い、プリペイドカードを過剰に発行するため、紛争が多発することになつている。国家工商総局が発表したデータによると、2011～2015 年までの間に、全国における消費者より単用途プリペイドカードに対する訴えうれている問題はの年間増加率は35.7% に達し、2015 年に2.93 万件となった。訴えうれている問題は、主に美容、フィットネスなどの業界で、それぞれ、33.9% と27.3% を占めている。訴えうれている内容は、主に企業サービスの悪化、無効約款条項、費用を無断で引き落とされたり、サービスを無断で終了されたり、前払金を持ち閉店逃げなどである。[1]

2016 年上海市で、市民による単用途プリペイドカードに対するクレームの総量は15691 件である。また、市民ホットラインである12345より公布されたデータによると、2016 年に経営者が閉店逃げ、店舗の譲渡等の原因による単用途プリペイドカードを利用できなくなるクレームは、累計 2836 家で、経営主体に対するクレーム全体の71.7% のを占めている。[2]

本稿は、上述の状況を踏まえ、単用途プリペイドカードの性質を分析し、残金返済難いという単用途プリペイドカードの難問を提示し、現行法における規制内容とその効果を検討する上で、文末に、規制のアプローチを試ることにする。

---

〔1〕 新華社:「データによる:2015 年における消費クレームのホットスポットとは?」,中国政府 HP(http://www.gov.cn/xinwen/2016-03/09/content_5051344.html)2017 年 7 月 15 日訪問。

〔2〕 罗培新「誰が「ヒョウたち」を規制するか」解放新聞 2017 年 7 月 10 日。

二、単用途プリペイドカードの法性質:トークンor 債権書証

単用途プリペイドカードの法性質について、司法実務より、判断が決して一致しているわけではない。トークンと債権証書、それぞれ認定されたケースがあった。

(一)トークンと認定されたケース[1]

広東省高級人民法院(2013)粤高法民二申字第127号事案によると、原告Xが被告Y2からカードの額面価格の85%で被告Y1が発行したショッピングカードを購入したが、使用した際に、被告Y1からかードの使用を拒否された。その理由は、被告Y2がショッピングカードの代金の一部しか支払ってなかったため、原告Xの間に契約関係が存在していないことである。原告Xは契約の解除とショッピングカード額面価格の85%の返還をれめて法院に訴えた。一審、二審ともに被告Y1の敗訴判決を下されたが、Y1が不服で、広東省高級人民法院に再審申立をした。[2]

広東省高級人民法院は、本件にかかわるショッピングカードの法律性質について明らかにした。すなわち、中国人民銀行が2012年9月27日に公布した「決済機関のプリペイドカード業務管理弁法」の規定により、プリペイドカードとは、カード発行機関が特定のキャリヤーと形式で発行し、カード発行機関以外での商品やサービスの前払い価値を購入したものとなっている。プリペイドカードには、記名カードと無記名カードに分けられる。

本件事案にかかわる「虹のカード」は、額面が1000元と表示されており、カードに保有者の電子ヌカウントがあり、オンラインショッピングと支店で消費金額を控除することができると明記している。

二審法院は、「本件に関わるショッピングカードに明記された内容を考慮し上記の規定を参照され、本件に関わるショッピングカードが「決済機関のプリペイドカード業務管理弁法」が公布され前の2010年に発行さ

---

〔1〕 中国裁判文書ネット,https://wenshu. court. gov. cn/website/wenshu/181107ANFZOBXSK4/index. html? doc/d = aeb2a8407ac2477fac2eb37dd87fzbtd,2017年7月21日訪問。

〔2〕 中国は、二審終審制であるが、確定判決に対して上級人民法院に再審申立制度がある。

れたものであったが、その特徴と使用状況を鑑みれば、「プリペイドカード業務管理弁法」の規定に合致しているので、無記名プリペイドカードであり、無因性を有し、特定の範囲で流通が可能であり、保有者がカードで消費することができる」と述べ、被告Y1が「カードの持参者に払うべき」と認定され、一、二審判決は「決して不適当ではない」と述べ、Y1の申訴を棄却したわけである。

(二)債権証書認定事件[1]

上海市第二中級人民法院(2013)沪二中民終字第418事案によると、2011年3月18日、原告Xネット会社と案外人であるA管理センターとの間に、販売契約を締結した。

A管理センターは、原告X会社に76%の割引率で被告Y会社が発行した現金券やショッピングカード合計500万元を購入することガ合意され、原告のX会社に380万元を支払、当該契約も履行済であった。

2011年3月25日に、原告X会社は、被告Y会社から購入した現金券やカードをA管理センターのスタッフ徐氏に交付しY会社た。その後、原告X会社は代金を受け取っておらず、また徐氏が契約詐欺の容疑者であることを知ったため、被告Y会社に、徐氏に交付された現金券やカードの番号区間を通知し、同現金券やカードの兑換を中止すること及び現金券とカードの無効廃棄とするなどを求める複数の通知者を送付したが、結局、被告Y会社からこれらの求めを受け入れられなかったのである。

原告Xは2012年8月16日に本件訴訟を提起し、原告X会社と被告Y会社との間に締結した売買契約の解除、支払った代金380万元の返還及び計300,622元の損害賠償を求めた。

まず、一審、二審とも原告と被告の契約が有効であると認定され、原告が正当な理由なく契約の解除を求めることに対して、支持できないと述べた。次に、現金券やカードの法的性質について、二審は、その特徴と属性を見ると、本件現金券が一種の債権証書であると認定された。

---

〔1〕 林暁镍、何雲「商業プリペイドカードの法的性質及ぶ讓渡後の法的効果」人民司法2013年20巻。

その理由は、一般的な意味から見れば、物権は特定の物に対して排他的支配権を有し、物権書証が物そのものを代表することができるし、証書の移転あるいは占有は物自体の移転や占有の効力と一致するのに対して、[1]債権は一種の請求権であり、債権証書は債権の享有と行使を意味し、債権の根拠となるということである。債権証書の移転は債権請求権者の変更を意味する。具体的と言えば、本件に関わる現金券が目的物とするのは、不特定のクリステン[2]のパンなど種類物であり、かつ、いかなる持参者が同券を持って種類物に対して主張する権利を有することについて、当該権利は、合意された商品やサービスの対価を支払うという発券者からの約束に基づく契約関係である。

よって、当該契約関係の下で、同券の持参者は実際には当該契約から生じる債権債務関係における債権者であり、所持の券は、一種の債権書証である。そして、判決は債権書証の移転後の法律効果について次のように論じられた。即ち、その結果、債権証書の移転は、債権の請求権者の変更を意味するということである。しかも、現金券上に紛失届を受理しない条項を明記されているので、一審は原告X会社の訴訟を棄却した。二審も原審を維持し、控訴も棄却することにした。

(三)私見:信託書証

上述の事案から見れば、広東省高級人民法院は、自家型プリペイドカードを「代幣手形」と位置づけ、発行者が「カードの持参者に払うべき」と論じられた。

しかし、「中国人民銀行法」第19条の規定は「いかなる企業と個人は、トークンを印刷、発行し、人民元の代わりに市場で流通してはいけない」という規定である。デパートが発行したショッピングカードが目的が単一であり、その流通性が限られており、従つてデパートのシヨッビングカードを「トークソ」と位置づけるには、説明不足だと思われている。

上海市中級人民法院は現金券やカードが一種の債権証書に属すると認めでるが、契約の視点から見れば、買い手の消費者は契約を先に履行

---

〔1〕 当該判旨の意味が不明である。

〔2〕 クリステンは、被告のパン屋さんの商号である。

し、代金を前払いしたため、契約上の請求権を有し、その請求権を債権的な性質を有し、プリペイドカードの性質を積権証書と解釈することは合理的でめる。

しかし、契約を先に履行する側にとって、リスクを負わせるため、一般債権者は、債務者に担保の提供を求めることを通じてリスクを制御するが、プリペイドカードの場合には、経営者に分散している消費者に保証を提供できず、また情報の非対称性の場合が多く、債権者側にとって、リスクをコントロールする手段を持たないと言えるだろう。

2011年5月に、国務院弁公庁より、人民銀行や監察部などの機関が公布した「商業プリペイドカードを規範管理意見に関する通知」の(四)に、「多用途プリペイドカードを発行する際に、発行者が顧客から受取つた、将来の支払に必要な前払資金は、発行者の所有する財産ではないため、発行者は横領、割込んではいけない」と明確的に規制されており、多用途プリペイドカードの前払金と単用途プリペイドカードの前払金は、性質上では同様であり、「発行者の所有する財産ではない」ものであり、発行者が占有している場合には、この前払金は、消費者の信託資金であると理解するのは正しいであろう。そのため、プリペイドカードは信託書証と考えるしかないと思われる。

三、自家型プリペイドカードの難問:カードのキャンセル難

自家型プリペイドカードのヤンセル難について、以下のように述べている。

(一)有効期間の設定、殘金返済しないなどの標準約款を設けることにより、カードのキャンセルを拒否すること

最高人民法院官報に掲載された「孙氏と上海一定得美容有限会社におけるサービス契約に関する紛争案」において、判決は以下のルールを明らかにした。

すなわち、「1.消費者は一括で全部の費用を前支払いに対して、経営者は分割で商品やサービスを提供する預付式消費モードでは、経営者が『消費者は、一方的に消費を終了した場合、経営者は、すでに決済されたがまだ商品あるいはサービスを提供していない部分に相応する代金の返済

をしない』という標準約款を定めている場合には、当該約款条項は、わが国の契約法及び消費者権益保護法に定めている関連規定に違反し、無効である。2.プリペイド式消費において、消費者が一方的に消費を終了し、経営者が違約行為がない場合には、消費者の違約程度、経営者が提供した商品やサービスの量が全契約に約束した総量の割合と約束した料金の計算方法などの要素を総合的に考慮し、消費者の違約責任を判断すべきである」と述べられた。

本件事案は、消費者である原告は、美容会社である被告に六个月間におけるダイエットを目標とする契約を締結し、10万元の代金を前払いしたが、数回をスリムサービスした後に、原告より効果がないから、契約を解除する申立をしたが、被告が応じなかったため、訴えを提起したことにした。

一審は、当該契約は六个月の有効期間を超え、代金を返済しない条項が有効であると判断したのに対して、二審は上記の判旨に基づき、原告の本件契約の解除要求を認めたが、2万元の違約金を負わなければならないと示し、31800元のサービス料金を差し引いた後に、被告が48200元を原告に返還しなければならないと破棄自判した。〔1〕

(二)消費者死亡

2016年12月に、四川省消費者保護委員会が黄氏からのクレームを受理しました。黄氏の話によると、黄氏の妻である王氏は2015年7月24日に病気で亡くなったが、遺物を処理したところ、2014年初めから2015年7月に王氏が亡くなるまでの間に、成都にある美容院で147枚の美容ケアカードがあることを黄氏に発見され、カードでのケアの累計金額は18.41万元であることを分かった。

四川省消費者保護委員会の調査によると、2014年1月から2015年7月までに渡って、王氏は生前、当該経営者に総額116万元を支払い、現在の現金残高は約6万元しかなく、プリペイド式消費カードに殘高は約9万元があることが分かった。

---

〔1〕 孫氏は上海一定得美容有限公司のサービス契約に関する紛争について訴えている『最高人民法院公報』2014年第11期(総第217期)を参照されたい。

黄氏は、妻が病気で亡くなり、不可抗力の原因によるものであり、美容院が妻の生前受けったサービスにおけるサインした書類を提供する義務があり、さもなければ、消費されでいないと見なされるべきであり、101万元の殘高を返還しなければならないと主張した。

四川省消費者保護委員会が数回に渡って調停を行ったが、双方間に、返済金額に多岐に渡り、合意に至らなかったのあるので、四川省消費者保護委員会は、調停を終止し、消費者の法に基づき訴訟を提起することを支持すると発表した。[1]

(三)経営者の休業

新聞によると、北京と上海でチェーン店を営業した「ヒョウ」という飲食店は2017年7月に閉店となったが、北京市商務委員会が2017年7月11日の発表によると、7月10日までに、北京市商務委員会クレームセンターには、「ヒョウ」飲食会社が発行したプリペイドの支払い中止による訴えられた。事件に関わる金額は約160万元でした。[2] 上海には5店舗があり、そのうち、「ヒョウ」飲食会社延安西路支店に関するプリペイドカードの未換金は1514万元である。[3]

「ヒョウ」店のように休業に伴うプリペイドカードに関する紛争は全国で毎年発生している。

四、自家型プリペイドカードに対する各種規制措置

自家型プリペイドカードに対する監督規制関連法律法規は、2021年1月1日「民法典」が施行される前に主に1999年10月1日に施行された「契約法」であり、また、1995年発布され、2013年に改正で2014年3月15

---

〔1〕 劉銘:「女子が亡くなり　147枚の美容カードを残し　旦那より101万元を返還すると要求」https://www.thepaper.cn/newsDetail_forward_1740249,2017年7月20日訪問。

〔2〕 呉文治、郭白玉:「北京商務委員会:ヒョウ飲食会社発行したプリペイドカードに関する訴えられている金額は約160万円」http//www.bbtnews.com.cn/2017/0711/201149.shtml,2017年7月22日訪問。

〔3〕 邵未来:「ヒョウ上海で5店舗があり、延安西路店にかかわるプリペイドカード資金が千万元」中国東方ネット,http://sh.eastday.com/m/20170713/u1a13114833.html,2017年7月22日訪問。

日に施行された「消費者権益保護法」であった。そして2015年1月5日に、同法の実施を併せるために、元国家工商行政管理総局が公布した「消費者権益を侵害する行為に対する処罰弁法」を制定した。当該弁法は全22条となり、2015年3月15日から施行された。また、商務部は2012年9月に「単用途商業前払カード管理弁法(試行)」(以下は「管理法(試行)」と略称する)を公布し、同年11月1日から施行した。

(一)登録届出制度

「管理法(試行)」7条は企業が自家型プリペイドカードを発行する業務を展開した日から30日以内に、届出を提出しなければならないと要求した。中国商業連合会商業プリペイドカード規範工作委員会が発表した「2016年中国自家型プリペイドカード業界報告」によると、2015年には、小売業におけるプリペイドカードの消費規模は約7328.81億元で、2014年同時期に比べて8.49%減少している。[1]

上海市自家型プリペイドカード協会の統計によると、2016年までに、同市におけるカード発行企業の総数は10万社に近いのに、実際には、登録届出を提出した企業はただ375社で1%の割合にも足していないのである。[2]

(二)有効期間、解釈権等の標準約款に対する規制

中国「契約法」は、プリペイドカード契約を典型的な有名契約として規定していないのであるが、同法第124条により「本法分則又はその他の法律では明文に規定していない契約は、本法総則の規定を適用することができ、かつ、本法分則又はその他の法律に最も類似する規定を参照することができる」としている。

プリペイドカードをめぐるトラブルを『民法典』の規制を適用するには疑いがないことである。むしろ、『民法典』496条の標準約款の締結、497

---

〔1〕 中国商グローバルブランド,https://i.globrand.com/baike/yufuka.html,2017年7月22日訪問。

〔2〕 谢文英「ヒョウの倒産より浮き彫ったプリペイドカード管理難問　上海は前払資金を立法規制」検察日報2017年7月17日。

条の標準約款の効力および498条の標準約款の解釈に関する規定は、プリペイドカードをめぐる標準約款紛争問題を解決する上にはやはり法律的に従うべきものがある。

『民法典』のように原則的な規定より、商務部の「管理法(試行)」19条は、禁止行為を明確に規定している。即ち「記名カードは有効期間を設定してはいけない、無記名カードの有効期限は3年を下回ってはしいけない」と定めている。

当該規定を違反する場合には、管理方法37条の規定により「商務主管部門から一定期間内に是正することを命じなければならず、期限を過ぎて是正しない場合には1万元以上3万元以下の罰金を科す」としている。

さらに、「民法典」498条に確立している不利な解釈原則を同条例27条1項に盛り込まれた。すなわち、「経営者は前払金方式で商品やサービスを提供する場合には、商品やサービスの品質と数量、安全注意事項とリスク警告、民事責任などに関する内容を消費者と明確に約束しなければならないである。約束しないまた約束が明確ではない場合には、消費者に有利な解釈に従わなければならない」としている。

(三)契約締結、保管等に関する規制

「上海市消費者権益保護条例」37条1項は、「経営者は前払金方式で商品やサービスを提供する場合には、消費者の要求に応じて、経営者は消費者との間に書面契約を締結しなければならない。商品やサービスの数量品質と、代金或いは費用履行期限と方式、安全注意事項とリスク警告、民事責任などに関する内容を明確に約束しなければならない」と要求した。同条例37条2項に「経営者は、契約締結及び履行に関する資料を保存し、消費者に照会、コピーする便利さを図らなければならないである。関連資料は、契約を履行済まで少なくとも2年間保存しなければならない」としている。

(四)解約時の処理措置

「江蘇省消費者権益保護条例」28条1項では、消費者は、15日以内にクーリングオフ制度を明記している。その時、経営者が商品あるいはサ

ービスを提供した際に発生した合理的な費用を控除すべきと定めている。次に、同条2項に、解約時の処理措置を明確にした。すなわち、「経営者が約束どおりに商品やサービスを提供していない場合には、消費者の要求に応じて、当該約束を履行しまたは前払金を返還しなければならない。消費が行われなかった場合には、前払金に利息をつけて金額返金すべきである。消費が行われた場合には、元約束した割引制度に従い消費された金額を控除した残金とその利息を返済する」としている。

同条3項では、閉店に関する規制を定めている。即ち、「経営者が閉店、休業又は経営場所を変更する場合には、一ヶ月前をもって、前払金を支払った消費者に通知し、前項の規定に従って責任を負わなければならない」と定めている。

五、自家型プリペイドカードに対する規制の問題点

(一)金額の限度を設けたが、資金を監督管理しないこと

前述したように、管理方法や条例は、カード一枚に金額を制限してリスクに対応し、消費者を保護すると図ったが、実務では、美容、フィットネスなどのカード一枚の金額は5000元を超えたとしても、処罰された例もないのである。

他方、資金の管理について、「管理方法」24条は、「カードの発行企業は前払金に対して厳格に管理する」と要求したが、資金の管理権をカードの発行企業に任せ、規制措置はまったくないのである。

「上海市消費者権益保護条例」37条4項では、「自家型プリペイドカードを発行する場合には、資金管理、情報公開などの方式で監督することができる。具体的な管理方法について、市人民政府により別途で制定する」としているが、上海市人民代表常務委員会委員の马新生により、「ヒョウ」店倒産事件後に質問したように、「上海市人民代表大会常務委員会の法規の要求に照し、法規実施した後に、最も一年以内に実施制度を制定しなければならなく、自家型プリペイドカードに関する管理制度を導入すべきなのに、様々な原因で当該制度が今でも公布,されていないのであ

り、その理由は何でしょうか?」[1]と疑問した。

「江蘇省消費者権益保護条例」は、担保制度の確立を通じて管理しようとするが、同条例27条3項では、「経営者が自家型プリペイドカードに対して消費者に担保を提供すべきである。経営者が商業銀行にてプリペイドカード預金口座の開設、経営場所において定期的にプリペイドカード資金統額と使用状況を公示することを推奨する」と規定している。

しかし、経営者は、どのように消費者に担保を提供するか? 担保を提供しなければ、如何なる責任を取れるかについて、対応措置に関する規定はないのである。重要な自家型プリペイドカード預金口座の開設と資金管理にては、「推奨」のものが規定されているが,この規定にはさらなる対策が欠けている。

ここで説明すべき点であるが、旧「消費者権益保護法」には、前払金管理に関する条項を置かれていなかったのであるが、法改正過程において、「意見募集稿」第一稿10条により、経営者は、多額の前払金を銀行の専用口座に預け入れると規定したが、反対意見により、「経営者が受けた前払金の使用禁止は、消費者の資金の安全を確保することができるが、経営者のキャッシュフローを制限され、資金使用の効率を低下させる」としている。結局、第二稿では、経営者が担保の方式で一部前払金を使用してよいという増加規定を設けられたが、残念ながら、上記の意見を改正後の法律に採択されていなかったのである。[2]

(二)保証保険の操作性が欠けること

上述の規制を見ると、一般の法律規制から政令の特別規制や各地方条例の規定まで多くの措置が置かれているが、自家型プリペイドカードの解除をめぐる紛争はまだ解決していない。そのため、商務部門と保監会は、かつて2013年10月に連合で「単用途商業プリペイドカード契約の履行に関する保証保険業務を規制する通知」を公布した。

当該「通知」を実施するため、保険業界が単用途商業プリペイドカ

---

〔1〕 黄莉莉「保険業はプリペイドカード共保体を設立」重慶晨報2014年3月10日。

〔2〕 全人代常務委員会法制工作委員会民法室編:『消費者権益保護法の立法背景と観点全集』,法律出版社2013,33頁を参照する。

ード契約履行保証保険共保体を成立した。共保体は、中国人保財産保険会社、中国平安財産保険会社、中銀保険会社、中国太平洋財産保険会社、陽光財産保険会社、天安財産保険会社の6社で構成され、協議を締結した。[1]

2015年12月に、共保体でない中国生命保険会社寧波市支社が先頭に立ち、長安保険、都邦保険と共保体を組成され、寧波市海曙区で単用途商業プリペイドカード契約履行保証保険を試行で推進した。

加入企業が破産申請し、且つ、法規制により営業を中止されたり、閉店等の原因で、契約の履行を拒否し商品を交付しなかったり、そして前払金の残金を返還できないときに、保険契約者である消費者は電子保険書をもって、保険会社から残金を返還されることにする。[2]

当該保険商品の規定により、まず、企業がネットワークプラットフォームに登録し、そして、当該企業で消費する人はこのプラットフォームを通じてプリペイドカード保険を申立、同時に電子保険書を形成するというやり方である。調査によると、経営者がこのプラットフォームに登録意欲がまったくないのである。なぜなら、登録には、手続きが複雑で、他方、同プラットフォームに登録する経営者にとって、なんの利益もないからである。[3]

六、自家型プリペイドカードに対する規制のアプローチ:資金供託と融資保険の組み合わせること

我が国では、多用途前払カードをめぐるトラブルがない原因は、以下の2点にあると考えられる。

第一,中国人民銀行が公布し2010年9月1日より施行された「非金融機関決済サービス管理弁法」の規定により、多用途前払カードを発行する

---

〔1〕 黄莉莉「保険業はプリペイドカード共保体を設立」重慶晨報2014年3月10日。

〔2〕 中国保険新聞:「寧波で初めてのプリペイドカード契約履行保証保険を開始」2015年12月29日,http://finance.jrj.com.cn/2015/12/29101020316266.shtml,2017年8月3日訪問。

〔3〕 沃保ネット:「プリペイドカード契約履行保証保険に関する新しい進展」2016年5月25日,https://news.vobao.com/article/851270218020452938.shtml,2017年8月3日訪問。

企業が中国人民銀行から「支払い業務許可証」を取得する必要がある(第7条)、かつ最低資本金が要求される(第9条)。

しかし、自家型プリペイドカードを発行するには、多用途前払カードと同様な条件を設立することが難しいことであり、たとえ設立したとしても、経営者はカードを発行した際に、経営状況は良好であったが、この良い経営状態がずっと続くとは言えないし、いったん経営資金のチェーンが切れてしまうと、閉店に至り、消費者に前払残金を返還するにも無理のである。

第二,「非金融機関決済サービス管理弁法」の規定により、「支払機関が顧客備付金を受け取った場合には、商業銀行にて専用預金口座で保管しなければならない」(第26条第1項)と定めている。多用途プリペイドカードと単用途プリペイドカードは多くの面においては異なるが、資金のリスクを防ぐには、同様な要求を求められていると思われる。

従って、規制措置も同様にすべきである。前払資金を経営者の口座から分離し、独立資金性質を求めるのは、管理監督に有効な手段である。

人民銀行が2011年5月に公布した「商業プリペイドカードを規範管理に関する意見の通知」の(4)で、多用途プリペイドカードの資金は「発行企業の財産ではない」と明確にしたが、自家型プリペイドカードの資金も同様な性質を持つと考えられ、規制するには十分な正当性を有する。

ここで、資金供託と融資と保証保険を結びつける可能性が実行可能か否かを検討することにする。

2016年1月に、保監会2015年保険年会が開催され、同年会において公布されたデータによると、2015年全年度において融資保証保険によりマイクロ企業や個人が受けた融資金額は1015.6億元であった。その中に、25の省、市、区において小口融資保証保険を試行し、計12.3万のマイクロ企業が銀行から188.6億元の融資を受けたことが分かった。[1]

2013年「消費者権益保護法」を改正した時には、まだ小口融資保証保険制度が置かれていなかったが、三年後に、状況は大きく変化された。そのため、当時、修法について採択されなかったプリペイドカードに関する

---

〔1〕 苏向杲「保険はマイクロ企業や個人融資1015億元を支持　12万社以上が利益を得」証券新聞2016年1月28日。

規定は、現在、銀行融資と融資保証保険と組み合わせ、自家型プリペイドカード前払金を規制するには、実行可能ではないかと思われる。

具体的にいうと、商務部が「管理法(試行)」を改正する計画があると報道された。その際に、「消費者権益保護法」修正時の意見募集稿第二稿におけるプリペイドカード資金規制の規定を採択し、すなわち「経営者が消費者から収受したプリペイドカード前払金を商業銀行に設立した口座に供託しなければならない」と規定する。同時に、商業銀行口座の資金の一定の割合に応じて融資することができ、商業銀行は信用保険を購入しなければならないと規定すると考えられる。

七、おわり

本稿を完成する時に、共有自転車の企業が倒産し、経営者が敷金を持ち逃げ出すというニュースが報道されていた。数千万人の敷金が返還できなくなった。インターネットの発展に伴い、前払式手段で受け取った資金の範囲をさらに広げ、敷金や仮想商品を換価した資金に関する規制などを、今後の重要な課題となるのではないかと考えられる。他方、開店を利用し、後に前払金額巻逃げた経営者に刑事責任の追及も重要な課題だと思っている。

追伸:本稿を校閲にあたって、新しい規制があった。まず、2018 年 9 月 27 日に、上海市第十五回人民代表大会常務委員会第 5 回会議より、「上海市プリペイドカード管理規定」が通過された。当該地方条例には、本稿で提案した解決方策を管理規定の第三章で法規定とし、経営法学会の成果とは言えるだろうか。また、共有自転車の敷金帰還について、2019 年 5 月に、中国交通運送部、人民銀行、銀行保険監督協会より、「交通運送新業態顧客資金管理方法」が公布された。当該管理方法により、原則として、共有自転車の敷金を受け取ってはいけないが、受け取った場合には、2 営業日以内に返還しなければならないとしている。

中国における国有企業監督制度の考察

——監事会を中心として(要旨)

華東政法大学経済法学院講師　法学博士　陳美穎

一、問題の所在

国有企業は中国の特有の現象だけではなく、世界各国のどこにも存在し、国家の社会経済発展における不可欠な存在である。各国の国有企業の改革には多くの共通点が存在し、国有企業の関連問題を処理することは各国の経済発展に対して重要な課題といえる。

中国の国有企業の改革はずっと政府と企業の分離の理念の下で行い、いろいろな成果をあげている。しかし、今日においてある国有企業は監督メカニズムの有効性の不足により、企業の内部経営に透明性が欠けている同時に、利潤を公共サービスと国民の生活に使わず、国有資産の流失、公共利益の損害等のいろいろな厳しい問題をもたらし、国有企業の監督はつねに国有企業の発展の重大な問題となっている。

国有企業は国家が直接経済に干渉し、市場失調を補う一種の手段であり、国家と社会政策の目標を実現するために発生した一種の特有の企業組織形式である。

そこで、国有企業の主な機能は公共商品の提供により市場失調を補うことで、これはほかの企業が代替できないことである。国有企業には主に市場メカニズムがその作用を発揮できず、あるいは発揮し難い領域に存在する。

中国のある国有企業には監督制度の有効性が欠ける問題が存在し、その根本的な原因は国有企業の機能と目標の位置づけが明確ではないことにある。

国有企業のは元々一般商事企業と違う特性と目標があるし、現実中では国有企業の監事会にも国有企業の目標性質と背離する状況があるし、徐々に一般型商事企業に向かっている。

二、国有企業の概念と分類

（一）国有企業の分類基準

国有企業は、国家機関がその財産権を有し、全人民所有制といった原則に基づき国家が管理経営する企業である。長期にわたって、中国ではずっと国有企業を統一体として見ていたため、国家企業分類の重要性の認識が欠けている。

中国の国有企業の分類基準は未だに明確ではないため、国有企業の位置づけが不明であることをもたらし、国有企業の本来の機能と価値を実現することができなかった。

国有企業の分類は国有企業の国民経済における位置づけと関係有り、科学的に中国の国有企業の類型を確定することは国有企業監督法律制度を構築するための前提と基礎となる。

国有企業の分類基準を整理することによって、企業が経営する領域、業務性質、所属産業の市場構造、財産権構造、適用法律などにより、国有企業を様々な類型に分類することができる。

2008 年に中国において公布された「企業国有資産法」による国有資本の持株比率から見ると、国有企業を国有独資企業、国有独資会社、国有持株会社と国有出資株式会社に分けることができる。

企業の経営する領域と業務性質から分けると、国有企業は公益性と非公益性に分けることができる。企業所属産業の市場構造から区分すると、独占性と競争性に区分することができる。

中国共産党中央委員会、国務院が2015 年 11 月に公布した「国有企業改革の深化に関する指導意見」では国有企業を商業類と公益類に区分しようと提出している。競争類の代わりに商業類を採用したことは、主に競争と独占が対応し、ある企業を競争類に納入することはほかの類型の企業が独占企業であるという誤解を招く可能性があるからである。

公益類企業とは、この種類の企業の属性と機能の位置づけに公益の性質があり、主に公共サービス業および領域に存在し、一般意味における災害救助、貧困救済、福祉支援などの公益事業ではない。[1] しかし、公益類国有企業の用語には一定の限界があり、ある観点において公益性国有企業には営利を目的とする国有企業を含んではいけないと主張しており、中国の営利領域でめる石油産業、電信、通信等の国有企業は公益性国有企業に納入することができないとしている。[2]

ある学者は「指導意見」はあくまでも電気水道、公共交通、公共施設等だけを公益性領域に納入し、元々公益性質を持っている石油天然ガス、電信通信等の重要な基礎施設を商業類領域に入っているが、これも妥当性を欠いていると指摘している。[3]

また、学者の中では、「公益性国有企業の概念には理論的缺陥が存在し、公益概念には不確定性と境界不明な問題が存在し、ある独占性国有企業も公益類国有企業に入れ、公益、競争および独占の概念を混同している」という意見もめる[4]

(二)「公共企業」概念の提出

先進的市場経済国家では一般的に「公共企業」(Public Enterprise，または「公営企業」と訳している)が存在し、その意味は国有企業より広く、政府には所有権がないが、特別な(一般的企業に対する用語である)法律規範により支配的影響力を行使できる企業も含まれる。[5]

例えば、アメリカ連邦政府が直接持っている典型的な公共企業は郵便、鉄道運輸、公共メディア等の領域を含んでいる。日本においても国有企業と関係ある用語があり、その中には法律上の「国営企業」[6]、「地方公

---

〔1〕『国有企業改革の深化に関する指導意見学習読本』，中国経済出版社 2016，55 頁。

〔2〕程民選、王罡「公益性国有企業の理論的検討」当代経済研究 2014 年第 3 期。

〔3〕胡改蓉「公共企業の法的属性(二いて」中国法学 2017 年第 3 期。

〔4〕張安毅「公益性国有企業概念の理論欠陥と公共企業制度の構築(二いて——中国国有企業分類改革の背景において」東疆学刊 2014 年第 10 期。

〔5〕黄速建:『国有企業の改革と発展:制度の配分と現実の選択』，経済管理出版社 2014，74 頁。

〔6〕1948 年に公布された日本「国営企業労働関係法」を参照する。

営企業」[1]等の用語を含めており、国鉄等の三社民営化以前に使っていた「公共企業体」[2]も含め、多くの文献資料の中で「公共企業」あるいは「公企業(public enterprise)」等の用語を使用している。

中国経済学界の代表的観点は外国の「公共企業」の用語を参照し、公共企業の中で公共資源と企業経営性活動が結合する具体的方式は多様であると認める。ある公共企業はその発生において公共性の性質を持ち、これらの企業が社会に向けて提供した最終商品とサービスは公共商品の性質を持っている。

また、ある種類の公共企業は初期に公共性を持ち、公共資源の出資により設立し、あるいは公有資源により設立されていないが、後から国有の公共企業になる。[3] 有名な法学者顧功耘は法律の角度から国有企業を公共商品の生産および公共サービスを提供する「公共企業」と「商事企業」に分けるように提案し、「公共企業」の概念を使った。[4]

有名な法学者蒋大興も「公共企業」の概念を採用すべきと提案し、公共企業には公共資金(特に財政資金)の運用あるいは公共領域(公共サービスの提供)への介入の企業であり、現在の国有企業および公共領域に介入している私人企業を含めていると考えている。国有企業は競争型企業であろうと、非競争型企業であろうと、公共資金を運用したら、全て公共企業に属すべきである。[5]

本文では、公共商品の供給理論をもとに、中国では外国のやり方を参考する必要があると認識し、国内学界の理論を総合的に考慮して、国有企業の産業領域およびその機能の違いにより、大体「国有公共企業」と「国有商事企業」に分けることができるとしている。前者は主に重要公共商品とサービスを提供し、市場の欠陥を補い、公共利益の実現を目指し、更に

---

〔1〕 1952年に公布された日本「地方公営企業法」を参照する。

〔2〕 1948年に公布された日本「公共企業体等労働関係法」を参照する。

〔3〕 黄速建:『国有企業の改革と発展:制度の配分と現実の選択』,経済管理出版社 2014,128頁。

〔4〕 顧功耘「国有企業類型化改革は法的対応が急務」中国社会科学報 2013年第4期。

〔5〕 蒋大興「国有企業は会社法から撤退すべき——「営利企業」から「公共企業」への進化」中国工商管理研究 2013年第12期。

経済安全、国家安全および社会安定性を保証する。後者は営利を目的とし、基本的にほかの一般商事企業のように市場競争性領域に加入して投資経営を行う。

三、中国国有企業の監事会の問題点

中国の国有企業の制度配分の中には二種類の監事会がある。一つは国有持株会社と国有出資株式会社が「会社法」により設立した企業内部監事会であり、もう一つは「企業国有資産法」の関連規定により国有資産監督管理委員会が国務院を代表してその出資企業である国有企業国有会社に派遣した監事会である。

この二種類の監事会は全て国家を代表して所有者に対して監督しているが、その内部の監事会は主に内部株主大会により企業の民主的手続きである選挙で選出される。

しかし、外部派遣監事会が国家という単一な株主の利益を代表し、最も政府行政監督の色を持ち、主に政府権威と行政手段によりその作用を発揮する。[1] 監事会監督権の合理的配分および有効な行使は、取締役の独断専行を防止し、国家が株主としての権利利益を保護し、国有資産の増値のための必要措置でもある。

しかし、長期において中国は監事および監事会制度における制度設計が欠けており、国有企業の監事会は実際の運営上においても多くの問題がある。

(一)外部派遣監事会の問題の所在

1. 政府主導の行政化管理とコーポレート・ガバナンスの矛盾

外部派遣監事会が代表するのは国家という単一の株主の利益であり、国務院が国有企業に派遣して監督業務を行うことで政府行政管理の性質を持っているし、主に政府の権威と行政手段によりその監督の作用を発揮する。

外部派遣監事会はあくまでも一種の国家行政権力の派遣により発生した監督機構であり、国有企業株式化の改革、現代企業制度の進化により

---

〔1〕 余菁、王欣、常蕊等:『変遷中の中国国有企業制度』,経済管理出版社 2014,117 頁。

この種の外生的な行政監督と分権コントロール原則のもとにおけるコーポレート・ガバナンスの間に多くの矛盾と衝突が発生した。〔1〕

一方では派遣監事会行政化の管理模式と業務方法はコーポレート・ガバナンスに適合し難いし、特に株式所有構造の多様化の国有持株会社に適合しない。

他方では外部派遣監事会のメンバーは政府派遣の公務員であり、その業務業績により決められる昇進評価は依然として行政管理システムのもとにおける公務員の政治覚悟と行政評価の基準となり、科学合理性が欠けている。

外部派遣監事会メンバーの成績評価は企業の経営目標と経営業績と関連し、国家公務員の成績評価と単純に同一視してはならず、そうではないと合理的激励および拘束メカニズムを形成することができない。

2. 外部派遣監事は監督の充分さと時間を保証し難い

2000 年に公布された「国有企業監事会暫行条例」では監事会主席と専門職監事、派遣監事は一つないし三つの企業の監事会の相応の職務担任することができると規定している。〔2〕 しかし実践上において、外部派遣監事の人数が少ないため、常に一人が三つ以上の国有企業を監督する現象が現れている。

3. 情報の不備により外部派遣監事が企業に対して有効の監督ができない

外部派遣監事会と内設監事会を比べると、外部派遣監事は主に企業手段会社取締役会の提供した情報に依頼しているため、常に情報の不均等な状況があり、企業資産と業務の検査がかけているので、企業に対して有効な監督を行うことができない。

同時に、多くの外部派遣監事は一般的に行政管理業務に従事し、国家公務員の身分であるため、専門的経営管理知識と能力がないし、経験も足りないため、その情報に対して正確に処理することができず、問題に対する発見と判断に影響を及ぼす。正確で有効の情報を獲得するため、内設

---

〔1〕 羅新宇:『国有企業分類と分類監管』,上海交通大学出版社 2014,189 頁。

〔2〕 「国有企業監事会暫行条例」2000 年 2 月 1 日国務院第 26 回常務委員会により公布され施行されている。

監事会と比べ、外部派遣監事は最も高いコストを払わなければならない。

(二)国有企業内部の監事会は独立性と有効性が欠けている

1. 監事会の規模は全体的に小さい

109社の国有企業上場会社の2010年の財務報告によると、中央企業上場会社の監事会委員の平均人数は4.4128名であり、一番少ないのは2名で、一番多いのは9名である。[1] そこで、国有企業監事会の総体的規模は小さいことが分かる。

多くの監事会は名目だけであり、監事の選抜も規範的ではなく、監事会主席の人数は増えたこともなく、常勤監事も職業発展計画が欠けているし、未来の発展道も見えなく、常勤監事の安定性に大きな影響を与えている。

同時に、監事会主席が監督を怠けることによって国有企業に問題を生じたことも処罰されない。そこで監事会の監督方式は事後監督が事中監督となってから監督時効性を高める必要があったため、監事会は人手不足の問題に直面した。

2. 監事会の独立性の缺陥は監督制限の弱化をもたらす

「会社法」は監事会が会社の取締役会、経営管理機関および社員から独立することを要求しているが、この要求は監事は会社取締役会メンバーとシニアマネジメニトの派出部門から任命されない。

しかし、実践には、中国の株主は取締役に選任されると同時に、監事に選任されることもあり、多くの監事は行政職級レベルが企業のリーダーメンバーより低くのため、監事会の独立性にある程度の影響を与えている。

筆者が雲南省国資委員会の調査から理解できるように、実践中に多くの国有企業の中で、行政級別の順番に応じて、代表取締役は庁級、監事会主席は処級であり取締役会の行政級別は監事会主席より高く、その結果、監事会には実際的監督権力がなく、監督的な役割を果たすことできないため、監事会業務の形式化と空洞化を招いでる。[2]

---

〔1〕 盧福財:『中央企業公司治理報告(2011)』,中国経済出版社2011,58頁。

〔2〕 筆者が2014年7月に「雲南省国資委員会調査研究」に参加して記録したものである。

四、中国国有企業の監事会機能の強化に向けて

既存の監事システムが有効にその役割を果たしていない主な原因は科学的で合理的な分類監督メカニズムを構築できないことで、このような監事の監督目標と内容が不明確であり、それに対する賞罰を実施できなかったために、業務中に監督の積極性が欠けているし、更に監督の有効性に影響を与えている。

監事の独立性と権威性を維持するために、相応の対策を採用して監督メカニズムを確立させなければならない。

(一)国有企業外部派遣監事機能の強化

1.立法と実践における一人で幾つの国有企業を監督することを改革すべきである

立法では必ず1名の外部派遣監事は一つの国有企業を監督しなければならないと明確に規定すべきであり、「監事会主席常勤性」を採用することで組織構造と人数の面において事前事中の過程監督と事後監督を保証しており、組織力から当期監督と監督検査を包括的に覆うべきである。

しかし、大量の国有企業に直面して、「一対一」の監督模式を実行すれば、人数と監督コスト上の増加による制約を受けてしまう。

また国有企業外部派遣監事の任命過程において、外部派遣監事の能力と資格に対して審査しなければならないことで、財務、会計、法律等の専門知識と業務経験がある人を外部派遣監事として選任しなければならない。

2.徐々に外部派遣監督の行政化の管理模式と業務方法を改善する

外部派遣監事は起源、発展または創建の目的と社会基盤から見ると、典型的な政府主導型監督制度の特徴を持っている。国務院から派遣され、国務院に対して責任を負い、国家に代わって主要国有大型企業の国有資産増値状況に対して監督を実施しており、国有企業に対して国家性質監督の一種の制度的な配分である。

このような外部派遣監督の行政化の管理模式と業務方法は現代化の株式会社のコーポレート・ガバナンスに適合し難いことである。

そこで、相応の調整を行い、国有企業の代表取締役、監事会主席等を

国務院総理が任命するか、国務院総理が指名し、全国人民代表大会常務委員会が承認し、その他の取締役と監事の選任は企業が「会社法」の規定を根拠に株主大会で決定すべきである。

(二)国有企業の内部監事会の改善

1. 監事会のメンバーの構造を調整する

国有企業に対して、外部派遣監事と独立監事の比例を調整し、特に独立監事の比例(外部派遣監事は多くの場合に大株主－国資委員会を代表している)は、監事会人数構成と権力構成の独立性を強化することができるため、比重を高めるべきである。

日本株式会社の社外監査役制度設立の成功例に照らし、社外監査役制度独立監事を導入すべきである。社外監査役の比率は二分の一を超えることができ、人数の選任において監事会の独立性と専門化を強化すべきである。

同時に、積極的に市場から高級会計審査士、高級会計士の資格、あるいは財務総監等の企業高級管理職務経験がある専門家を公開募集し、監事の能力素質を高められる。

2. 監事の監督職能を強化する

中国の「会社法」が監事会に与えた権限は依然として小さい。「会社法」の規定から見ると、法律は監事会の取締役会監督の権利を与えてはいるが、相応の措置と手段はなく、監事会は取締役に対して会社利益損害行為の是正を請求でき、また臨時株主大会を召集できる提議権もあるが、関連社員が是正や召集を拒否した場合、法律による監事会引き続きの措置と手段に対して規定されていないため、監事会が会社取締役に対する実質的な監督を行うことが困難であると考えられている。

(三)監事の評価激励メカニズムを改善する

国有企業の監事会は実質上に発揮する監督作用の効果は理想的ではないし、重要な理由の一つは監事に対する分類評価の激励メカニズムを構築しないことである。

「激励がなければ動力もない」。国有企業改革を深化させ、国有企業監督制度を確立するためには分類評価の長期有効な激励メカニズムを構築する必要があり、そこで国有企業改革の活力を刺激し、監督管理の有効性を向上させることが出来る。

1. 科学的で合理的な目標を構築する

国有企業分類改革前に、国有企業には経済的利益と社会的利益という二つの発展目的が存在し、経済効力を首位に置くことが多い。

このような位置づけの下で、国資管理部門が企業に対する監督内容は主に企業の経営業務成績の考察に集中し、社会的公衆利益の最大化を目指すべき国有企業も利潤の最大化を主な努力方向としている。

国有企業に対して、監督の具体的目標を設定する時には、企業の社会的効力に注目し、利潤の増加率等の営利能力を主な基準としてはならない。そうしないと必ず国有企業の本来担うべき社会責任と公共利益目的と背離してしまう。

国有企業の評価は企業の社会的効能を明確にし、企業の社会的効力の評価基準を強化し、企業がコストコントロールを重視するように導き、サービスの質を高め、社会的効力と市場コントロールの経済的効力を考慮しなければならない。

2. 評価の内容を明確にする

まず、一般の商事企業は財務監督(経済効力、コスト、経済利潤の評価)を監督の主な基準とすることと比べると、国有企業は財務基準以外の内容に対して監督すべきである。

同時に、監事会は理事と経営管理職の職務履行状況に対して評価と監督すべきであり、社会的な公衆利益を実現し、国民の生活の発展を促進することを目標としなければならない。

つぎに、監事は企業が提供する公共商品とサービスの品質、企業生産・運営の進み方と安全等の状況に対して監督すべきであり、政府投資資金、企業の運営コスト、あるいは費用のコントロール状況に対して監督すべきである。

企業の運営が政府購入サービス、公共商品あるいはサービスの特許経営、政府授権経営とかかわり、PPP(政府と企業の長期協力契約)等の運営過程は法規に適合しなければならないし、監事は独立に監督意見と建議を出すべきである。[1]

さらに、立法は監事に十分の監督権限を付与しなければならないし、監事は決定の手続および制度の適法性に対して意見を発表することができることを明確に規定すべきである。

最後に、国有企業内部に理事会を設置しなかった場合に対して、監事会は企業の経営報告を定期的に確認し、書面意見を提出しなければならない。

もし政府財政資金が公共業と民生領域の使用に及べば、監事会は毎一期に資金の使用状況の専門検査報告を行わなければならない。[2]

3. 科学的で合理的な報酬激励メカニズムを構築する

報酬激励は激励メカニズムの中で一番基本的な激励方式であり、監事が企業のために寄与した価値と貢献に対して、相応の報酬を与えることである。

科学的で合理的な報酬激励メカニズムを構築することは、国有企業改革を深化し、監事の積極性を発揮して、企業国有資産価値保持と価値増加を実現させるために重要な役割を果たしている。

(1) 国有企業が担うべき特殊機能と位置付けに鑑み、その評価報酬激励制度は社会的利益に基づき、経済的利益も考慮しなければならない。

そして、国有企業の監事の報酬において、企業は価値創造の実体であることを踏まえ、監事の監督業務を尊重し、その報酬と業務成績と関連させ、監事の積極性と創造精神の促進に役立てることが重要である。

(2) 国有企業監事の報酬激励は準公務員制度の模式を採用することも考慮すべきである。

準公務員制度模式とは、公務員報酬制度を基本モデルとして、企業の状況に基づき報酬激励を適当に増やす一種の制度設計である。[3] このモデルは公務員と完全に同じではなく、公務員報酬を基準に合理的な範

---

〔1〕 周国雄「監事会監督有効性を高める方法」上海国資 2016 年第 11 期。

〔2〕 周国雄「監事会監督有効性の高める方法」上海国資 2016 年第 11 期。

〔3〕 黄速建:『国有企業の改革と発展:制度の配分と現実の選択』, 経済管理出版社 2014, 157 頁。

囲以内で調整することである。[1] 実践には、行政職務や行政級別の昇進、すなわち政治的地位の昇進も報酬激励の一種の表現である。

また職級の昇進は現金報酬、予期報酬、職務消費報酬等の激励をもたらし、職級の昇進も一種の激励措置である。[2] それ以外に監督業務の評価結果が優秀な監事であれば、その任期を延長することができるが、無期限に再任することはできない。

(四)監督責任追究可能メカニズムを構築する

法的責任は当事者が法的義務または契約義務を違反した時に必ず負うべき不利な結果であり、一種の法律上の懲戒型の責任である。

激励メカニズムは相応の約束と責任メカニズムとセットにしなければならず、法律の威力および強制力により各種の法律関係の進行を保障することができる。「責任がない権利は必ず濫用をもたらす」ということにより、監事の法的責任を強化することは必要である。

国有企業の特殊属性と目標の位置づけから特殊の激励性監督制度を構築することのみならず、相対的厳格な法律責任追求メカニズムを構築し、監事の法的責任の追求を強化しなければならない。

監事の法的責任を規定することは事後的な義務違反行為に対する処罰を履行することだけではなく、監事が積極的に義務を負い、職責を履行することを激励することができる。

1. 個人責任の追究を明確にする

法律は監事に各種の権限を与える同時に、更に彼らの責任と義務を明確にし、その責任意識を増加する必要がある。

監事の失職、汚職行為に対して相応の処罰措置を設け、政府に派遣された監事が積極的、合理的にその監督職能履行できるようにしなければならない。

検査錯誤、検査漏れ、報告すべき義務の不履行などの職務違反行為により国有資産が流失し、国有企業の利益が損害を受けた場合には、それに

---

〔1〕 楊衛東「公益類国有企業改革への思考」学習と実践 2016 年第 8 期。

〔2〕 黄速建:『国有企業の改革と発展:制度の配分と現実の選択』,経済管理出版社 2014,158 頁。

関連する責任、個人の民事賠償法律責任、行政責任および刑事法律責任を追及すべきである。

2. 準公務員評価メカニズム

国有企業では、監事に対する選任は基本的に公務員評価メカニズムを参考にすることができる。政府が派遣し、相応の行政級別があり、専門的評価基準により監事の任免と賞罰を決める。監事の失職、汚職行為に対して派遣機構は降職、免職等の行政処分の方式によって監事に行政責任を負わせる。

立法は特殊の国有企業免職メカニズムを構築すべきである。すなわち国有企業の監事が公共性目標を違反し、試験に合格できなかった場合、各級人民代表大会あるいはその常務委員会により免職させるべきである。

10 名以上任意の公民は連名で各級人民代表大会に免職議案を提出することができる。

3. 厳格責任と合理的な責任軽減メカニズムの結合

厳格な責任追求メカニズムを制定すると同時に、国有企業の監事が監督業務に直面したリスクと挑戦を鑑みると大きなストレスを抱えている。

そのため、相応の錯誤容認メカニズムを確立して、法的責任を追求することに基づいて責任軽減メカニズムを考慮し、そこで監事の積極的作用を励むべきである。これは相応の実施細則を実行することで、監事行為の適法合理性を合理的に判断すべきである。

五、結語——中国国有企業の監督制度の方向性

国有企業改革の深化の背景で、我が国では国有企業の性質を明確しかないことで特別な制度設計により調整し、そこで国有企業が負うべき公共利益を再構築して制度の支援を支えなければならない。

特殊な使命は国有企業に対して必ず一般商業企業より最も多くの公共性を要求することで、内部人員コントロール問題を解決するために、国有資産価値の増加を維持し、社会的な公共利益を実現することができる。

そのため国有企業立法は社会的な公共利益の実現を目標とし、特殊の制度配分により公権力の監督管理を強化し、有効な監督制度を确立し、

経営ガバナンス構造から企業の公開性と透明性を保障することによって与える国有企業の公共性の機能と価値を真に実現し、強大な生命力を与えることができる。国有企業の監督ガバナンスは一国の実際状況から出発し、世界的な範囲においても各国には国有企業監督モデルが存在している。

しかし、監督には統一で一番適切のモデルは存在しなく、各国の歴史、文化、法律および社会制度等と密接に関連している。中国は外国のやり方を参考し、各国有企業ごとに立法する必要もなく、「公共規制」と「商事自治」の二重手段で共同に国有企業の全ての経営活動を調整することを試みることができる。

中国の国有企業制度改革は先進市場経済国家の成功経験のもとで中国の発展道路を見つけ出すべきである。

中国の輸入越境ECにおける法律上的諸問題*(要旨)

陳軼凡　中国弁護士　外国法事務弁護士
世澤弁護士事務所　虎門中央法律事務所
世澤外国法事務弁護士事務所(外国法共同事業)

一、序文

EC(Electronic Commerceの略称、以下、「電子商取引」という)の中国における萌芽は1998年のことであり、その発展のなかで、(1)B2B(企業間取引)、(2)B2C(企業対消費者取引)、(3)C2C(消費者間取引)という3つの主たる電子商取引モデルが形成されていった。中国の消費者による海外製品へのニーズの高まりにより、次第にC2Cモデルでの「代理購入」形式で輸入越境電子商取引が行われるようになった。B2B及びB2Cのモデルを含む、輸入越境電子商取引の目覚ましい発展に伴い、輸入越境電子商取引に対する行政監督管理も日ごとに明確化され、かつ拡充されている。2017年、中国越境電子商取引小売輸入金額は566億元人民元に達し、前年同期比75.5%増、2018年1から10月までの輸入金額は672億元人民元で、前年同期比53.7%増である[1]。

---

* 本論稿は、世澤弁護士事務所所属の徐開元中国弁護士、陳俊豪中国弁護士、林麗涼中国弁護士の協力を得た。

〔1〕 本データの出典は2018年12月7日中国国務院定例ブリーフィングにおける商務部部長助理李成鋼氏の発言である。以下を参照 http://www.gov.cn/xinwen/2018zccfh/44/index.htm。

本文の目的は、中国の輸入越境電子商取引の商業的発展の現状及びこれに対応する行政監督管理法を中心とし、法律上の諸問題を簡単に整理することにある。

二、輸入越境電子商取引の概念及び現状

(一)輸入越境電子商取引の概念

2018年8月31日、国務院は「中華人民共和国電子商務法」(以下「電子商務法」という)を発布し、「電子商務法」の関連規定によると、「電子商務」とは、インターネットなど通信ネットワークを通じて商品を販売またはサービスを提供する経営活動を指す。電子商取引経営者が越境電子商取引に従事する際、輸出入監督管理の法律、行政法規及び国の関連規定を遵守しなければならない。

(二)輸入越境電子商取引において一般的なモデル

広義での越境電子商取引は、B2B、B2C及びC2Cの3つの電子商取引モデルを包含する。実務上、B2Bについては、その形式において従来型の越境商取引(物品の輸出入貿易及びサービスの輸出入貿易)と基本的に同じであり、それゆえに従来型の越境貿易として監督管理を行うことができる。

C2Cは、個人物品の出入境ルートを通じて展開されるものであり、越境電子商取引の監督管理における重点に該当しない。越境電子商取引の監督管理における重点は、B2Cモデルにおかれる。C2CもB2Cも郵送モデルが利用可能である。

越境電子商取引のビジネス上及び政策上の環境を検討する際には、誤解を防ぐため、そこで述べる「越境電子商取引」の具体的な範囲を確定することに注意を払わなければならない。本文では、比較対照の視点から、3つのモデルを分析し、そのうちB2Cを分析の重点とする。

三、輸入越境電子商取引の輸入税

(一)郵送モデルにおける輸入税

郵送モデルで入国する物品については、「中華人民共和国輸出入関税

条例」に基づき、その関税と輸入環節における税関の代理徴収税が統合されて輸入税となり、税関が法によりこれを徴収する。輸入税は俗に「行郵税」と呼ばれ、通常、その税率は一般貨物貿易の輸入環節における税額よりも低くなる。

行郵税は、C2C 及びB2Cにおいて「越境電子商取引小売輸入」の条件に適合しない取引に適用される(B2Cにおいて「越境電子商取引小売輸入」の条件に適合する取引については、下記(二)を参照のこと)。中国は、輸入越境電子商取引における租税政策の確立及び完全化の過程でも、郵送モデルにおける輸入税について調整をしている。

2016 年 3 月 16 日、国務院関税税則委員会は、「入国物品輸入税調整関係問題に関する通知」(税委会[2016]2 号)を発布し、2016 年 4 月 8 日から行郵税について調整をしている。そして、税関総署は 2018 年 9 月 30 日に「入国物品輸入税調整関連問題に関する通知」(税委会[2018]49 号)を発布し、行郵税の税率を更に調整し、2018 年 10 月 25 日に付帯する「中華人民共和国入国物品分類表」及び「中華人民共和国入国物品関税価額表」を改正した。最も注意が必要なのは行郵税の課税最低基準が50 人民元であるということであり、商品の税率に従い計算される税額が50 人民元を下回る場合には徴収されず、50 人民元を超えると全額が徴収される。

(二)B2Cモデルでの越境電子商取引小売輸入税

中国は、B2Cモデルでの越境電子商取引における物品輸入について、「越境電子商取引小売輸入」として監督管理し、「越境電子商取引小売輸入租税政策」を適用している。これらの税金政策は、2016 年 3 月 24 日に財政部、税関総署及び国家税務総局が共同で発布した「越境電子商取引小売輸入租税政策に関する通知」により確立した。これ以前は、輸入越境電子商取引における物品についてより低い行郵税が課されていた。その後、2018 年 11 月 29 日、財政部、国家税務総局、国務院関税税則委員会が合同で「越境電子商取引小売輸入租税政策の改善に関する通知」を発布し、関連政策について更に調整した。下表は、従来の政策上基づいて、越境電子商取引小売輸入租税政策をまとめたものであり、読者の参考に供する。

内容	具体的な規定	備考
課税範囲	条件に適合する越境電子商取引輸入商品(B2C)	いわゆる「条件に適合する」とは、次の条件を満たすことをいう。 ④「越境電子商取引小売輸入商品リスト」内に属し、個人自己使用かつ越境電子商取引の小売り輸入租税政策規定の条件を満たす場合に限る。 ⑤税関とネットワーク接続した電子商取引取引プラットフォームを通じて取引を行う。取引、支払い及び物流の電子情報「三つの証書」の照合を実現することができる越境電子商取引輸入商品 ⑥税関と連携した連携したネットワーク接続される電子商取引プラットフォームにおける取引を行わないが、国際速達便事業者、郵政企業は、関連する電子商取引企業、支払企業の委託を受けて、相応の法的責任を負担して、税関に取引、支払いなどの電子情報を送信することができる。
納税義務者	越境電子商取引小売輸入商品を購入する個人	電子商取引企業、電子商取引の取引プラットフォーム企業又は物流企業は源泉徴収義務者と納税代行義務者として、税関に税金担保を提供し、かつ相応の税金追納義務及び関連する法律責任を負う。
課税計算基礎価額	実際の取引価格	課税計算基礎価額=小売価格+運賃+保険料。その中、「運賃」とは、全行程の運賃をいい、国際フェーズ及び国内フェーズを含む(一般貨物貿易モデルにおける課税計算基礎価額はCIF価格であり、国内部分の物流コストを含まない)。
取引限度額	単回:5000元RMB 年間:26000元RMB	納税後価格が5000元を超えるが26000元を下回る1件を分割できない商品は、越境電子商取引ルートを通じて販売し、貨物税率により全額関税及び輸入付加価値税、消費税、取引額を年間取引総額に含まれるが、年度取引総額が年間取引限度額を超えるとき、一般貿易として管理するものとする。
税率及び関税の計算	**限度額以内**で輸入される越境電子商取引小売輸入商品の関税税率は、暫定的に0%と設定されている。輸入環節増値税及び消費税については、税額徴収免除を取り消し、暫定的に法定納税税額の70%を課する。 **限度額以外**で輸入される越境電子商取引小売輸入商品については、一般貨物貿易方式として関税、輸入環節増値税及び消費税を全額徴収する。限度額以内と比較すると、より多く納付することになる税金は、100%関税+30%×(輸入環節増値税+消費税)である。	

续表

内容	具体的な規定	備考
返品に係る処理	税関での通関許可日から30日内に返品する場合には、税還付を申請することができる。それに応じて、個人の年間取引総限度額が相応して調整される。	
国内再販売禁止	すでに購入された電子商取引輸入商品は消費者個人が使用する最終製品に属し、国内市場に流入させ再販売してはならない。原則として、ネット販売保税輸入商品は税関特殊監督管理区域外にて「保税ネット販売＋オフライン自己受取」モデルを展開してはならない。	

四、輸入越境電子商取引における税関監督管理

越境電子商取引小売輸入租税政策の実施に伴い、相応する税関の商品通関政策も導入された。以下、郵送及び越境電子商取引小売輸入の税関監督管理方式を簡単に紹介する。

(一)郵送輸入物品の税関監督管理

2016年4月8日に越境電子商取引小売輸入租税政策が実施された後、入国環節において納付する税金を減らすために越境電子商取引の商品を郵送方式で入国させるケースを防ぐため、税関総署は、郵送輸入物品に対する監督管理を強化する旨の文書を発布した。具体的には、監督管理措置として次の2つ大きな分野がある。

(1)旅客が物品受取手続をする際の監督管理を強化する。これには、旅客が税関に「引換証」の原本を提出し、かつ旅客本人の有効な出入国証書を提示すべきことが含まれる。

(2)ビジネス速達便、特に速達便における個人物品の情報化監督管理を強化する。これ以前に、税関総署は、ビジネス速達便を文書類、個人物品類及び貨物類の3種類に分けて監督管理を行っていた。

(二)越境電子商取引小売輸入における税関監督管理

2018年8月31日の「電子商務法」の発布に伴い、2018年11月末、各関連部委は続々と附帯する越境電子商取引の新政策を発布し、2019年1月1日より中国越境電子商取引小売輸入業務は2年半に続いた「政策実施移行期間」を終えて、「電子商務法」が主導する“越境電子商取引時代”に入っ

た。これにより、越境電子商取引小売輸入の税関監督管理方式の分析にあたっては、3つの段階に分ける必要がある。

2016年4月8日から2016年5月23日まで

2016年4月8日以降に実施された輸入越境電子商取引の税関通関監督管理措置は、主として次の2つが含まれている。具体的には、主に税関総署の発布した「越境電子商取引小売輸出入商品に関係する監督管理事項に関する公告」に定められている。

(1)税関が通関する際には「三書類の照合」の監督管理を実行する。越境電子商取引小売輸入租税政策を享受するため、取引、支払い、物流等の真正な情報を提供可能であることが前提条件になる。

(2)越境電子商取引輸入商品に対して「ポジティブリスト」分類管理を実行する。「ポジティブリスト」にある商品のみが越境電子商取引小売輸入租税政策を享受することができるため、通関時に監督管理を受ける。越境電子商取引ポジティブリストにある輸入商品については、具体的に次の2つの監督管理要求がある。一つめは通関書類の検査、二つめは特定商品に対する初回輸入許可証、登録又は備案の義務が課されている。すなわち、化粧品、乳児用調製粉乳、医療機器又は特殊食品(保健品、特殊医学用途調製食品等を含む)を初めて輸入する場合には、必ず許可証を提出し、登録又は備案を行わなければならない(その他のポジティブリスト内の商品については、税関に対する許可証の提出が免除される)。

2016年5月24日から2018年12月31日まで

2016年4月に実施された関連の通関監督管理政策は、特に化粧品、乳児用調製粉乳、医療機器及び特殊食品(保健品、特殊医学用途調製食品等を含む)の初回輸入許可証、登録及び備案に係る要求は、厳格に過ぎた。そのため、2016年5月24日、税関総署は、「越境電子商取引小売輸入に係る新たな監督管理要求を執行することに関係する事項に開する通知」を発布し、越境電子商取引の新たな政策における通関書類及び初回輸入許可証、登録又は備案に係る要求について、一年間の移行期間を設けた。

2019年1月1日より実施された輸入越境電子商取引税関監督管理措置は、主に以下のいくつかの分野を含む。具体的には主に、商務部、財政部、国家税務総局及び国家市場監督管理総局など六部委が合同で発布した「越境電子商取引小売り輸入監督管理関連業務の完備に関する通知」

(以下「六部委通知」という)に規定される。

(1)「ネットショッピング保税 + 商品直接購入の監督管理」を強化する。さこモデルは、税関の許可と税収の保全の前提の下で、監督管理の要求に合致する電子商取引企業は、ネットショッピニク保税輸入商品を実店舗である"体験ショップ"にて店頭販売し、消費者がオンラインで注文し、身分証検証、越境支払い、三つの伝票の情報照会、越境税納付など合規的な販売フローを経由した後、「体験ショップ」店頭にて商品を受取り、またはその他の国内物流法式により購入を完成する方式を選択することができる。

(2)小売り輸入商品リストを全面的に統合と増加した。財政部、税関総署など十三部委は、新たに「越境電子商取引小売り輸入商品リストの調整に関する公告」(以下「2018 版リスト」という)を発布し、2019 年 1 月 1 日より越境電子商取引小売り2018 版リストを執行し、同時に、2016 年に発布された第 1 期、第 2 期「越境電子商取引小売り輸入商品リスト」を廃止する。従来と比べて、2018 版リストは以下の注目すべき点がある。①2016 年の2 期のリストの統合を基礎として、新たに63 項の消費者の需要量が高い商品税目を追加した。②「輸入化粧品、嬰児幼児配合粉ミルク、特殊食品」などは初回輸入の許可を必要とする、または規定に基づき登録または備案を行う必要のある製品をリストから除外せず、統一的に備考において、「国家関連法律法規の規定に基づき執行する」旨を要求した。③リストの中の一部商品の輸入方式を「保税ネット販売輸入に限る」とし、一部の商品の輸入数量限度額を細分化した。

(3)小売り商品は初回輸入審査認可備案の要求を執行しない。2018 年版リストは備考において、法により初回輸入許可証、登録または備案要求の執行を必要とする化粧品など特殊商品は、「国家関連法律法規の規定により執行する」ことを明確した。六部委通知の規定に基づき、2019 年 1 月 1 日より、「越境電子商取引輸入商品に対し、個人自己使用の入国物品として監督管理を行い、関連商品の初回輸入許可書、登録、備案の要求を執行しない」。これに至り、越境電子商取引の輸入ルートを経由した化粧品など特殊商品は、初回輸入許可書の提出は必要ないことが明らかにされた。

(4)税関企業認証新標準を始動する。六部委の通知は、「越境電子商取引輸入関連企業は税関信用管理に組み入れられ、信用等級の相違に基づき、個別化された通関管理措置を実施する」ことを強調した。

五、輸入越境電子商取引における電信管理

輸入越境電子商取引を実施するには、インターネットを媒介とし、ウェブサイトを媒体とする必要がある。中国国内におけるウェブサイトの開設及び運営は、中国の電信業務に対する管理にかかわる。

サービスの有償性によって、インターネット情報サービスを経営性と非経営性の2 種類に分けている。有償の経営性インターネット情報サービスについては、法律により通信管理部門に対し、業務範囲を「情報サービス業務(インターネット情報サービスに限る)」とする「付加価値電信業務経営許可証」を申請してこれを取得する必要がある。ICP 許可について、外国側投資者の出資比率が最終的に50% を超えないことと規定されでる。

中国国内で電子商取引ウェブサイトを開設・運営する場合、「電信業務分類目録(2015 年版)」が発効するまでは、通常、すべてが有償のインターネット情報サービスであると認定され、ICP 許可証を取得しなければならなかった。「電信業務分類目録(2015 年版)」発効後は、第二類の付加価値電信業務に、一類 B2Bのオンラインのデータ処理及び取引処理業務が追加された。B2C 及びC2Cの電子商取引プラットフォームを提供する行為は、インターネット情報サービスよりオンラインのデータ処理及び取引処理業務(EDI 業務)として認定される傾向が強い。指摘すべきは、現在の実務では、すべての電子商取引ウェブサイトに対してEDI 許可証の取得が求められることはないが、将来の傾向としてはICP 許可とEDI 許可に区別されるということである。

六、輸入越境電子商取引における外国為替管理

(一)国内消費者に対する外国為替監督管理の方式

輸入越境電子商取引では、中国国内の消費者が国外の事業者に支払いを行う状況が存在し、その際、中国の個人に対する外国為替監督管理に関する法律に関わる。個人が越境電子商取引において外貨使用すること

に対し、目下のところ二つの側面から監督管理が行われている。一つは年間限度額による監督管理で、もう一つは真実性の監督管理である。

「年間限度額による監督管理」とは、国内消費者が年間5万USドルの限度額内で外国為替を使用して越境電子商取引を行う場合には外国為替購入手続を直接行うことができ、年間5万USドルを超える場合には取引証憑、個人の有効な身分証をもって銀行窓口にて手続を行う必要があることをいう。「真実性の監督管理」とは、越境電子商取引における支払いの真実性に対する監督管理をいう。当該監督管理は、税関の「三書類の照合」(取引書類、支払書類、運送書類)を通じて直接実現することが可能である。

(二)輸入越境電子商取引における支払・収受の経路

現在、国内消費者が輸入越境電子商取引における支払いを行う方式には、主に二つがある。一つは、国内で発行されたクレジットカードを使用し、銀行を経由して支払方法であり、もう一つは、中国国内の第三者決済機関、例えばアリババ集団傘下のアリペイ(支付宝)等を使用する方法である。いずれの経路でも、国外事業者は、外国為替を直接収受することができ、収受側に対する特別な制限はない。注意すべきは、国外事業者の代金収受についても電子商取引サイトプラットフォームの規則による制限を受ける可能性があることである。

七、輸入越境商取引における管轄と準拠法の問題

輸入越境電子商取引では、通常の場合、中国国内の消費者、電子商取引サイト、国外事業者の三者が関与するほか、国内又は国外の第三者事業者、物流会社、第三者決済機関等、多数の参与者が関与しうる。以下は、主に国外の事業者と中国国内の消費者との間に生じた紛争にかかわる管轄と準拠法の問題を検討する。

(一)輸入越境電子商取引の紛争解決手段

輸入越境電子商取引は、その特殊性により、司法手続に入った後も、なお他の手段で売買当事者双方の紛争を解決することができる。概括すると、主に以下三種類の解決手段がある。(1)電子商取引プラットフォー

ムのアフターサービス規則に基づて解決する。(2)双方が電子商取引サイトプラットフォームのアフターサービス規則の外で別途交渉する。(3)電子商取引サイトプラットフォームが介入し、双方の解決を調和する。これらの解決手段では、往々にして電子商取引プラットフォームの関連規則が引用される。当該解決方式は、スピーディかつ便利というメリットがあり、実務上広く利用されている。このような紛争解決手段では、往々にして準拠法の正確な画定にはかかわらず、管轄問題はさらに関係しない。

とはいえ、準拠法と管轄の問題はなおも、事業者が起こりえる紛争に直面するとき、最初に評価と判断を要する問題ではある。この前提において事業者ははじめて、紛争が発展した場合にどのような結果となるかを判断することができ、逆にいうと、当該発生しうる結果に基づて司法手続に入る前の対策の評価と決定を行う。

(二)輸入越境電子商取引における管轄の確定

(1)管轄合意

越境商務契約として、理論上では、国外事業者と国内の消費者は管轄について書面合意により取り決めることができる。これには、どの国の裁判所又は仲裁機構が管轄するかを約定することができる。当職らの確認によると、一部の自社運営の電子商取引プラットフォームは、その規則の中に管轄方式を明示し、消費者が当該サイトにて商品を購入すれば直ちに当該管轄方式に同意したとみなされる。

(2)法定管轄

越境電子商取引では、管轄合意がない場合、又は適用される法律に基づき管轄合意によっても法定管轄の適用を排除できない場合がありえる。その際は、法定管轄を判断する必要がある。中国の法律が適用されることを前提として、中国の「民事訴訟法」等関連する規定に基づくと、被告が国外事業者である場合には契約締結地、契約履行地、訴訟対象物の所在地、差押可能な財産の所在地、権利侵害行為地又は代表機構住所地の人民法院を管轄とすることができる。具体的には、越境電子商取引において実際に適用可能であるのは、主に契約履行地、権利侵害行為地である。

(三)輸入越境電子商取引における準拠法の確定

国外事業者と中国国内消費者との間の越境電子商取引貿易は、渉外民事関係に属し、その準拠法の確定は主に中国の「渉外民事関係法律適用法」が適用される。民事法律関係によって適用される準拠法も異なるため、以下、契約紛争と製品権利侵害紛争の二種類に分けて説明する。

(1)越境電子商取引の契約紛争

一般的にいうと、契約紛争の当事者は、法律に特段の規定がある場合を除き、適用する準拠法を自主的に約定することができる。「渉外民事関係法律適用法」第42条は、消費者契約には消費者の経常的居住地の法律が適用されると規定する。消費者が商品若しくはサービスの提供地の法律を選択し、又は事業者が消費者の経常的居住地で関連する経営活動に従事していない場合には、商品、サービス提供地の法律が適用される。この前提で、中国国内で経営活動に従事していない国外事業者にとって、商品提供地とはどこであるかを判断する必要がある。

(2)越境電子商取引における製品権利侵害の紛争

越境電子商取引における製品権利侵害紛争とは、すなわち製造物責任であり、「渉外民事関係法律適用法」第45条の規定に基づき、権利侵害を受けた者の経常的居住地の法律が適用される。権利侵害を受けた者が権利侵害者の主たる営業地の法律若しくは損害発生地の法律の適用を選択した場合、又は権利侵害者が権利侵害を受けた者の経常的居住地で関連する事業活動に従事していない場合には、権利侵害者の主たる営業地の法律又は損害発生地の法律が適用される。

日本現地法人設立及び在留資格認定の理論と実務

Will(ウィル)合同法律事務所　山本寛

一、はじめに

我が国は、日本企業のみならず外国企業にとってもビジネスのしやすい環境の整備を進めてきた。特に、対日直接投資推進会議においては、外国からの投資の拡大に向けて、「外国企業の日本への誘致に向けた5つの約束」(平成27年(2015年)3月17日)や「グローバル・ハブを目指した対日直接投資促進のための政策パッケージ」(平成28年(2016年)5月20日)を決定し、外国企業の事業環境や外国人の生活環境の改善に取り組んできた[1]。これらの効果もあり、2015年末の日本の対日直接投資残高は、前年末時点から2.7%増加の24兆3,843億円となり、前年に引き続き過去最高額を更新している[2]。

本稿では、株式会社の設立手続きを中心に近年の我が国における外国企業による現地法人設立及び在留資格認定に関する規制・行政手続の改正点について概説する。

---

〔1〕 内閣府「対日直接投資推進会議規制・行政手続見直しワーキング・グループとりまとめ」http://www.invest-japan.go.jp/committee/compilation_report_jp.pdf,2017年8月20日訪問。

〔2〕 JETRO「対日投資報告2016」https://www.jetro.go.jp/ext_images/_Invest/pdf/refe/jetro_invest_japan_report_201701jp.pdf,2017年7月20日訪問。

二、外国企業の対日直接投資の方法[1]

外国企業が日本において企業活動を行うためには、主に外国会社の営業所(以下「支店」という)を設置する方法と外国企業が出資して現地法人を設立する方法が考えられる。

支店の場合でも、現地法人の場合でも、日本で登記をすることができ、継続的取引を行うことができる点は共通するが、次の点で相違する。

1. 責任

支店の場合、外国企業と法人格が同一であり、支店に帰属する責任は外国企業にも及ぶ。また、支店と代表者との関係では、代表者が支店設置の登記前に継続取引をしたような場合を除き(会社法 818 条 2 項)、支店に帰属する責任が日本の代表者に及ぶことはない。

現地法人については、現地法人が株式会社又は合同会社である場合、現地法人に帰属する責任は、外国企業が出資した範囲で有限責任を負うにとどまる。また、現地法人と代表者との関係では、現地法人に帰属する責任は、原則として代表者がその職務を行うについて悪意又は重大な過失があったときを除き代表者に及ぶことはない(会社法 429 条 1 項)。

2. 代表者

まず代表者に外国企業自体がなることができるかという点がある。支店や現地法人が株式会社の場合、日本の代表者は自然人に限られているので、外国企業が代表者になることはない。一方、現地法人が持分会社である場合、出資者である外国企業が代表権を有し、自然人である職務執行者を置くことができる。

次に支店の日本の代表者については、当該外国企業の日本での業務に関する一切の裁判上又は裁判外の行為をする権限を有することから(会社法 817 条 2 項)、その権限は日本における業務に限定される。現地法人のうち株式会社については、通常、代表取締役が会社を代表することになることから(会社法 349 条 1 項)、その権限は当該株式会社に関する限り、日本における業務に限定されない。

支店の場合、日本の代表者のうち少なくとも1 名は日本に住所を置く

---

[1] 鈴木龍介編著「外国会社のためのインバウンド法務」商事法務 2016,37 ~41 頁。

必要がある（会社法817条2項）が、現地法人が株式会社である場合、代表者のうち日本に住所を有する者は必要なくなった[1]。

3. 会計

外国企業と合算して会計の処理をする必要があるかに相違がある。支店については、外国企業と同一の法人格であることから、会計を合算して処理することになる。現地法人については、外国企業とは法人格が別であることから、現地法人のみで会計の処理をすることになる。

さらに、貸借対照表の開示という点では、支店の場合、外国企業が日本の株式会社に類似しているときには、日本の株式会社に準じて貸借対照表等に相当する情報を公告しなければならない（会社法819条1項）。一方、現地法人が株式会社の場合、当該株式会社単体について、日本の法令に基づき作成した貸借対照表等を開示すれば足り、現地法人が合同会社の場合、そもそも貸借対照表等の開示義務は課せられていない。

4. 税務

課税される範囲が異なる。まず、法人税について、支店の場合、日本に恒久的施設を有しているか否かで課税の仕方が異なってくる。一方、現地法人の場合、日本法人として法人税が課税される。次に、地方税については、支店の場合、日本に恒久的施設を有している場合には、外国企業の資本金の額等を基準に課税されることになる（地方税法52条）。そのため、支店の規模がそれほど大きくない場合であっても、外国企業の資本金の額が大きいものであると、それを基準に地方税の均等割が課せられることになる。一方、現地法人の場合、日本法人として、当該会社の資本金の額等を基準に課税される。

5. 出資

支店の場合、外国企業と同一の法人格であることから、外国企業が出資することはない。一方、現地法人については、現地法人が株式会社又は合同会社である場合、資本金の出資が必要になる。

外国企業としては以上の相違点を検討して対日直接投資の方法を検討することとなるが、以下、本稿では現地法人の設立について述べる。

---

〔1〕 平成27年（2015年）3月16日法務省民事局商事課長通知（法務省民商第29号）。

三、現地法人の種類

外国企業が日本において現地法人を設立する場合、日本の会社法で定められて法人形態から設立する法人を選択することとなる。現在の日本法では、会社の種類として株式会社と合名会社・合資会社・合同会社が認められ、後三者は「持分会社」と総称される。

株式会社の出資者(株主)は、株主となるに際して会社に対して出資をなす義務を負うだけで、会社債権者に対してなんら責任を負わない(会社法104条)。

持分会社は、出資者(社員)が会社債権者に対して負う責任の性質に応じて合名会社・合資会社・合同会社の3種類に分かれる。すなわち、社員がすべて無限責任からなるものを合名会社、無限責任社員と有限責任社員とが混在するものを合資会社、有限責任社員のみからなるものを合同会社という(会社法576条2項ないし4項)。

合名会社・合資会社は、出資者が有限責任ではなく、無限責任を負うこととなるため、実際に選択されることはほとんどなく、株式会社又は合同会社が選択されているのが実情である〔1〕。なお、2016年の設立件数は、株式会社が90,405件、合同会社が23,787件、合資会社が58件、合名会社が93件である〔2〕。以下、本稿では設立件数の最も多い株式会社の手続きについて述べる。

四、株式会社の設立手続き

株式会社の設立には、発起設立と募集設立の2つの方法がある。発起設立とは、会社成立時に発行される株式の全部を発起人が引き受ける方法(会社法25条1項1号)により行われる設立方法をいう。募集設立とは、発起人は会社成立時に発行される株式の一部だけを引き受け、残りについては発起人以外の者による株式引受けを募集する方法(会社法25条

---

〔1〕 伊藤靖史ほか:『会社法(第3版)』,有斐閣2015,13頁。

〔2〕 法務省「登記統計　統計表」http://www.moj.go.jp/housei/toukei/toukei_ichiran_touki.html,2017年6月10日訪問。

1項2号)により行われる設立方法をいう[1]。実務では、発起設立が用いられることが一般的である。

定款の作成
↓
定款の認証
↓
出資の履行
↓
設立時役員等の選任
↓
登記

图1　株式会社発起設立の流れ

株式会社の発起設立手続きの流れは右図の通りである。

1. 定款の作成

定款とは、会社の組織と活動に関する根本規則をいうとともに、そのような規則を記載した書面または電磁的記録を意味する[2]。

株式会社を設立するためには、発起人が定款を作成し、その全員が、定款に署名または記名押印することが必要である(会社法26条1項)。

2. 定款の認証

作成した定款は、公証人の認証を受けなければ、その効力を生じない(会社法30条1項)。日本の法人が発起人となり定款認証を受ける場合、公証人に対して、当該法人の登記事項証明書及び当該法人の代表者の印鑑証明書を提出することになるが、中国企業が発起人となる場合、日本に登記がないことから、当該企業の営業執照及び当該企業の代表者の印鑑が本人のものである旨が記載された中国公証人が認証をした声明書を提出することとなる。

なお、定款認証等の際、その作成の申請を担保するため、実務上、割印

---

〔1〕 伊藤靖史ほか:『会社法(第3版)』,有斐閣2015,30頁。

〔2〕 同上书,31頁。

を求めているが、申請者が外国企業等の場合、割印の代替手段として、法人代表者等に割サインを求めている。割サインは、外国にはない習慣であり、代表者等に対する事前説明、外国との書類の郵送のやりとり等、実務的には多大な手間や日数がかかっていた[1]。この点について、外国企業や海外在住者が発起人となる場合の定款認証手続等において、割サインによらない対応として、各ページの余白部分に署名をする又はイニシャルを自署する方法が可能であることが明確化された[2]。

3. 出資の履行

株式会社を設立する際には、発起人又は設立後の株式会社の代表取締役となる者の銀行等の口座に、出資金の払込みを行わなければならない。この時、中国企業においては中国商務部又は商務部門への届出手続きが必要となる。

また、設立登記申請時に当該払込みがあったことを証する書面の提出が必要とされている。一方、発起人である外国企業や海外在住の代表取締役となる予定の者は、日本に住所がなく日本国内で銀行口座等を開設することは現実的には困難である。このため出資金の払込みを行うことができず、会社設立の手続を円滑に進めることができないという問題があった[3]。

この問題について、払込証明のために利用できる銀行口座の名義について、設立後の法人の取締役となる者でもよいこととするとともに、発起人及び設立時取締役の全員が日本国内に住所を有していない場合には、これらの者以外の者であっても口座名義人として認められることとした[4]。また、会社法で認められる出資金取扱機関の範囲について、邦

---

〔1〕 内閣府「対日直接投資推進会議規制・行政手続見直しワーキング・グループとりまとめ」http://www.invest-japan.go.jp/committee/compilation_report_jp.pdf,2017年6月10日訪問。

〔2〕 法務省「外国人・海外居住者の方の商業・法人登記の手続について」http://www.moj.go.jp/MINJI/minji06_00104.html,2017年5月3日訪問。

〔3〕 内閣府「対日直接投資推進会議規制・行政手続見直しワーキング・グループとりまとめ」http://www.invest-japan.go.jp/committee/compilation_report_jp.pdf,2017年4月20日訪問。

〔4〕 平成二十八年(2016年)3月17日法務省民事局民商第29号通達。

銀の国内支店、外国銀行の国内支店以外に、邦銀の海外支店も含まれることが明確化された[1]。

4. 役員等の選任

株式会社の代表は、代表取締役によって行われる。代表取締役は2名以上選任することができる。株式会社の場合、従前は代表取締役のうち1名は日本に住所を有する者でなければならないとの取扱いがなされたいた[2]。そのため、外国企業から現地法人の代表取締役に就任する者を派遣する場合、当該代表取締役は在留資格を取得するまで日本に住所を有することができないため、当該代表者とは別に日本に住所を有する協力者が代表取締役に就任する必要があった。しかし、この取扱いは廃止され、代表取締役の全員が日本に住所を有しない株式会社の設立の登記及びその代表取締役の重任若しくは就任の登記について、申請を受理する取扱いとなった[3]。そのため、代表取締役の全員が海外に居住していても、日本において株式会社の設立登記を申請することができる。なお、代表取締役は日本人であることも要しない。

5. 登記

i　添付書類

設立登記申請には、法定された書面を添付しなければならないが(商業登記法47条)。日本において登記申請手続きを行う場合、会社の存在や代表者等を証明するために会社の登記事項証明書や、当事者の意思を担保するために印鑑証明書が必要になることが少なくない。一方、諸外国には必ずしも日本と同様の制度があるとは限らず、会社の登記事項証明書が存在しないということもある。そこで、その代替として、会社の代表者が公証人等の認証機関に対し、自らが当該会社の代表者であることを宣誓供述し、それを書面化した「宣誓供述書」に公証人等の認証機関が認証したものをあてるのが一般的である。なお、認証を受けた宣誓供述書は、住所を証する書面等、多くの証明書の代替として利用されている。また、日本の場合には、印鑑登録制度が整備されたおり、登録された印鑑

---

〔1〕 平成二十八年(2016年)12月20日法務省民事局民商第179号通達。

〔2〕 昭和五十九年(1984年)9月26日法務省民事局民四4974号回答。

〔3〕 平成二十七年(2015年)3月16日法務省民事局民商第29号通知。

を所定の文書に押印したうえで、当該印鑑についての印鑑証明書を求められることがある。しかしながら、ほとんどの国等には印鑑登録制度は存在せず、印鑑証明書を提出することはできないということになる。そこで、その代替として、文書の作成者が所定の文書に署名した事実を公証人等の認証機関が認証をした、いわゆる「サイン証明書」をあてるのが一般的である[1]。なお、中国の公証処では印鑑の認証も行われている。

登記申請の添付書類は、必ずしも日本語で作成しなければならないわけではない。もっとも、法務局への提出書類が外国語の場合は通常日本語訳を求められる。その際、申請などの内容に関わらない部分についても日本語への翻訳を求められる場合があり、外国企業等の負担となっていた[2]。しかし、2017 年 1 月 25 日、外国会社の株主総会議事録のうち日本における登記とは関係のない事項や、外国における登記事項証明書等のうち日本における登記と関係のない部分、各種証明書のうち登記の内容や証明の対象とは関係のない部分等の日本語への翻訳を省略できることが明確化された[3]。

なお、登記申請に添付する外国の公文書及び公正証書については、legalizationの手続を経ていない文書であっても受理されるケースがほとんどである[4]。

ii　役員等の登記

役員等が外国人である場合、その氏名・住所については、商号と異なり、アルファベットでの表記が認められていないことから、カタカナ等の日本文字に引き直して登記をすることになる[5]。中国人の場合、ピンインで表記することはできず、漢字で登記することが一般である。ただし、中国人が在留資格を取得し日本に住所を有した場合、当該中国人の住所

---

〔1〕 鈴木龍介編:『外国会社のためのインバウンド法務』,商事法務 2016,28 頁。

〔2〕 内閣府「対日直接投資推進会議規制・行政手続見直しワーキング・グループとりまとめ」http://www. invest-japan. go. jp/committee/compilation_report_jp. pdf,2017 年 8 月 8 日訪問。

〔3〕 法務省「商業登記の申請書に添付される外国語で作成された書面の翻訳について」http://www. moj. go. jp/MINJI/minji06_00102. html,2017 年 5 月 30 日訪問。

〔4〕 鈴木龍介編:『外国会社のためのインバウンド法務』,商事法務 2016,29 頁。

〔5〕 同上书,76 頁。

と氏名を証する日本の住民票には原則として氏名はピンインでしか表記されない。そのため、日本に住所を有する中国人が役員等の就任、住所変更の登記を申請する時には、あらかじめ在留カードに漢字名を表記する手続きを行ったうえ、住民票に漢字名を追加する手続きを行う必要がある。

また、日本の印鑑証明書を有しない外国人が代表取締役に株式会社設立等に関する登記を行う場合は、印鑑証明書の代替として、本国官憲の作成したサイン証明書又は印鑑証明書が必要となることがあるが、サイン証明書又は印鑑証明書を取得できる場所は、本人の国籍国か日本における国籍国領事に限定されるとされていた。そのため、第三国に居住している外国人は、サイン証明書又は印鑑証明書の取得のために国籍国か日本まで移動する必要があり、大きな負担となっていた〔1〕。この点について、商業登記の申請書に添付する外国人のサイン証明書の取得について、本人の居住国等の第三国における国籍国の官憲によることも可能とされた〔2〕。さらに、上記通達を改正し、外国人が来日した際に、商業登記の申請に必要なサイン証明書を取得できるよう、国籍国や居住国においてサイン証明書の取得が可能であっても、日本における国籍国の領事がサイン証明書を発行していない場合には、日本の公証人によるサイン証明書でよいこととされた〔3〕。

6. 本人確認等

外国企業が株式会社の設立手続きを日本の弁護士又は司法書士に依頼する場合には、弁護士又は司法書士は「犯罪による収益の移転防止に関する法律」(以下「犯収法」という)に基づく本人確認が必要になる。また、弁護士や司法書士は、その職責に基づく本人確認を行うことも求められている〔4〕。両者の関係であるが、犯収法に基づく本人確認は、対象と

---

〔1〕 内閣府「対日直接投資推進会議規制・行政手続見直しワーキング・グループとりまとめ」http://www.invest-japan.go.jp/committee/compilation_report_jp.pdf,2017年8月8日訪問。

〔2〕 平成二十八年(2016年)6月28日法務省民事局民商第100号通達。

〔3〕 平成二十九年(2017年)2月10日法務省民事局民商第15号通達。

〔4〕 日本弁護士連合会「依頼者の本人特定事項の確認及び記録保存等に関する規定」。

なる取引に関係した当事者の特定のために、本人の実在性と同一性の確認を求めているのに対し、職責に基づく本人確認は、犯収法の確認に加え、依頼内容とその意思の確認をするものとされている[1]。

株式会社の設立手続きにおける本人確認の対象は、発起人である外国親会社、当該親会社の代表者と設立時代表取締役である(犯収法4条4項)。確認すべき本人特定事項は、外国企業等については、その名称および本店または主たる事務所の所在地であり、代表者等については、その氏名、住所および生年月日である(犯収法4条1項1号、4項)。中国企業については営業執照で本人特定事項を確認できるが、日本に住所を有しない中国籍の自然人についてはパスポートだけでは住所を確認することができないので、パスポートに加えて当該自然人の住所に関する中国公証人が認証した声明書等も必要となろう。弁護士や司法書士の職責に基づく本人確認としての依頼内容とその意思の確認は、面談により確認することが原則であるが、中国律師等信頼できる第三者が仲介をしている場合には、テレビ会議システムを利用した確認もありえよう。

五、在留資格認定

在留資格とは、外国人が日本で適法に滞在するために必要な法律上の資格のことである。在留資格は、出入国管理及び難民認定法(以下「入管法」という)で全27種類が定められており、日本に滞在する外国人は、原則として、この中から1つの在留資格を取得しなければならないことになっている[2]。現地法人の代表者になる外国人は、「経営・管理」の在留資格を取得することが一般的である。

また、2012年5月から高度人材外国人の受入れを促進するために高度人材に対するポイント制[3]による出入国管理上の優遇措置(以下「高度人材ポイント制」という)が導入された。高度人材ポイント制とは、我

〔1〕 鈴木龍介編:『外国会社のためのインバウンド法務』,商事法務2016,77頁。

〔2〕 外国人ローヤリングネットワーク編:『外国人事件ビギナーズ』,現代人文社2013,50頁。

〔3〕 ポイント制度の詳細については法務省「高度人材ポイント制による出入国管理上の優遇制度」http://www.immi-moj.go.jp/newimmiact_3/index.html,2017年6月20日訪問。

が国の経済成長等に貢献することが期待されている高度な能力や資質を持つ外国人を対象に、「高度経営・管理活動」等の3つの活動類型を設定し、それぞれの活動の特性に応じて、「学歴」、「職歴」、「年収」といった項目ごとにポイントを設け、その合計が70点に達した外国人を「高度人材外国人」と認定し、出入国管理上の優遇措置を講じるものである。制度導入後、高度の専門的な能力を有する外国人材の受入れをより一層促進するために、それまで「特定活動」の在留資格を付与していた高度人材を対象として、新たな在留資格「高度専門職1号」及び「高度専門職2号」が2014年の入管法改正により新設された。これにより現地法人の代表者になる外国人は、「高度専門職1号」の在留資格によっても日本において経営・管理の活動を行うことが可能となった[1]。

高度専門職には次の優遇措置が認められている。

1. 高度専門職1号の優遇措置

ⅰ　在留期間「5年」の付与

ⅱ　複合的な在留活動の許容

ⅲ　配偶者の就労

ⅳ　一定の条件の下での親の帯同

ⅴ　在留歴に係る永住許可要件の緩和

ⅵ　一定の条件の下での家事使用人の帯同

ⅶ　入国・在留手続の優先処理

2. 高度専門職2号の優遇措置

ⅰ　高度専門職1号の活動と併せてほぼ全ての就労資格の活動を行うことができる

ⅱ　在留期間が無期限となる

ⅲ　前記(1)ⅲからⅵまでの優遇措置が受けられる

さらには、2017年4月に日本版高度外国人グリーンカードが創設された。具体的には70点以上のポイントで高度外国人材として認められた者について、永住許可申請に要する在留期間が現行の5年から3年に短縮された。また、高度外国人材の中でも特に高度と認められる者(80点以

---

〔1〕 法務省「平成28年版出入国管理(中国語版)」https://zhuanlan.zhihu.com/p/112348612,2017年4月15日訪問。

上のポイントで認められた者)については、永住許可申請に要する在留期間が現行の5年から大幅に短縮し1年とされた。

ポイント制度についても、成長分野において所管省庁が関与する先端プロジェクトに従事する人材、高額投資家、トップ大学卒業者、ODAを活用した人材育成事業の修了者、高度学術研究分野における大卒者等、複数の修士号又は博士号を取得した者、一定の水準の日本語能力を有する者について新たに加算措置が追加された[1]。

「日本再興戦略2016」(2016年6月2日閣議決定)においては、2032年末までに10,000人の高度人材の認定が目標とされており、今後は高度外国人材の帯同する家事使用人の受入れ要件の見直し等について検討が行われる予定である。

---

〔1〕 法務省「高度外国人材ポイニト制の見直し」http://www. immi-moj. go. jp/isa/policies/ssw/nyuukokukanricol_00127. html,2017年6月14日訪問。

日本の民事調停の基層にある諸価値

朝日大学法学部(兼)法学研究科教授・博士(法学)
博士(工学)　平田勇人

一、日本における民事調停

日本では、「裁判外紛争解決手続の利用の促進に関する法律」"Act on Promotion of Use of Alternative Dispute Resolution"(平成16年12月1日法律第151号)が存在する。このADR(Alternative Dispute Resolution)法は、ADRの利用促進のために制定された。しかし、日本の民事調停事件の新受件数は平成15年以降減少の一途をたどっており、そうした状況の中で、最高裁は調停の実質的な解決力を高める努力が必要であるとし、そのための新たな試みとして、①評議を充実させ、的確な事実認定を行う、②認定された事実を基に合理的な解決案を策定する、③この解決案を腹案として持ちつつ、当事者を説得調整するという方針を打ち出した[1]。また裁判所に持ち込まれる事案が4つに類型化された。第1類型は、事実関係に争いがあり、その認定及び評価が調整活動のポイントになるもの(請負契約が成立したか否かが争いになる事案等)である。第2類型は、評価根拠事実(正当事由、過失など)の評価や金額(慰謝料、原状回復費用等)が調整活動のポイントとなるものである。第3類型は、履行義務の存在自体には争いはないが、その具体的債務額や履行方法が調整活動のポイントとなるものである。第4類型は、感情的な対立等の調整が特に必要なもの(親族間の共有物分割請求等)である。長谷川氏によれば、事実認定

---

〔1〕 長谷川彰:「民事調停の新たな試み」,Oike Library 40号(2014/10),16頁。

ならびに法的観点に立った検討が十分になされていれば、説得性の高い解決案の策定が可能となり、解決案を提示すれば、高い確率で紛争解決に至るとされている。しかし、解決案が策定できた事案は、東京で 50%、大阪で42%にとどまっており、今後は解決案の策定が困難な事案においてどこが隘路であるか等についての検討が必要であるとまとめられている〔1〕。また、「調停委員の豊富な社会経験から蓄積された紛争事案の把握の手法の活用」「調停委員の豊富な社会経験や専門的知識に基づいた、当事者に対するポイントを突いた質問」などが調停における事実認定で有益であると捉えられている〔2〕。本稿ではADRの一つである民事調停に焦点を当てて論じて行きたい。ちなみに日本では、裁判所の民事調停は"Civil Conciliation"と呼ばれ、民間型の民事調停は"Civil Mediation"と呼ばれて区別されていることを付言しておきたい。

二、日本の民事調停手続の概説

民事調停は民事調停法に基づいて運用されている。民事調停法によれば、民事調停は①民事一般調停、②宅地建物調停、③農事調停、④商事調停、⑤鉱害調停、⑥交通調停、⑦公害等調停、⑧特定調停に分類できる。

裁判所の民事調停は、民事調停法によれば、調停委員会があっせん・仲介して、当事者の互譲により、条理にかない実情に即した解決を図ることを目的とする(民事調停法 1 条)。調停委員会は、裁判官と2 名以上の民事調停委員で構成され、原則として簡易裁判所で行われる(当事者の合意があれば地方裁判所で行われる)。

調停委員会は、職権で事実の調査及び必要と認める証拠調べをすることができる。そして、事実関係把握のために、当事者及び関係人等からの事情聴取、当事者の提出した証拠資料等の検討、現地調査等が活用されている。

当事者間に合意が成立すれば、調停調書に記載して調停が成立し、付調停事件については、訴えの取下げがあったものとみなされる。調停調書は、裁判上の和解と同じ効力、すなわち確定判決と同一の効力を有する

---

〔1〕 長谷川彰:「民事調停の新たな試み」,Oike Library 40 号 (2014/10),17 頁。

〔2〕 長谷川・前掲注,18 ~ 19 頁。

ため執行力がある。これに対して、合意成立の見込みがなく、調停に代わる決定(同法 17 条)もなされないときは、事件は不成立として終了する。この17 条決定は、紛争解決の内容に関して当事者双方が大筋で意見が一致しながら、わずかの相違のため合意に至らない場合や事実調査等が不十分なために、事件の実情が明らかになったにもかかわらず、当事者の一方が自己の主張に固執するため合意が成立しない場合等に、調停条項に代えて、決定という形で示し、紛争解決を図るものである。ただし、決定告知の日から2 週間以内に当事者の一方から異議の申立てがあれば、この決定は効力を失う。なお、決定が確定すれば裁判上の和解と同一の効力を有する。

三、民事調停の規範

民事調停は、条理にかない実情に即した解決を図ることを目指す。それゆえ、拠るべき規範は条理ということになる。しかし、条理の意味ないし条理と法規との関係については、必ずしも明確にされていない。そこで、条理に関する日本の学説を概観したい。川島説は、裁判規範としての条理を、実定法体系の基礎となっている基本的な価値体系であるとする〔1〕。小山説は、裁判規範としての条理も調停規範としての条理も、その意味するところは同じであるが、その適用の範囲が異なるとする〔2〕。三ヶ月説は、紛争解決規範の構造を円錐にたとえ、水平に切断された最上部が実定法、中間の部分が仲裁、その底部が条理とされ、法の中にも条理は宿っているが、条理はその外延が法よりも広く、たえず法への距離を縮めて行く一般的傾向があると説く〔3〕。梶村 = 深沢説は、条理にかなった解決とは、①条理が法規そのものの場合、②任意法規適用では妥当な解決が得られない場合、③法の欠缺・不備の場合に拠所とされるものの総称であると解する〔4〕。小島説は、衡平な解決とは、専門の英知と素人の常

〔1〕 川島武宜:『民法総則』(法律学全集 17),有斐閣 1965,25 頁。

〔2〕 小山昇:『民事調停法(新版)・法律学全集 38 – Ⅱ』,有斐閣 1977,105 頁以下。

〔3〕 三ヶ月章:「紛争解決規範の多重構造」、法学協会編:『法学協会百周年記念論文集(第 1 巻)』,有斐閣 1983,469 頁。

〔4〕 梶村太市 = 深沢利一:『〔新版〕和解・調停の実務』,新日本法規出版 2001,134 ~ 136 頁。

識のブレンドの所産であり、その具体的解決例は、将来の法創造にあたって貴重な資料となり、調停における判断の枠組は、制定法から出発する純法律的な判断というよりは、むしろ市民の常識から出発して制定法との衝突を避け得るかぎり最大限に民間の感覚を生かすものとする〔1〕。

1. 条理にかない実情に即した解決

調停という紛争解決方式はわが国独自・固有のものではないが、民事にせよ家事にせよ、裁判所が主宰する調停に関しては「当事者の互譲により、条理にかない実情に即した解決を図る」点で共通している。民事調停は、民事調停法の定める手続により、調停機関があっせん・仲介して、当事者の互譲により、条理にかない実情に即した解決を図ることを目的とした紛争解決制度である(民事調停法1条)。

A　紛争解決基準としての条理

ひとたび紛争が起きると、法は裁判規範として機能する前に、紛争解決規範として機能する。紛争解決規範として、実定法以外に、判例、条理、訴訟上の和解ならびに調停・仲裁における解決例、学説、慣習等、様々なものが挙げられる。

B　基本的価値体系としての条理

東洋と西洋の法文化の違いから、条理にピッタリと該当する言葉がないのはやむを得ないであろう。強いて挙げれば、"natural Justice"が該当するであろう。また、ヨーロッパ諸国では"ex aequo et bono"(衡平と善)、"ultima ratio legis"(法に内在する基本的な考え方)、ドイツでは"gesundes Rechtsgefühl oder Rechtsempfinden"(健全な法感情あるいは法感覚)が条理に近い言葉であると言われている。民事調停は「条理にかない実情に即した解決を図る」ことを目指すため、その拠るべき規範は「条理」ということになるが、条理という言葉は抽象的かつ多義的であることから、条理の意味をめぐって、前述したように様々な学説が林立している。条理の意味を、法律寄りにするか、それとも市民の常識寄りするかは線引きが難しいため、「条理は『実定法の』基本的価値体系である」との考え方には異論がある。しかし、「条理は基本的価値体系である」と捉える点では学説は一致しているといえよう。調停の基層にある諸価値について考察する前

〔1〕 小島武司「民事調停における国民の参加」別冊判例タイムズ4号,37頁。

に、以下において、調停制度の本質、機能・存在理由、調停のあり方、法乖離型と法志向型の対立について考察したい。

2. 民事調停の本質

調停の本質は、任意性と判断性であるといわれている。民事調停手続の第一の特質は当事者の任意性であり、第二の特質は条理にかない実情に即した解決かどうかを見る調停機関の判断性である〔1〕。この当事者の任意性と調停機関の判断性は二律背反の関係にあるため、調停の本質は調停手続における当事者の任意性、すなわち当事者間の合意がなければ調停は成立しないとする考え方(調停合意説)と、調停委員会が相当と認めなければ調停は成立せず、常に相当性の判断があるとする考え方(調停裁判説〈調停判断説〉)とが対立している〔2〕。従来の通説は調停合意説であったが、両説の対立は民事調停の本質を解明する上で多大の貢献をなしたと評価されている〔3〕。そして、調停合意説に立脚しつつ、調停裁判説の主張する事実認定や法的判断を現行法の枠内で可能な限り強化すべしとの、両説を止揚する考え方(梶村説)が説得力を持って主張されている〔4〕。また家事調停の領域において、大塚判事は、裁判官・書記官・事務官の連携により、合理的な実体的かつ手続的運営が保障され、また必要に応じて医師等の専門家が関与し、調停委員の良識がよい形で反映され、当事者に十分な意見陳述の機会や反論の機会を与えて、当事者が積極的に受容できる合意と相当性のある判断が実現できるならば、これらの解釈の違いは乗り越えられると、両説の止揚を説いている〔5〕。

3. 民事調停の機能・存在理由

民事調停の存在理由として、従来、合意による紛争解決の円満性、妥当性、その簡易・迅速・低廉性が主張されてきた。これに対して、佐々木

---

〔1〕 梶村太市＝深沢利一:『〔新版〕和解・調停の実務』,新日本法規出版 2001,136～138 頁。

〔2〕 梶村＝深沢・前掲注 139～143 頁。

〔3〕 梶村＝深沢・前掲注 143 頁。

〔4〕 梶村＝深沢・前掲注 143～145 頁。

〔5〕 大塚正之判事:「日本における家事事件処理手続と裁判官・調査官・調停委員等の役割～離婚及び子の監護を中心として～」日本家族《社会と法》学会第 21 回学術大会レジュメ(2004 年 11 月)。

説は、簡易・迅速・低廉性は調停制度固有のものではなく、調停制度の存在理由は紛争自体を直接の対象としてその公正な全体的根本的解決を図るところにあるとする〔1〕。また小山説も、簡易・迅速・低廉は調停制度の目的ではなく属性と解し、合意による解決の円満性を調停制度の存在理由とする〔2〕。以上に対して、萩原説は調停の存在理由を、①紛争選別機能、②簡易・迅速・低廉ないし個別の紛争に即応した具体的妥当な解決をはかりうる紛争解決方式を利用者＝国民に提供すること、③民主主義的機能、④権利形成〔創造〕機能の4点にあるとする〔3〕。さらに、梶村説は、調停の機能・存在理由について、①訴訟補充的機能、②簡易裁判的機能、③取引仲介的機能、④事件振分け的機能、⑤法創造的機能、⑥民主主義的機能の6つを挙げている〔4〕。

また、小島説は、正義へのアクセスの多元制を強調する立場から、従来の調停の存在理由を整理したうえで、さらに①法調整的衡平法的機能（保証人の責任の調整、消滅時効の効果の緩和など）や②手続リスク緩和機能（証明や手続選択の困難に対処）を挙げている〔5〕。

ここ半世紀余りの間、日本の法律界において、仲裁の振興については概ね積極的な意見が大勢を占めていたのに比べて、調停については懐疑的意見がむしろ多かった。こうした理由については、小島教授が指摘するように、法との距離というところに原因があるといえよう〔6〕。より具体的に言えば、「まあまあ調停」、「折半調停」、さらには、社会の封建的ないし非民主的な気風とのかかわりという疑念も表明されており、調停には、法の無視や権利主張抑圧の危険があるのではないかとの危惧も

〔1〕 佐々木吉男：『増補調停制度の研究』，法律文化社1974，122～124、127頁。

〔2〕 小山昇：『民事調停法（新版）・法律学全集38－Ⅱ』，有斐閣1977，52～61頁。

〔3〕 石川明＝梶村太市編『注解　民事調停法〔民事調停規則〕』〔萩原金美〕，青林書院1993，53～55頁。

〔4〕 梶村太市＝深沢利一：『〔新版〕和解・調停の実務』，新日本法規出版2001，146～152頁。

〔5〕 小島武司：「民事調停の存在理由」、石川明＝梶村太市編：『民事調停法〔現代実務法律講座〕』，青林書院1985，18～19頁。

〔6〕 小島武司：「仲裁ADR法の将来展望（序説）—基礎法理と制度戦略の方向転換を目指して—」，仲裁ADR法学会学会会誌『仲裁とADR』（仮）創刊準備号。

あった[1]。しかし、前述したように、最高裁が調停の実質的な解決力を高める努力が必要であるとし、①評議の充実と的確な事実認定、②認定事実に基づいた合理的解決案の策定、③この解決案を腹案として持ちつつ、当事者を説得調整という方針が打ち出され、今後はより充実した調停が期待できると考える。

4. 調停のあり方について

調停のあり方については、3 種類ある。①評価型調停(evaluative mediation)は、専門的知識を持つ調停人が結論に強く介入し、法的評価を背景として合意に導くプロセスを指し、伝統がある。②妥協要請型調停は、互譲の名の下に、当事者の主張の「中」を取り、両当事者の利益についてほどほどにバランスをとり、③促進型調停(facilitative mediation;対話促進型調停、自主交渉援助型調停)では、調停人の役割は、当事者の自主的な交渉を援助し、対話を促進することにある[2]。

調停のあり方については、理論・技法の両面で新たな動きが生じており、とりわけアメリカのミディエイションの影響が大きく、様々な提案がなされている。日本の司法調停は、これまで評価型の色彩が強かったが、権威的押付けや無原則の妥協という欠点に前向きに取り組んできているのも事実である[3]。評価型調停の欠点に対し、批判や懐疑も表明され、当事者間の交流の促進を基調とする種々の調整手法が開発され、評価型調停と促進型調停の境界が次第に流動化してきている[4]。ただ、紛争当事者からよく事情を聴き、客観的資料を慎重に吟味し、法的基準を基本に、証明において解明度の低いことを考慮して、幅のある調停案を提示する評価型調停の存在意義[5]を否定するのではなく、当事者のニーズにあった選択肢を出来る限り用意するべきであろう。小島教授が指摘するよ

---

〔1〕 小島武司:「仲裁 ADR 法の将来展望(序説)—基礎法理と制度戦略の方向転換を目指して—」,仲裁 ADR 法学会学会会誌『仲裁と ADR』(仮)創刊準備号,13 ~ 14 頁。

〔2〕 経済産業省(著作)・(社)日本商事仲裁協会ならびに日本仲裁人協会「調停人養成教材作成委員会」(制作)『調停人養成教材・基礎編』(2004 年度版)8 頁を参照。

〔3〕 小島武司:「仲裁 ADR 法の将来展望(序説)—基礎法理と制度戦略の方向転換を目指して—」,仲裁 ADR 法学会学会会誌『仲裁と ADR』(仮)創刊準備号,17 頁。

〔4〕 小島・同上。

〔5〕 小島・同上。

うに、評価型調停に対するニーズは、とりわけ大都市以外のところでは相当程度存在するであろうし、大都市等においても新種のニーズが生まれているとも考えられ[1]、評価型調停に期待する当事者の割合が、民間調停と比べて、司法調停の場合により多いものと推測される。これに対し、促進型調停は、民間組織においてもニーズが高く、そこでは当事者間の交渉が中心となる[2]。ADRの機能を充実し、利用しやすくすれば、国民が、様々な紛争解決手段の中から最も適当なものを選択できるようになり、国民の満足度が高まると考える。

5. 法乖離型と法志向型の対立

民事調停の規範をめぐって、民事調停を法乖離型(合意尊重型)の紛争解決制度とみるのか、法志向型の紛争解決制度であるとみるのかは難しい問題である。筆者は、価値観がものの考え方や判断の基準になることに着目して、法的価値体系の観点からアプローチを試みたい。

条理にかない実情に即した紛争解決制度である民事調停は、両当事者の互譲、妥協を重んじて当事者間の合意を目指すにしても、法から無制限に乖離できるわけではないと解する。民事調停は、条理に基づく互譲の精神の上に成り立つといっても、基本的には法規範を根底に据えるべきであって、裁判規範の背景にある基本的価値体系と、調停規範(民事調停で用いる紛争解決規範)の背景にあるそれとは同一のものであると考える。

四、調停の基層にある諸価値

前述したように、条理が基本的価値体系であることは、一般に認められている。本稿においては、最高裁事務総局民事局『民事調停委員のための民事調停法規の概説』(2002)[3]における考え方を参考にしつつ、筆者の調停実務の経験から得られた知見をまとめてみた。

条理にかない実情に即した紛争解決制度である民事調停は、両当事

[1] 小島武司:「仲裁ADR法の将来展望(序説)—基礎法理と制度戦略の方向転換を目指して—」,仲裁ADR法学会学会会誌『仲裁とADR』(仮)創刊準備号,17頁。

[2] 小島・同上。

[3] 最高裁事務総局民事局『民事調停委員のための民事調停法規の概説』,2002。

者の互譲、妥協を重んじて当事者間の合意を目指すにしても、法から何処まで乖離できるのかについては、最高裁民事局『民事調停委員の手引[改訂版]』が指摘するように〔1〕、従来であれば、双方の互譲を中心に据えた調停運営によって解決していたような事案においても、単に譲り合いを求めるだけではなく、法的判断や専門的知見に裏付けられた合理的なあっせんを求める傾向が強まっていくものと指摘されており、裁判所の調停委員として考えた場合、最高裁の考え方に沿って紛争解決に臨むべきであると考える。今回は紙数の関係で、調停規範(調停で用いる紛争解決規範)の背景にある基本的価値体系を示すことはせず、調停の基層にある諸価値について考察してみたい。

1. 和の精神

「調停は当事者の互譲と合意による円満な紛争解決方法である」という法命題の背景にある諸価値の中に、和の精神が存在している。説得を上手に行い合意に至るためには、対立当事者間の相互理解の促進、対立する主張を合意に向けて調整した解決案の提示と討議、そして討議のための環境づくりが重要であるが、調停委員が当事者のよき理解者であり、公正な第三者であるという信頼を当事者双方から得ることが最も大切である。すなわち、和の精神から合意という価値が導かれる。ただ、調停の本質は合意であるにしても、合意の成立によって調停条項それ自体の違法性がカバーされ、すべての法乖離が許されると解することはできないと考える。民事調停における合意は、あくまでも当事者の自由意思によるもので、調停機関が強制することはできない。調停機関は、当事者に対して自主的な紛争解決への意欲を呼び起こして自発的な合意へと導くために説得すべきである。真に納得した合意にこそ価値がある〔2〕。和の精神は、他人と争わず、同調するのをよしとする精神ではなく、そのルーツを辿っていくと、加賀山教授が指摘されるように実に深い意味がある。筆者は、調停実務に長年携わってきた者として、法的諸価値の間の矛盾・衝突を制御するメタ・ルールについて考えた場合、「『和』を前提とする議論と説得によって紛争が解決するよう、最も合理的で説得力のある解決

---

〔1〕 最高裁事務総局民事局『民事調停委員の手引[改訂版]』,2012,2 頁。

〔2〕 最高裁民事局・前掲注,5 頁。

に導くトポスが優先されるべきである」というルールが最も優先されるべきメタ・ルールであると考える〔1〕。なお、このメタ・ルールというのは、諸価値を包含するルール間に矛盾・衝突がある場合に、それを調整・制御するルールを意味する。加賀山教授は、「和」と「同」すなわち「付和雷同」を区別し、「法の手段は『和』を前提とする議論と説得である」というテーゼを立てられ、自分の考えで行動せず、多数の人がそうしているから正しいと考えて同じ行動をするという論理は、論拠として使うことができないことを指摘されているが、この考え方を補強する論者として、岩田宗之氏は次のように説明する。すなわち、正しい観察によって得られた事実からしっかりした論理展開によって導出された結論には、多くの人が賛成するので、傾向として、正しいことと多くの人が賛成することには相関関係がある。つまり、賛成する人の数が多ければそれは正しい可能性が高いというのは事実である。しかし、このことは、他の人がきちんと事実や論理展開を見極めて導き出したという仮定のもとでのみ成り立つと岩田氏は、加賀山教授と同旨のことを述べており、正鵠を射ていると考える。多くの人が賛成しているから正しいという考え方をもとに賛成してしまうことは、誤った結論を導く可能性を増大させるだけであり、自己矛盾を含んでいるからこそ、たとえその結論が正しくても、使ってはいけないのである〔2〕。

2. 解決の合理性

調停は、比較的簡易で当事者の対立もそれほど深刻ではない紛争解決に特に適している。日常生活での種々の紛争を、できる限り理性的、合理的に解決するために調停制度は十分に活用されるべきである。

3. 公正

民事訴訟法においても民事調停法においても、正義に立脚し公正なる解決を図るという共通の理念の上に成り立っている。そして、調停による解決は、両当事者の誠意(Good Faith)と調停委員の能力によって両当

---

〔1〕 加賀山茂:「民事法への招待—法科大学院で学ぶ前に知っておくべき知識とものの考え方」[仮想法科大学院(http://lawschool.jp/kagayama/)PDF、2012年4月4日],2~5頁。

〔2〕 岩田宗之:『議論のルールブック』,新潮新書2007,18~19頁。

事者が公正かつ正当な解決(fair and just solution)を図るものでなければならない。

4. 中立性

中立性の中には､「反対当事者の言い分も等しく聴くべし」､「何人も自己の争訟事件の裁判官にはなれない」といった法命題が含まれる。

5. 平等

実情聴取の時間にも､ほぼ同じくらいの時間配分にするとか､同一期日には､両当事者から同じ回数だけ事情を聞くように配慮すべきである。

6. 適正

合意を過度に優先させて､一方当事者の強い主張に押されて､客観的に妥当性を欠く内容の調停は許されない。当事者が納得すれば､解決の内容は弾力的でよいといっても､適正の確保が優先する。裁判においては適正が前面に出て､民事調停では迅速性が前面に出るが､民事調停においても､適正という価値が重要であることはいうまでもない。

7. 信頼は保護に値するという価値

調停は調停委員および両当事者の信頼と協力に基づくものでなければならない。調停に当たる者の側に当事者を尊重する誠意があり､当事者の抱える問題を自分の問題として解決に努めようとする熱意がなければならない〔1〕。

8. 妥当

妥当という価値は､民事調停においては､解決の具体的妥当性という形で重要視されている。法律の制定当時は合理的であった法律も､社会の進展とともに現実に適合しなくなり､あるいは､新たに社会に生起した問題を適切に規律する法律が存在しないという場合に､個々の紛争の具体的な実情に応じて問題を解決する際､この妥当(具体的妥当性)という法価値が前面に出る。

9. 均衡

互角に主張を提出する機会の保障が必要である。調停委員または当事者が､調停を効果的に継続するための力の均衡(バランス)が著しくと

〔1〕 最高裁事務総局民事局『民事調停委員の手引[改訂版]』,2012,48 頁。

れていないことを認めた場合、調停委員は当事者にその事実を告知して、調停を終結することができるであろう。両当事者に力の不均衡があって、しかも調停委員が消極的立場をとれば、強者が弱者を圧倒するのは当然だからである。

10. 解決の柔軟性

当事者の合意を基礎とする調停にあっては、紛争解決の内容を自由に定めることが可能である。紛争をいかに解決するかを当事者の自由意思で幅広く柔軟に選択することができるので、個々の事件の実情に即して具体的に衡平妥当な解決を図ることができる[1]。

11. 権利の濫用

当事者が誠実(Good Faith)なネゴシエーションをしなかったことによって、調停の手続を濫用していることが調停委員に明らかである場合、あるいは当事者が重要な情報を提供しないか、よりよき理解または解決を達成しようとする意図をもたずに、もっぱら何らかの目的外の利益を得ようとして手続を利用するような場合、調停委員は調停を続けることが適切であるか否かを問題にしなければならない。権利濫用の禁止は、調停においても重要な位置を占める。

12. 全体的な紛争解決

民事紛争は、必ずしも経済的な利害の対立のみからなるものではなく、感情の対立等も伴いがちなため、合意の成立を目的とする調停による紛争解決は、人間関係の面をも含めて、争いを全体的に解消させ、実効性のある安定した解決をもたらすことが可能とされている[2]。全体的な紛争解決という法価値においては、キーワードとして、感情、人間関係、全体的解決、実効性ある解決、安定、といったものが挙げられるが、訴訟においても、人間関係の面をも含めて争いを解決することは基本的法価値に組み込まれているといえよう。

13. 解決の簡易迅速低廉性

訴訟においては、内容面からも手続面からも、適正が重視されるため、手続が複雑かつ技術的になり、主張を法律的に整理・構成し、それを

---

〔1〕 最高裁事務総局民事局『民事調停委員の手引[改訂版]』,2012,2~3頁。

〔2〕 同上,3頁。

裏付ける証拠の提出は当事者の責任とされている。これに対し、調停では訴訟のような厳格な規制はなく、自由な形で主張を述べることが可能であり、事件の実情を明らかにするための事実の調査等も、調停機関が必要と認めるものを職権で行うとされている。このため、特に法律の知識を持たなくても自分で調停を申し立て、手続を進めることが可能であり、費用負担も比較的軽く、事件終了までの期間が長期に渡らない〔1〕。確かに、訴訟における複雑性(煩雑性)・緩慢性・高価性は、その性質上、ある程度は避けられないであろう。しかし前述したように、簡易性・迅速性・低廉性をもって直ちに民事調停の理論的存在理由とすることはできないと言われている。なぜならば、現実の訴訟における手続の複雑性・緩慢性・高価性は、訴訟の性質上避けられない範囲に属するものではなく、簡易性・迅速性・低廉性は調停制度に固有のものではなく、紛争解決制度全体に内在する理念というべきだからである〔2〕。

14. 真相究明

事件の実情に即した解決を得るためには、事案の真相が十分に把握されていなければならない。合意への説得を急ぐあまり、事実関係の究明が軽視されると、真に事案に適切な解決策を見出すことができなくなり、当事者の信頼を得ることはできないであろう。精密に事実認定し判断を下す訴訟とは趣を異にするが、調停においても、紛争に関連する諸般の事情を幅広く調査、検討して、これを総合勘案して、客観的に妥当な解決案を探求する努力を怠ってはならない〔3〕。

15. 効率性

日本では効率性を重視して交互方式を支持する人が多いが、最近では欧米が交互方式を一部採り入れ、わが国でも同席方式にウィングを伸ばし、いずれも調停技法の能力を高めている傾向があると指摘されている。すなわちケース・バイ・ケースで、交互方式と同席方式双方の利点を使って解決する志向が強まってきたといえよう〔4〕。

---

〔1〕 最高裁事務総局民事局『民事調停委員の手引[改訂版]』,2012,4 頁。

〔2〕 佐々木吉男:『増補　調停制度の研究』,法律文化社 1974,124 頁。

〔3〕 最高裁事務総局民事局『民事調停委員の手引[改訂版]』,2012,5 頁。

〔4〕 廣田尚久:『民事調停制度改革論』,信山社 2001,59 ~ 60 頁。

五、おわりに

以上の考察から、調停の基層にある価値として、本稿においては15の価値を抽出した。本稿執筆中に、"Balance of Various Values in the Conciliation"という英文論文をハンガリーの"A"クラス・アカデミック・ジャーナルのThe academic journal of Pro Publico Bono-Public Administration edited by the National University of Public Serviceに投稿する機会に恵まれ受理されたが(2017年刊行予定)、これまでの裁判所の民事調停委員としての自身の経験から法的な価値を考えた時、紛争解決の基層にある法的価値体系の重要性を再認識した。

前述したように、紙数の関係で、本稿では基本的価値体系については詳しく述べなかったが、少なくともここで抽出した15の価値が調停の基層にあるのではないであろうか。今後は、日本において調停がより充実したものになるよう、調停委員の一人として微力ながら努力していきたい。

日本における行政不服審査法の改正について

神戸学院大学法学研究科教授・博士(法学)　恩地紀代子

一、はじめに

日本では、2014 年、行政不服審査法が全面的に改正され、新しい行政不服審査法は2016 年 4 月 1 日から、施行されている。行政申立制度とは、国や地方公共団体を問わず、国民が行政処分に対し、行政庁に対する不服申立をすることを可能とする制度である。改正前の行政不服審査法は、50 年以上も前に(1962 年)制定された極めて古い法律で、その不備も指摘されてきた〔1〕。本稿では、法改正の背景(第二章)と新しい行政不服審査法の主要な内容(第三章)を紹介し、その限界(第四章)を検討する。

二、法改正の背景—改正前の行政不服審査法の弱点

日本は、法治主義国家であり、行政庁の行なう処分はすべて法律に従うことが要求される。しかし、処分を行なうのは人間であり、実際には、法律に違反した処分が行なわれ、国民の権利利益が侵害されることもある。「行政庁への不服申立」は、国民が、処分の違法をせめ、権利利益の救

〔1〕 不服申立の件数も少なく救済率も低い、と指摘されてきた。総務省の2011 年度調査によれば、行政不服審査法に基づく不服申立の件数は、国レベルで 30,022 件、そのうち認容率 10.6%、地方公共団体レベルで 18,290 件、そのうち認容率 2.8%である。この法改正によって、救済率の格段の向上が大いに期待されている(芝池義一:『行政法読本〔第 4 版〕』,有斐閣 2016,263 頁)。

済を受けるための方法の1つである。ちなみに、「不服申立」は、国民を主体とした命名であり、行政を主体とした場合、「不服審査」となる。

1. 改正前の行政不服審査制度の弱点

改正前の行政不服審査法では、不服の申立を受けた行政庁は、その不服を、「簡易迅速な手続」により、審査するものとされていた。そして、その手続の「簡易迅速性」は、行政不服審査制度の長所と説明されてきた。国民の不服を、〈行政庁〉が〈書面〉により、手数料不要でサササッと審査してくれる、というわけである。

しかし、他方で、その「簡易迅速性」の重視が、手続の〈公正さ〉を損ない、行政不服審査制度に対する国民の不信の念を招いているとの難点も指摘されてきた。長所は、逆からみれば、弱点なのである。

2. 審査庁

行政不服審査の制度としての根本の弱点の1つは、審査する機関が〈行政庁〉という点である。行政組織は、ピラミッド構造である。改正前の行政不服審査法では、原則として、処分を行なった行政庁の直近上級庁が審査庁とされていた。ちなみに、上級行政庁とは、当該行政事務に関し、処分庁を指揮監督する権限を有する行政庁を指し、「直近」上級庁とは、二重三重の上級庁がある場合、処分庁により近接した上級庁をいう。ところで、不服審査にあたり、直近上級庁が、同じ行政組織系統で自分の直近の部下にあたる処分庁と、一面識もない他人で審査請求をしてきた国民Aと、どちらを可愛いと思うかと言えば、それは勿論、処分庁であろう。そのため、直近上級庁による審査では、公正・中立な審査はなかなか期待しがたいと指摘されてきた。

3. 審理の担当者

加えて、改正前の行政不服審査法には、〈審理を担当する職員〉についての規定がなかった。したがって、審査請求の対象となっている処分(原処分)に関与した職員や密接な関係のある職員が審理をすることも、法律上、可能となっていた。例えば、先の例で、国民Aが、処分を違法と考えて、審査請求を行なったとして、直近上級庁で審理を担当した職員が、実は、事前に処分庁から相談を受けて細かく指示を与えていた者だったということもありえた。その職員が、例えば、「ああ、これは、わたしが指示した処分だから、間違いない。だいたい、素人である国民から文句をつけられて一々やり直しをしていたら、わたしの面目にもかかわるし、出世にも響く」などと、自負心や虚栄心、同僚への競争心などから、おかしな考えで請求をしりぞけたとしても、審査請求人である国民Aには、わからないわけである。審査庁のどの職員が、自分の主張をどんな風に解釈して、判断したのかがわからないとなれば、国民が、「行政不服審査の公平・妥当は到底期待できない」と感じてもやむを得ない。

4. 口頭意見陳述

その他の弱点として、〈書面審理〉という点がある。改正前の行政不服審査法は、「審査請求の審理は、書面による」という明快な規定をおいていた〔1〕。例外的に、審査請求人が口頭意見陳述を申し立てた場合には、審査庁は、口頭で意見を述べる機会を与えなければならないとも規定していたが、処分庁に、口頭意見陳述の場に出席する義務はなかったので、審査請求人は、処分庁に直接質問することはできず、審査庁に対して一方的に意見を述べ、審査庁がそれを聴き置くだけの、「片面審理の方式」の口頭意見陳述と呼ばれ、争点事項が明確にならないと批判されていた。

三、改正法の主要な内容

新しい行政不服審査法は、上記第一章の批判を背景に、審査庁を最上級庁として、審理は原処分に関与していない職員に担当させることとし、口頭意見陳述において、審査請求人が、直接処分庁に質問できるようにした。

新しい行政不服審査法の本質・趣旨は、1条の目的規定にみることができる。つまり、改正前の行政不服審査法では、審査は、「簡易迅速な手続」によるものとされていたところ、新しい行政不服審査法は、これに文言を追加し、「簡易迅速かつ〈公正〉な手続」によるものと修正している。手続の簡易迅速性とその公正さは、必ずしも両立しないが、これは、公正な手続の保障の比重を従前よりも大きくすることを宣言しているわけである。

---

〔1〕 25条1項本文。これに対し、これに対応する規定である改正法31条では、この文言は削除されている。

1. 審査庁の変更

新しい行政不服審査法は、審査の〈公正性〉をできるかぎり確保しようという観点から、まず、審査庁を最上級庁とする方針を採っている〔1〕。「最上級庁」というのは、各省大臣や都道府県知事など、それ以上の上級庁を有しない行政庁のことである。処分庁との関係では、直近上級庁よりも遠い行政庁にあたるので、審査もおのずと公平無私に行なわれるだろうという期待による。

2. 審理員制度の導入

また、新しい行政不服審査法は、「審理員制度」を導入している。審理員制度は、新しい行政不服審査法の目玉制度として注目されている。新しい行政不服審査法によれば、審査請求があった場合、審査庁は、審査庁に所属する職員から、「審理員」を指名する。ここで、新しい行政不服審査法が工夫した点は、「除斥要件」を規定して、「原処分に関与した職員」は審理員になることができないようにしたことである。これによって、審理の公正性に対する国民の信頼を獲得しようとしているのである。さらに、国民の目から、審理手続が原処分に関与していない者によって行なわれていることが見えるように、審査庁には、「審理員候補者名簿」を作成する努力が求められている。

審理員候補者としては、審査請求の対象となる処分に関与することが予定されていない総務課の職員等が想定されている〔2〕。審査庁は、名簿を作成したときは、公にする義務があり、これは、ホームページで簡単にみることができる。

指名された審理員は、基本的には、「弁明書」〔3〕・「反論書」〔4〕の書

---

〔1〕 処分庁に上級庁がない場合の審査請求は、当該処分庁に対して行なう。

〔2〕 他にも、弁護士や退職した元職員等の外部の人材を非常勤職員や任期付き職員として指名することも可能と考えられている。

〔3〕 処分庁が審査請求に係る処分の内容・理由を記載した書面であり(29条3項)、審理員が、事案の概要等を把握し、審査請求に係る処分が違法・不当でないかを判断するため、提出を求める。

〔4〕 弁明書に記載された事項に対する審査請求人の反論を記載した書面であり、簡易迅速かつ公正な審理のため、審査請求人の主張内容が審理の冒頭に明らかになっていることが望ましいことから、提出手続が設けられている。

面のやりとりによって審理するが、審査請求人から口頭意見陳述の申立があった場合には、審査請求人の主張する機会を十分に確保するため、口頭で意見を述べる機会を与えなければならない。審理員は、必要な審理を終えたと認めるとき、審理を終結し、「審理員意見書」〔1〕を作成し、事件記録とともに、審査庁に提出する。

なお、新しい行政不服審査法は、これに加えて、さらに、審査庁の審理の客観性や公正性を高めるため、第三者機関によるチェック制度を導入している(二段階審理方式)。

3. 対面式の口頭意見陳述への変更

新しい行政不服審査法では、充実した審理を行なうため、口頭意見陳述には、処分庁も招集して行なうこととしており、審査請求人が、処分庁に対して、直接に質問をすることも可能になった。つまり、新しい行政不服審査法の下での口頭意見陳述は、「対面審理の方式」になっている。

口頭意見陳述の場における意見陳述・質問・応答は、次のようなイメージである(審理員は、口頭意見陳述を行なったときは、その記録を作成する)〔2〕。この例は、審査請求人の子供が入所している障害者福祉施設の使用料について、審査請求人が減免の申請をしたところ、処分庁が却下したことについての不服申立で〔3〕、口頭意見陳述の場に、審理員・審査請求人(の代理人〔4〕)・処分庁(担当者)が一同に集まっている。なお、審理員は、審理関係人の主張の趣旨が明確さを欠いたり、争点の把握が容易でない場合もあるため、職権で、審理関係人に質問をすることができる。

①審査請求人による意見陳述　「処分庁は、別居中である審査請求人の夫の所得も合わせると、基準所得を超えることを理由に、使用料の減免

---

〔1〕 裁決の原案となりうるよう、裁決書の記載事項に対応して、事案の概要・審理関係人の主張の要旨を整理し、当該事件の争点を明示した上で、審理請求に対する結論・その理由を記載する。

〔2〕 参照、行政管理研究センター『新しい行政不服審査法の解説 DVD —第 2 部—口頭意見陳述』。

〔3〕 障害者総合支援法 97 条(4 条の法令に特別の定めがある場合)に基づく。

〔4〕 審査請求人の代理人は、原則として、当該審査請求に関する一切の行為をすることができる。

の申請を却下しましたが、審査請求人の夫は、単身赴任していたのではなく、別居して、離婚調停中であり、処分庁の判断は実態に合わない不当なものと考えられます」。

②審査請求人による意見陳述に対する処分庁の回答 「ただいま審査請求人から、所得区分認定に関する世帯についての発言がありましたが、厚生労働省の見解については、公表されていますし、市の審査基準についても、ホームページに掲載されています。必要であれば、後日、証拠として提出いたします」。

③審理員から審査請求人への質問 「審査請求人は、現在離婚調停中だということであるが、離婚調停を申し立てたのはいつか?」。

④審査請求人の回答 「減免の申請をした時点では、離婚調停の手続はまだなされておらず、実際に離婚調停を申し立てたのは、本件却下処分がなされた後である。しかし、減免申請の時点で、すでに別居して離婚に向けての話し合いが行なわれており、実質的な婚姻関係にはありませんでした。このことは、減免申請の際に、口頭で、担当者にも説明してあります」。

⑤審理員からの処分庁へ質問 「戸籍上の婚姻関係以外で、処分庁が同一世帯だと認定した根拠はありますか?」。

⑥処分庁の回答 「審査請求人から提出された通帳の写しによれば、不定期ではあったものの、減免申請があった約1カ月前まで、夫からの送金がありました。そこで、審査請求人に質問したところ、生活費としての送金ということでしたので、同一世帯だと判断しました」。

⑦審理員から処分庁への質問 「処分庁としては、今後の使用料の減免について、どう考えているか?」。

⑧処分庁の回答 「処分庁としては、当時、審査請求人とその夫を同一世帯だと判断したことは、妥当であると考えております。しかし、現在、離婚調停中ということであるから、離婚が成立した段階で、再度、減免申請をしていただければ、審査請求人の所得のみによる所得区分を前提に、減免の可否を判断したいと考えております」。

⑨審理員から審査請求人への質問 「今の説明について、審査請求人からなにか意見はありますか?」。

⑩審査請求人による意見陳述 「先ほども申し上げましたとおり、本

件却下処分は、実態に合わない不当なものであったと思料いたします。それに仮に、離婚成立後に改めて減免申請をして認められたとしても、それまでの使用料は全額を支払わなければならず、実態として低所得世帯に該当しながら減免を受けることができないという不当な結果となり、ひいては、低所得世帯の負担軽減という制度の趣旨に反することになると思われます」。

四、新しい行政不服審査法の限界

以上、新しい行政不服審査法が、公正性の確保・向上の観点から採り入れた主要な内容を紹介した。もっとも、新しい行政不服審査制度にも限界があり、国民の信頼を得られるか否かは、その運用の如何に依存する面も大きい。

1. 新しい審査庁

まず、審査庁が最上級庁に変更されたことで、国民は、これまで基本的に都道府県単位で存在した不服申立先が、東京・本省の大臣となり、精神的にも物理的にも、行政不服審査制度から遠ざけられたような気分になり、利用をためらう可能性がある〔1〕。例えば、地方在住の高校生Cが、在学する高等学校を通じて、高等学校就学支援金の受給資格の認定を申請したが、処分庁である知事が却下処分の決定をし、高校生Cが学校からその却下処分の通知を受けたとして、高校生Cがこの処分を不服として審査請求を行なう場合には、審査庁は文部科学大臣となり、審理員には、初等中等教育局初等中等教育企画課課長補佐(併)大臣官房総務課行政改革推進室の職員が指名される。

2. 審理員による審査

また、審理員の除斥事由である原処分に「関与」しない者という文言は、本当のところ不明確で、事前に相談・照会を受けた職員であっても、それが一般的な法律解釈についてであれば、「関与」にあたらないとされている。審理員は、「審査庁に所属する職員」であり、国民からすれば同じ穴のムジナであることに変わりはない。彼らにも守るべき立場や生活があり、国民の権利救済よりも、組織防衛・自己保身を優先する可能性もあ

〔1〕 第186回国会衆議院総務委員会会議録第22号(平成二十六年5月20日)塩川委員発言。

る。何にしろ、同じ行政組織系統の職員なので、考え方や価値観が似ていてもおかしくない。これらは、審理員制度の公正性の限界である。

ちなみに、第二章の2でみたとおり、新しい行政不服審査法は、この限界を補うものとして、第三者機関によるチェック制度を導入した。審査庁は、審理員から審理員意見書の提出を受けたとき、審査請求人がそれを希望しない等の例外を除き、原則として、外部の有識者からなる第三者機関へ諮問しなければならない。この第三者機関は、国レベルでは、「行政不服審査会」と呼ばれ、審査庁の諮問を受けて、審理員が行なった審理手続の適正性を含め、審査請求についての審査庁の判断の妥当性をチェックする〔1〕。もっとも、新しい行政不服審査制度の初年度である2016年度に、この行政不服審査会が諮問を受けて調査審議を行ない、審査庁の判断を妥当でないと答申した事案は、わずか2件である〔2〕。

3. 補助機関と諮問機関

そしてなにより、審査請求について最終的な判断権を持つのは、審理員でもなく、第三者機関でもなく、審査庁である。したがって、審理員が、「審理員意見書」を審査庁に提出しても、第三者機関が、「答申書」を審査庁に提出しても、審査庁が、それらと異なる内容の判断を行なう可能性もある〔3〕。その場合、国民の立場からは、せっかく時間と手間をかけて不服を申し立てても、骨折り損のくたびれ儲けである。反論書や口頭意見陳述などの手続に相当の労力を要するにもかかわらず、権利救済がおよそ期待できないとなれば、国民は、行政不服審査制度に失望あるいはそれを通り越して憤りを感じるだろう。

---

〔1〕「行政不服審査会」は、総務省に設置される国の諮問機関を意味するので、第三者機関と呼ばれることも多い。

〔2〕13件中。その1つは、文部科学大臣の「高等学校等就学支援金の支給に関する法律4条に基づく受給資格の認定申請に対する却下処分(平成28年度答申第1号)」、いま1つは、厚生労働大臣(審査庁)の「戦没者等の遺族に対する特別弔慰金支給法4条の規定に基づく特別弔慰金の請求に対する却下処分(平成28年度答申第6号)」である。

〔3〕審理員は、審査庁の補助機関であり、審査庁は「審理員意見書」の意見に法的に拘束されるわけではない。第三者機関(行政不服審査会等)は、諮問機関であり、その答申に法的拘束力があるわけではない。

4. 現場の運用一例

日本において、2017 年 2 月、地方レベルで、行政不服審査会の会長をつとめる人物が国際シンポジウムで語ったところによれば、「行政不服審査法は、簡易迅速という建前でできているが、現在、全く簡易ではなく、遅延だけの審査会を行なっている。わたしが会長をつとめる福岡県では、2016 年 5 月に審査会が2つの部会で発足したが、2016 年 4 月に申し立てられた案件を、10カ月を経た今ようやく行なっており、まだ4 件半くらいしか片付いていない。要するに、1 人の審理員(実際には部下の職員が大勢手伝っているが、審理員名としては1 名の者)で、裁決書を9 通出している。現在の実務は、丁寧に弁明書をつくり、それに反論書があって、審理員の意見書があって、行政不服審査会の委員が審査を2 ~ 3カ月かけて行ない、答申が出て、それから裁決ということになっているので、長期化以外には考えられない。県庁や市役所内の人件費もかなりのものだろう。わが県の行政不服審査委員会の委員の手当はとても安く、そのような金額で対応するのが本当にいいことなのだろうかと思う」そうである〔1〕。さらに、行政不服審査会の外部委員は、国のレベルで9 名、地方レベルで3 ~ 5 人であるが、全員が一つ屋根の下で働いているわけではないので、会合のスケジュールを調整するのは大変であり、「ええ、もうスポーツ並みよ。本当にハラハラしますから!」などと紹介される始末である。

五、おわりに

以上にみたとおり、新しい行政不服審査法により、行政不服審査制度の根本的弱点—〈行政庁〉による〈書面審理〉について、ある程度の補強がなされた。しかし、周知のように、これらの弱点を除いた制度、すなわち、独立の地位をもち、傍聴人のいる公開の場所で当事者双方に口頭で自由に意見を闘わせた後に、それを聴いた上で裁断を下す制度が、すでにほかに存在する。行政裁判である。手続の〈公正性〉では、行政不服審査は、行政裁判に、到底、かなわない。そして、行政処分の違法をせめ権利利益の救済を求めるにあたって、行政不服審査と行政裁判のどちらを選ぶかは、

〔1〕 国際シンポジウム『公的部門における法の担い手のあり方と行政法・行政法学』(2017 年 2 月 18 日、大阪大学)における木佐茂男コメント。

原則として、国民の自由に委ねられている。

新しい行政不服審査法の下で、不服申立の件数が増加するか、救済率が向上するか、新しい制度が国民の信頼を得られるか、その成果を見極めるにはしばらく時間がかかる。

鉄道の危機管理と法的課題

——法的責任と人道的対応の交錯——

朝日大学経営学部准教授　横井祐一

前　書

鉄道は公共交通であるが、日本では鉄道事業のほとんどが企業経営で行われている。鉄道事業で日常的に頻発するトラブルは私人間としての法的関係が争われることなり、さらに商法の旅客運送人の責任により無過失であったことの証明責任が課され、鉄道事業の公共的性質が組織の使命と法的責任との二面性によって、事案対応を困難にしている。

本著ではまず、日本及び近隣国での重要な事故について、事故発生時における組織防衛の傾向事例を探った。また、組織防衛が危機対応の失敗を誘引している背景として訴訟手続きとの関連性について指摘した。さらに、これらの失策を回避し、危機発生時においても揺るぎなく組織の使命と戦略を確実に実行する初期対応の考え方と手法の骨子を紹介している。さらに、人道的対応にかかる費用の負担問題に関する民法の事務管理規定の適用の意義、並びに近年長時間化している人身事故発生時の運転休止時間の短縮などの、現在も残されている重要な法的課題について指摘し、現業係員に対する教育および組織としてのバックアップの仕組み構築が重要であることを述べた。

一、日本における鉄道経営の状況と法的リスク

日本人は、欧米人や中国人に比べて個人の権利意識が強くないという印象を持っている人も少なくない。しかし実際には日本でも法的権利

を争う裁判も絶えることがない。最も日常的に損害賠償請求の標的となる可能性が高い業種として、毎日数十万人から数百万人の人身の輸送を行っている鉄道、バスなどの公共交通事業者が挙げられる。

まず、日本の鉄道業界の概要について示す。日本の公共交通事業者としては、19 世紀後半から20 世紀初頭に相次いで設立され現代においても大規模な企業集団を形成しその中核会社となっている大手民営鉄道会社（以下、「大手私鉄」という）が16 社、かつての国有鉄道を分割・民営化した「JR」7 社、地方自治政府等が経営する地下鉄など、比較的大規模な鉄道経営主体が並存している。これらに加えて、中小規模の鉄道事業者およびバス事業者も多数存在する。

大手私鉄 16 社とJRの各社は、現在は全て株式会社である。また、大手私鉄は鉄道事業の沿線地区を中心に大規模な路線バス事業も併せて経営していることがほとんどである。つまり、その営業地域の公共交通の大部分を一企業集団で引き受けているケースが多く、当然に地域の代表的企業として知名度も高い。そのため、企業恐喝や不当な損害賠償請求の標的とされることもある。商法第 590 条で旅客運送人（鉄道事業者）は損害賠償責任を免れるためには自社の無過失を証明しなければならないため、危機対応の的確性が一般よりも厳しく求められる。

社会貢献度の高い事業内容を行う企業であるとしても、社会的貢献のために不合理に重い法的責任を負うことは日本国憲法第 29 条または第 22 条 1 項の保障する経済的自由権の侵害につながる。また、株式会社の組織経営として適切な会計処理を行う義務があり、会社が不合理に過大な経済的支出を行うことは好ましくない。

一方、鉄道の現業係員は法律に精通した専門家ではないため、これら法的な問題をはらむ事態にいかに対応すべきかということが重要な課題である。

二、事故・トラブル発生時の初期対応の重要性

事故や災害、その他のトラブル発生時には、現場で行われる初期対応が極めて重要な意義を持つ。初期対応の適否によって、その後の展開が大きく変わる。被害規模の拡大縮小と、当事者間紛争処理において、初期対応の適否が特に顕著に表れる。本著では、日本の鉄道で実際に行われ

ている事故・トラブル発生時の対応とそれに付随する法的課題ついて論じていく。

なお、本著で紹介する危機対応の仕組みは、筆者がかつて大手私鉄で事故賠償対応の統括を行う担当に従事しており、当該会社で行われてきた事故・トラブル発生時の対応の手順を整理、発展させたものを基盤としている。その内容を鉄道他社へも紹介し、現在、大手私鉄を中心に他社でも採用されている仕組みである。したがって日本の鉄道会社でもこの危機対応の仕組みを採用していない会社も少なくないことには留意されたい。

三、組織防衛と被災者支援との衝突

重大事故発生後に、組織が法的責任から遠ざかろうとする心理が働くのは避けがたい。以下、実際に日本の国内および近隣国での重大事故の対応を概観する。

1. 日本における主な鉄道事故事例

設備・システムの近代化が先行する日本の鉄道においても、比較的大きな鉄道事故がたびたび発生している。以下、近時の重大鉄道事故の事例を挙げる。

(1)1991年5月14日(滋賀県)　信楽高原鐵道列車正面衝突事故

信号故障等のトラブルが生じ、異常時の列車取扱いの誤りにより単線区間で信楽高原鐵道の列車と、同社線に乗り入れしていたJR西日本の列車とが正面衝突し、死者42名、負傷者614名を生じさせた事故である。[1]

中尾は「四方山話」としてではあるが、「JR西日本が方向優先てこを設置したことを警察に隠したり、事故以前の何回かの赤信号出発の問題を信楽高原鐵道に指導しなかったり、という責任逃れをやり、民事の裁判で負けて責任を認めた。この事故の責任逃れの体質が、小さな危険を大きくなる前に摘みとることをしないようになり、JR西日本福知山線の事故の遠因となったのかもしれない。」と記している。

---

〔1〕 中尾政之:『信楽高原鐵道での列車正面衝突』失敗知識データベース－失敗百選、http://www.sozogaku.com/fkd/hf/HA0000607.pdf,2017年3月10日訪問。

(2)2000年3月8日(東京都)　地下鉄日比谷線脱線事故(乗り上がり脱線)

8両編成の地下鉄列車が曲線を低速で通過した際、最後部車両8両目が脱線して隣接線路の車両限界を支障し、8両編成の対向列車に接触しその5・6両目が大きく損傷した事故である。この事故で5名死亡、63名負傷の被害が生じた。

この事故は鉄道係員のルール違反ではなく、主に技術的な要因により生じた事故と考えられ、国土交通省の事故調査検討会は脱線要因について「左急曲線に続く緩和曲線の始端付近という線形条件の箇所において、輪重減少や横圧増加を引き起こす複数の因子の影響が複合的に積み重なったことにより、8両目車両第1軸の右側車輪の脱線係数が増大し、車輪がレールに乗り上がって脱輪したことによるものと推定される」と記した。[1]

(3)2005年4月25日(兵庫県)　福知山線脱線事故

急カーブに進入した列車が曲線通過の制限速度まで速度を抑制せずに進行させたため、脱線横転し、死亡者数は107名(乗客106名及び運転士1名)、負傷者数乗客562名を生じさせた大事故である。国土交通省の事故調査委員会が指摘した「原因」は「本件運転士のブレーキ使用が遅れたことについては、虚偽報告を求める車内電話を切られたと思い本件車掌と輸送指令員との交信に特段の注意を払っていたこと、日勤教育を受けさせられることを懸念するなどして言い訳等を考えていたこと等から、注意が運転からそれたことによるものと考えられる。本件運転士が虚偽報告を求める車内電話をかけたこと及び注意が運転からそれたことについては、インシデント等を発生させた運転士にペナルティであると受け取られることのある日勤教育又は懲戒処分等を行い、その報告を怠り又は虚偽報告を行った運転士にはより厳しい日勤教育又は懲戒処分等を行うという同社の運転士管理方法が関与した可能性が考えられる」という

---

〔1〕 事故調査検討会「帝都高速度交通営団　日比谷線中目黒駅構内　列車脱線衝突事故に関する調査報告書」国土交通省,平成十二年10月26日。

列車運転士の不注意という具体的な根拠のない憶測に止まった。[1]

一方、最新式であるATC(自動列車制御装置)または従来式のATSの速度照査機能(制限速度を超えて地点を通過した場合に自動ブレーキが作動するシステム)が付加されていれば、かなり確実に事故は防げたことが予測でき、その不設置が事故の大きな要因であると考えられる。

事故報告書で実際に事実の歪曲がなされたか否かについては本著では議論することは避けるが、法的責任の有無や軽重が当事者の重大な関心事であったことは十分に推測できる。

(4)2005 年 12 月 25 日(山形県)　羽越線特急列車脱線事故

6 両編成の特急列車が、橋梁部分を過ぎて盛土構造区間で全車両が脱線し、1から3 両目までが盛土の下まで転落・横転した。この事故で、乗客 5 名が死亡し、33 名(乗客 31 名、乗務員 1 名及び車内販売員 1 名)が負傷した。

事故調査報告書では、本件事故の原因は「本件列車が本件橋りょうを過ぎて盛土構造の直線区間を走行中に、右から転覆限界風速を超えるような局所的な突風を受けたため」とされた。[2]

レール付近の雪溜まりやレールに付着した氷などが脱線の原因となった可能性も考えられるが、その場合に第一に検証すべき列車最前部の車輪踏面の検証が行われた資料が全く無い。最前部車輪踏面の拡大写真などの資料も公表されておらず(他の車両の車輪踏面の拡大写真は掲載されているものもある)、もし検証も全く行われなかったとすれば、極めて不自然である。

(5)2011 年 5 月 27 日(北海道)　JR 北海道特急列車脱線火災事故

6 両編成の特急列車がトンネル内で脱線し、異音発生とともに車内に煙が流入、停電も起こった。列車停車の約 25 分後、一部の乗客が自己判断

---

〔1〕 航空・鉄道事故調査委員会「鉄道事故調査報告書〈西日本旅客鉄道株式会社　福知山線塚口駅～尼崎駅間　列車脱線事故〉」国土交通省, http://www.mlit.go.jp/jtsb/railway/fukuchiyama/RA07－3－1－1.pdf,2017 年 8 月 24 日訪問。

〔2〕 航空・鉄道事故調査委員会「鉄道事故調査報告書〈東日本旅客鉄道株式会社　羽越線砂越駅～北余目駅間　列車脱線事故〉」国土交通省, http://www.mlit.go.jp/jtsb/railway/rep-acci/RA2008－4.pdf,2017 年 5 月 20 日訪問。

で列車から降車し避難を始めた。乗客・乗員の全員が徒歩でトンネルの外へ避難したが、その後、列車は火災により全6両とも焼損した。幸いにもこの事故による死者はなく、軽傷者のみであった。ただし、乗客の避難開始までは、「当初、危ないので外に出ないようにとのことであった」(事故調査報告書31頁)という乗客の証言が記されている。つまり、全車両焼損の火災にも関わらず幸いにも死者が生じなかったのは、係員の制止に反して乗客が自ら車外へ降車し始めたことによる結果であったといえる。

早い段階で3両目以後は呼吸が困難なほど煙が充満していたにも関わらず、「本事故のように、火災が認知されていない場合は、指令も火災を把握する術がなく車内の急迫した状況も伝わりづらいため、的確な指示は困難であると考えられる」という記述などに見られるように、列車停止後少なくとも約22分間は、列車乗務員は避難誘導を行うのではなく乗客に列車内に留まるように指示していたとみられ、もし乗客の自己判断による避難行動が起きなければ、大惨事になっていた恐れがあった事故であった。しかし、この避難誘導の遅れが多くの乗客の命を危険にさらしたという決定的に重要な問題点は、事故調査報告書ではぼかされている印象を受ける。[1]

2. 近隣国での主な危機対応事例

日本の近隣国である韓国においても近年重大な事故が発生している。その事例の危機対応などについて以下に記す。

2014年4月16日、韓国の大型旅客船「セウォル号」が海上で転覆、沈没した。この事故で死者・行方不明者は約300名に上った。この事故も韓国国内だけでなく日本においても、その後の経過を含めて大きく報道された。

とくに船長の初期対応行動が注目され、「セウォル号の船長(個人名省略)の事故前後の行動に批判が集まっている。船が急旋回した時に操縦室を離れていただけでなく、事故後には多くの乗客を残して脱出。韓

---

〔1〕 運輸安全委員会「鉄道事故調査報告書　北海道旅客鉄道株式会社　石勝線　清風山信号場構内　列車脱線事故」国土交通省,2013年,http://www.mlit.go.jp/jtsb/railway/rep-acci/RA2013-4-1.pdf,2017年4月18日訪問。

国メディアによると、救助船の搭乗者名簿に「一般人」と記入し、身分を偽った。治療を受けた病院では、海水でぬれた紙幣をオンドル(床暖房)で乾かす姿が目撃された。」との報道もあった。[1]

なお、この事故も韓国の国政選挙など政治局面にも影響を与えたとの評価もある。[2]

四、経営と法的責任について

1. 民事責任について

日本における事故などの発生時の民事責任については、使用者責任(民法第715条本文「ある事業のために他人を使用する者は、被用者がその事業の執行について第三者に加えた損害を賠償する責任を負う」)の規定があるため、第三者行為または被災者自身による責任に場合を除いて、鉄道側の原因による事故によって旅客に損害を与えた場合には、直接の過失ある鉄道職員だけでなく、鉄道会社も被害者に対して損害賠償の責任を負うことについては、特に論争はない。

2. 刑事責任について

日本の刑事法は個人責任主義が原則にある。直接の過失行為を行なった鉄道職員が訴追され有罪となる事例は多数ある。わずかの瞬間の判断ミスによるものであることが大半である。判断に余裕がある状態で行動を選択できていれば、そのようなミスをすることがなかったと思われるケースがほとんどである。

一方、安全設備の設置等の意思決定を行う経営者は、多くの条件を精査した上で、精緻かつ慎重に意思決定を行うことが可能である。さらに言えば、その意思決定は一度限りではなく、何度も決定が行われるのが通常であり、見直しをする機会も多い。しかし、鉄道事故により経営者が訴追され、有罪となるケースはほとんどないのが現状である。

---

〔1〕 朝日新聞「『船長、早く脱出の決定を』韓国船、交信記録　旅客船沈没事故」2014年4月21日,朝刊,39頁。

〔2〕 聯合ニュース「韓国大統領府「謙虚に受け止める」=統一選の結果受け」2017年7月27日,http://japanese. yonhapnews. co. kr/Politics2/2014/06/05/0900000000AJP20140605001300882. html。

3. 現場対応と訴訟手続きの関連性

日本の鉄道はいずれも現在は企業経営体として存立しており、原則として、事故やトラブルの発生時に旅客らに損害が生じた場合には私法関係となり、民法や商法等の民事法が根拠をとして決着が図られる。

日本の民事訴訟法においては弁論主義が採られ、裁判手続きによる「自白」は法的責任判断の根拠とされる。(民事訴訟法第179条〈証明することを要しない事実〉「裁判所において当事者が自白した事実及び顕著な事実は、証明することを要しない」)

この「自白」が裁判の判断材料にされるのは、訴訟手続きにおける「弁論」としてなされることが要件であるが、証拠調べとしての証人尋問で、事故発生現場での当事者間でのやり取りが証言され、その中で、一方の当事者が現場等において、自方の法的責任を自認するような言動を行ったなどの場合には、それが判決に影響する可能性が否定できない。したがって、そのような自過失責任の自認と受け取られる可能性がある言動を慎むことを勧奨されることがある。

ところで、法律上の責任の有無や法的責任の所在は、司法手続きを行う場合には弁護士と裁判官という法律専門職が数カ月ないし数年の審議を行って結論を下す。一方、事故の現場は、証拠や情報も十分でなく整理もなされていない。また、法律の正確な専門知識を現場の関係者に期待することもできないから、事故現場において法的責任関係を正確に確定することは、事実上不可能である。

五、危機発生時の対応の考え方と手法

1. 危機発生時の混乱

事故やトラブル発生時における具体的に生ずる困難は、法律だけで解決すべきものではなく、被災者に対する救護や支援も重要である。

平常時では人員の配置、作業の手順や時間配分などを可能な限り無駄なく設計し運用することが、企業体が求める利益追求の目的に適う。一方、事故・災害・トラブル等の非常時には、当然に平常時の手順通りに進めることはできなくなり、過不足なく配置していた人員だけでは対応が困難になる。

そこで、非常時となった場合には、平常時の作業手順をゼロベース

とする方法が考えられる。端的には、一旦作業を止める。鉄道で走行している列車に何か異変があれば、停止してはいけない条件がある場合(トンネル内や鉄橋上など)を除いて、列車を直ちに停車させる。脱線している場合には、信号が正常に機能していない恐れがあるとともに、対向列車の進路を支障しているおそれがあるため、対向列車が接近している可能性があれば、停止列車の進行方向前方へ乗務員が緊急停止信号(赤色発炎筒)を掲げつつ乗務員が走行する。後続列車が追行している可能性があれば進行後方後方へ向けても同様に行う。このように、まず第一に行うべきことは、被害の拡大を最小限に抑制することである。

2. 人道的対応の優先と法的対応の劣後について

これまで述べてきたように、事故・トラブル発生時は、法的責任を免れようという組織防衛の力が働きがちである。しかし、実際には現場で直ちに行われる初期対応において現場係員が正確に法的責任関係を把握してその条件によって対応を選ぶことは事実上不可能である。

そこで、筆者は現場で法的責任判断を行わず、かつ、いかなるケースでも組織の使命・戦略を全うできる危機対応の手法として、「人道的対応(主体的対応)」と「法律的対応(合理的対応)」とに分けて整理して実行する「戦略型初期対応」の仕組み構築・提唱してきた。この「戦略型初期対応」の考え方と手法は、多くの大手私鉄と公営地下鉄の一部などで実際に採用されている。以下、「戦略型初期対応」の骨子と必要な条件を記す。[1]

3. 人道的対応の定義と条件

戦略型初期対応における人道的対応(主体的対応)とは、「法的責任の有無や軽重とは無関係に、人命・身体の保護を最優先に人として行う行動」と定義する。

確かに、自社に責任が無いかあるいは責任が軽微であると考えた場合に、不用意にその出来事に関与すると何らかの不利益を被るのでは無いかと心配になり、不都合に巻き込まれないために、何もしない方がよいという結論に至ることもある。しかしこの「人道的対応」は、法的責任の

---

〔1〕 横井祐一「戦略型初期対応の二元的整理」日本経営診断学会論集 2008 年第 8 期。

有無を考慮しないで行動する。

人道的対応は、何よりも人命・身体の保護を優先することが最大の柱である。これは日本人のなじみ深い考え方である「おもいやり」の制度的な実践の仕組みである。

なお、人道的対応に取り組むにあたって、かつて拙著において以下の7つの条件を満たす必要があることを説明した。

①主体的価値観に基づく行動選択を行うこと

価値観の優先順位を明確にし、あらゆる行動及び意思決定をこれに準拠させることが必要である。

②組織の価値観の優先順位が、法規範と乖離がないこと

法規範においても、生命身体の保護の優先など優先順位をつけることは不可能ではない。この法規範の優先順位と、組織の価値観の優先順位が乖離していると、「会社の常識は、社会の非常識」というような、矛盾状態を引き起こす。

③行動選択の基準となる規範が、法規範より高いレベルであること

さまざまな場面において、行動選択の基準は組織および個人の規範意識に頼ることになる。したがって、この規範のレベルが法規範以下であるならば、いまや不可欠となっているコンプライアンスを骨抜きにすることとなり、全く受け入れられないものとなる。また、法規範と同等レベルであるならコンプライアンスと大差のないものとなる。

人道的対応では、他者よりも高い規範レベルに基づいて行動することによって、新たな価値の創造を目指すことになる。

④組織の戦略方針と価値観の優先順位との整合性が高いこと

組織の目指すべき戦略方針を、主体的な価値観と整合させ明確化することが必要である。組織の戦略方針と価値観が一致することによって、組織の最小単位から戦略が浸透し、実現へと向かう。

⑤自発的に行動すること

行動の契機は可能な限り、他からの要求によってではなく、自らの気づきによることが望ましい。

⑥組織や組織内の個人の防衛目標に、高い優先順位を与えないこと

組織または組織内の個人を防衛することに高い優先順位を与えれば、外部への貢献は劣後することになる。「情けは人のためならず」とい

う日本の諺にあるとおり、外部への貢献に尽力することによって、ひいては、組織を存続させ成長させることとなる。

⑦最善の行動を、常に追求すること

実際の意思決定の場面では様々な制約が存在し、これらの制約を言い訳にしてその場しのぎの行動を選択しようとする圧力が働きやすい。制約条件に囚われず常に最善を追求していく姿勢がなければ、いかなる状況下でもぶれない人道的対応を貫徹することは困難となる。

4. 法律的対応の定義

戦略型初期対応における法律的対応(合理的対応)とは、「法的責任の所在を明確にし、その責任に応じて合理的に行う行動」と定義する。

前述したように、現場の係員に法的責任判断を行わせるのは不可能であることを述べたが、この「法律的対応」も現場において法的判断を行わなくてする段階までに止めるのが望ましい。現場では、証拠や情報の収集・保全・記録などを行い、それを後日の専門家による法的責任の判断材料とするということであり、これが現場で行うべき「法律的対応」である。

六、危機対応に関する法的課題

上述の通り、戦略型初期対応は、事故・トラブルの対応現場において、法令知識の有無に頼らず組織の使命・戦略を具現化することが可能となる仕組みである。ただし、課題が全て解消されているわけではない。法令知識と法的責任について、現場で即断が求められる場面がある。以下に、問題が生ずる場面での主な二つの課題を挙げる。

1. 人道的対応にかかる費用の法的処理(「事務管理」の適用の可能性)

人道的対応では、当事者が自ら行動するだけでなく、被災者を病院へ搬送し治療を受けさせる場合など、費用が発生する場合がある。このときに発生する費用を誰がどのように負担すべきなのかという法的問題が生ずる。

日本の民法は、すでに権利義務関係がある場合にその権利関係をどのように整理するかという問題の解決を中心としている。一方、義務がないのに他者のために支援を行い、金銭的支払い関係が生じた場合、原則として日本の民法は強い法的保護を与えないのが原則である。しかし、例外的に民法第697条乃至第702条に「事務管理」の規定を置いており、義務なくして他人のために事務の管理を始めた者が本人のために有益な費用を支出したときは、本人に対し、その償還を請求できるとされている。これまで、この事務管理は例外的・補充的な規定と認識され、積極的に適用されることが少なかった。しかし、この事務管理の規定は、危機発生時において「おもいやり」に基づく人道的対応を法的側面からも後押しする役割を果たすことができると考えられる。[1]

2. 人身事故発生時の長時間の運転休止の課題

人身障害事故(列車と人との衝突または接触により生じた列車事故)では、列車の運転機能に支障が生じおらず、かつ人命救助活動が必要でない場合、物理的には15分以内の運転再開が可能である。しかし日本の鉄道では事故発生から当該列車の運転再開まで約50分程度の時間を要しているのが実情である。警察官が実況見分などを理由に、運転再開に難色を示すことにより運転休止時間が大幅に伸びているのである。日本の大都市部の鉄道は、数分間隔で列車が運行されており、10分以上の運転休止は運行ダイヤの大幅な乱れを引き起こす。

警察官の言動は現場の鉄道職員の意思に反して列車の運転再開を抑止する恐れがあるが、本来、公務たる警察活動は警察官職務執行法および刑事訴訟法などの法令に基づいて執行されるのが基本である。強制捜査よりも任意捜査を優先すべきとする日本の警察捜査の原則によれば、警察官は鉄道係員に対して運転再開を萎縮させるような言動を慎み、速やかな運転再開に協力すべきである。

ただし、もし警察官が公的に強大な権限を行使してきた場合に、法律の専門家ではない現場の鉄道係員が、法的に正当な取り扱いについて主張することを期待するのは非現実的であるという課題が残されている。[2]

---

〔1〕 横井祐一:「初期対応における人道的対応費用の意義」,日本産業経済学会『産業経済研究』2010年第10号。

〔2〕 横井祐一:「鉄道自殺による輸送障害の短時間化に関する一考察」,日本産業経済学会『産業経済研究』2011年第11号。

七、現場係員に対する危機対応教育の課題(結びにかえて)

事故・災害・トラブル発生時には手順が混乱し人手も不足するため、従来の一般的な考え方では、企業の使命・戦略に沿った対応を行うことは極めて困難である。加えて、人々は重大な局面に直面すると、まず法的責任の回避に気が向くのである。

鉄道の現業係員には、法的関係に関わる重要な場面で的確な言動を行うことを求められるのが一般的である。しかし、鉄道係員は法律全般に精通するに専門家ではない。事故やトラブルへの対応は、全く同じケースがない非定型的な意思決定である。

そもそも、法律的な責任関係の判断は、法律家が集まり慎重な審理を経て行われる裁判でも少なくとも数ヶ月の期間を要する。それを法律の専門家でもない鉄道係員に即断で正確な判断を期待するは、無理なことである。したがって、鉄道係員に対する危機対応の教育における法的な部分の内容に関しては、以下の二つが重要な要素となる。

(a)法的判断を必要としないか、判断内容によって事態を著しく悪化させない仕組みとする。

(b)法的判断の準備段階として、証拠・情報の収集・保全を無理のない範囲および方法で行う。

要素(a)について、戦略型初期対応で人道的対応を優先することが核心となる。人道的対応では法的責任関係を考慮せずに同じ姿勢、つまり自社の責任の有無に関わらず関係者の人命・身体の保護を行うことを優先的に行うことを主とするものである。したがって、現場の係員は法的判断を必ずしも要しない。また、常に法的責任の有無に関わらず人道的対応を優先させるということは、被災者に手厚く対応を行うことと、法的責任の認識とは全く無関係であることの裏付けとなる。もし裁判で争うことになり、被災者への手厚い支援が自社に過失の認識があったことの根拠として相手側が主張した場合でも、鉄道側は法的責任の有無に関わらず同様の対応を行っていることを述べることによって、容易に防御することができる。

要素(b)について、戦略型初期対応における法律的対応として、現場での証拠・情報の取得、保全、記録を重要視しており、可能な限り詳細にその方法を示し、教育を行うことが有効である。

なお、関係諸官庁との軋轢や法的紛争を厭わず、強力なリーダーシップによって方針を徹底し、問題が生じた場合には強い責任感と高度な専門的法律知識によって折衝を行うことができる会社の経営幹部人材を確保・養成し、現業部門をバックアップする仕組みをいかに構築していくかが今後の重要な課題である。

事前確定届出給与における社会保険料の恣意的調整の問題点

谷隆之税理士事務所　谷隆之

一、問題の所在

平成十八年度の法人税法改正において、同族会社の役員給与は定期同額給与であることが損金算入の要件であることとされた。また同時に、役員賞与については、事業年度のある一定期限までに届け出た金額「事前確定届出給与」については、損金の額に算入することができるものとされる制度が導入された。

この定期同額給与と事前確定届出給与の導入は、同族会社の役員給与については、法人税の算定において、株主と企業経営者たる役員が同族である場合、役員給与の決定において恣意的な金額設定が可能であることから、決算対策として事業年度途中での役員給与の操作を限定的な条件に制限し、利益操作を排除するという目的のために導入されたと考えられる。この制度に従って支給された給与は、法人の損金として損金算入される一方で、受け取った役員の給与所得として、個人に所得税が課税されるものである。

この制度について、法改正から10年以上が経過し、税務実務において税理士等を通じて同族会社には一定の知識の浸透を感じるところである。

一方で昨今、日本における社会保障費の増大に伴い、その財源としての社会保険料に対する関心が高まっている状況である。

すべて法人は、社会保険への加入が義務付けられており、同族会社の役員もまた役員給与及び役員賞与たる事前確定届出給与に対して、社会保険料の負担が求められている。この社会保険料の算定については、毎年7月に提出する社会保険料の算定基礎届によってその負担額が決定されることになるが、その算定は社会保険料率表に基づいてその役員又は従業員の収入に応じた保険料を負担することとされており、その同額の保険料を給与支払者である法人も負担するという制度的仕組みになっている。

社会保険料の算定は、算定基礎届による定時決定及び大幅な固定的賃金の変動による随時改訂によって決定されると共に、賞与支払届による賞与額によって算出される。

ここで問題は、社会保険料の算定による賞与額の取扱いである。社会保険料の内訳は主に「健康保険料」と「厚生年金保険料」に分けられるが、それぞれの保険料の算定において、基礎となる賞与額に上限が設けられている。そして、法人税の損金に算入される役員給与は定期同額給与と事前確定届出給与として決定され、その全額が法人税法上の損金に算入され、個人には所得税が課税されるが、定期同額給与として支給するか、賞与たる事前確定届出給与として支給されるかは、年間に支給される給与額が同額であれば課税上まったく差異が無い。にもかかわらず、社会保険料の算定においては、固定的賃金と賞与額が別々に計算され、賞与額に上限が設けられていることから、役員給与をできるだけ事前確定届出給与として支給することで、社会保険料算定の上限による切捨て部分を多く生み出すことが可能であるということになるのである。

本来、社会保険料はその収入に応じて広く公平に負担されるべきものであるが、このような仕組みを利用すれば、役員給与を恣意的に設定することにより、社会保険料の負担を調整することが可能となってしまう。

この問題を回避するためには、健康保険法や厚生年金保険法の改正が必要となるが、実際の事例をもとに問題点を整理したい。尚、本事例では、主に同族会社の役員を対象として述べているが、社会保険料の恣意的な調整可能性については、役員ではない従業員についても同様の調整が可能である。主に同族会社の役員を対象とするのは、年間の給与決定についての権限が経営者たる役員に集中することと、給与額の恣意的な調整が第三者たる従業員には行いにくく、主に役員給与においてなされる事例が多いと考えられるためである。

二、事例検討

株式会社 Aは、大阪府に本店所在地を置き、代表取締役である甲(平成×八年12月現在で45歳)が株式を100%保有する同族会社である。従業員はおらず、代表取締役の甲のみが業務を行っている法人である。当法人では、前年度(平成×八年1月1日~平成×八年12月31日)において甲に対し定期同額給与として毎月100万円の役員報酬を支払っていたが、当年度(平成×九年1月1日~平成×九年12月31日)の開始に際し、株主総会を開催し役員給を定期同額給として毎月5万円とし、平成×九年12月31日支給の定期同額給として1140万円を支払うこととし、所轄税務署に対して必要な手続きを行った。当法人は設立当初から社会保険に加入しており、甲が社会保険に加入している。

本事例において、代表取締役甲は、前年度において毎月100万円の役員給与を受領していたことから年収に換算すると1200万円の報酬を受け取っていたことになる。当年度においては、毎月の給与額を5万円抑える一方で、平成×九年末に1140万円の役員賞与を支給することとしたものである。代表取締役甲の年収は、平成×八年及び平成×九年のどちらにおいても1200万円であることに変わりはない。

法人税法上、同族会社の役員の報酬は定期同額給与である必要があるが、平成×八年においては毎月100万円の一定額であり、平成×九年についても大幅な減額ではあるが毎月5万円の一定額であり、損金算入の要件は満たしていることとなる。平成×九年末に役員賞与として1140万円を支給することを株主総会で決定しているが、事前確定届出給与として所轄税務署に期限内に届出を行っており、実際に年末に支給することにより損金への算入が可能である。法人税の計算上、前年と当年の損金算入額に差異は無く、役員給与の支給時期に差異が生じたのみとなっている。

所得税法の観点から見れば、甲は平成×八年と平成×九年においてそれぞれ1200万円の役員給与を受け取ることになるが、所得税の計算は年間の所得によって計算される仕組みであるため、最終的な所得税の負担額は全く変わらないこととなる。

社会保険の観点では、A法人は社会保険に加入しているため、平成×八年については、甲を被保険者として健康保険料・厚生年金保険料を100万円の標準報酬月額として算定した金額を本人から徴収し、同額を法人負担分として納付していた。平成×九年度においては、定期同額給与としての5万円を基準とする標準報酬月額が設定され、賞与支払額1140万円に対して健康保険と厚生年金の料率を乗じたものが社会保険料として計算されるが、健康保険については年間賞与支払額の上限が573万円とされており、厚生年金については月間の賞与支払額の上限が150万円とされており、これらの上限を超える支給額については切り捨てられて社会保険料が算定されないこととなる。

これらの社会保険料の負担額のシミュレーションは下図のとおりである。実際には、社会保険料の算定においては、定時改訂と随時改訂によって行われるため、負担額の算定時期は役員給与変更のタイミングと合致しないが、最終的には下表のような負担の差異が発生する。

表1　平成×八年度と平成×九年度の社会保険料負担差額シミュレーション

平成×八年の社会保険料負担額(法人負担と本人負担合算額)大阪府の場合

月額役員給与	年収換算	標準報酬月額による健康保険負担額	標準報酬月額による厚生年金負担額
100万円	1200万円	115,444 円 × 12 月 = 1,385,328円(A)	112,728 円 × 12 月 = 1,352,736円(B)

平成×九年の社会保険料負担額(法人負担と本人負担合算額)大阪府の場合

月額役員給与	年収換算	標準月額による健康保険負担額	j
5万円	60万円	6,832.4 円 × 12 月 = 81,988円	16,000.16 円 × 12 月 = 192,001円
賞与の計算		健康保険料率による健康保険負担額(年間累計上限573万円)	厚生年金保険料率による厚生年金負担額(月間上限150万円)
12月末賞与	1140万円	5,730,000円×11.78% = 674,994円	1,500,000円×18.182% = 272,730円
合計	1200万円	756,982円(A')	464,731円(B')

平成×八年と平成×九年の社会保険料負担差額

	健康保険料の負担差異	厚生年金保険料の負担差異
社会保険料の負担差額	(A)−(A')=628,346円	(B)−(B')=888,005円

表1に計算したものからわかるように、×八年の健康保険料の法人負担と本人負担の合計額が1,385,385円(A)であるのに対し、×九年の合計額は756,982円(A')となっている。これらの差額が628,346円(A)−(A')として算出されているが、給与の支給方法の変更によってこれだけの金額の差異が生じることになるのである。同じように厚生年金についても、×八年の厚生年金保険料の法人負担と本人負担の合計額が1,352,736円(B)であるのに対し、×九年の合計額は464,731円(B')となっている。これらの差額が888,005円(B)−(B')として算出され、大きな差異を生む結果となっている。

このような計算結果の差異を生じさせる原因は、社会保険料算定における賞与の取扱いである。健康保険料の算定の際に算定の基礎となる標準賞与額には年間の累計額に上限が設けられており、毎年4月1日から翌年3月31日までをその期間とすることとなっている。したがって、年間の賞与額が573万円を超える場合には、健康保険料は573万円に対する保険料として固定されてしまうのである。一方で、厚生年金保険料の算定基礎となる標準賞与額についても、1ヵ月に支払われる賞与額に150万円という上限規定が設けられているため、150万円を超える賞与については保険料が固定されてしまう。

事例では、この上限規定をできるだけ多く使って標準賞与額の切捨て部分を多く生み出すように役員給与の支給方法を変えることで、社会保険料の負担額を法人負担・個人負担双方について大きく減額させることに成功している。

健康保険法 (標準賞与額の決定) 第四十五条　保険者等は、被保険者が賞与を受けた月において、その月に当該被保険者が受けた賞与額に基づき、これに千円未満の端数を生じたときは、これを切り捨てて、その月における標準賞与額を決定する。ただし、その月に当該被保険者が受けた賞与によりその年度(毎年四月一日から翌年三月三十一日までをいう。以下同じ。)における標準賞与額の累計額が五百七十三万円を超えることとなる場合には、当該累計額が五百七十三万円となるようその月の標準賞与額を決定し、その年度においてその月の翌月以降に受ける賞与の標準賞与額は零とする。
厚生年金保険法 (標準賞与額の決定) 第二十四条の四　実施機関は、被保険者が賞与を受けた月において、その月に当該被保険者が受けた賞与額に基づき、これに千円未満の端数を生じたときはこれを切り捨てて、その月における標準賞与額を決定する。この場合において、当該標準賞与額が百五十万円を超えるときは、これを百五十万円とする。

三、事例の評価

事例を研究する際の賞与の定義については、下記の通達が参考になると考えられる。

<table>
<tr><td>

所得税法基本通達

（賞与の意義）

183－1の2　所得税法第183条第2項に規定する賞与とは、定期の給与とは別に支払われる給与等で、賞与、ボーナス、夏期手当、年末手当、期末手当等の名目で支給されるものその他これらに類するものをいう。なお、給与等が賞与の性質を有するかどうか明らかでない場合には、次に掲げるようなものは賞与に該当するものとする。（平19課法9－1、課審4－11追加）

イ　純益を基準として支給されるもの

ロ　あらかじめ支給額又は支給基準の定めのないもの

ハ　あらかじめ支給期の定めのないもの。ただし、雇用契約そのものが臨時である場合のものを除く。

（注）次に掲げる給与については、賞与に該当することに留意する。

1. 法人税法第34条第1項第2号《事前確定届出給与》に規定する給与（他に定期の給与を受けていない者に対して継続して毎年所定の時期に定額を支給する旨の定めに基づき支給されるものを除く。）

</td></tr>
<tr><td>

健康保険法

第三条

……（省略）

6　この法律において「賞与」とは、賃金、給料、俸給、手当、賞与その他いかなる名称であるかを問わず、労働者が、労働の対償として受けるすべてのもののうち、三月を超える期間ごとに受けるものをいう。

厚生年金保険法

（用語の定義）

第三条　この法律において、次の各号に掲げる用語の意義は、それぞれ当該各号に定めるところによる。

一　（省略）

二　（省略）

三　（省略）

四　賞与　賃金、給料、俸給、手当、賞与その他いかなる名称であるかを問わず、労働者が労働の対償として受ける全てのもののうち、三月を超える期間ごとに受けるものをいう。

</td></tr>
</table>

所得税法基本通達183－1の2においての注書きにより、事前確定届出給与は賞与として取り扱う旨が定められている。役員給与は委任契約の報酬として事前に確定額として届け出ているとしても、その所得税法上

の取扱いは賞与として取扱う旨を明らかにしたものである。

一方、健康保険法及び厚生年金保険法に定めるところによれば、労働の対償として受け取るもので三月を超える期間ごとに受け取るものを言うとされている。ここで事前確定届出給与は委任契約たる役員に対して支払われるものであり、労働者が労働の対償として受け取るものであるか疑義が生ずるが、行政通達として昭和24年7月28日保発第74号通知により、法人の役員であっても健康保険法及び厚生年金保険法の被保険者対象とする旨が通知されており、実務上では役員への報酬も労働の対償として取り扱いがなされている。

これらの規定からしても、事前確定届出給与を賞与として算出して社会保険料を計算することについては、法的な問題は無いように考えられ、実務上もそのような取り扱いがされているのが実情である。

ここまで見てきたように、事前確定届出給与の設定を行って、毎月の給与額を低く抑え、賞与額を大きくすることによって社会保険料の減額が可能であることを確認してきた。

現状の法律と運用の過程では、このような手法は違法な行為であるという取扱いはなされておらず、合法的な手法であると言える。

社会保険の制度的目的を鑑みれば、各人の収入に応じてその負担を求めることを目指しているはずである。にもかかわらず、上記の事例にみられるような、テクニカルな方法を用いて社会保険料をコントロールするという手法は立法目的からすれば適正ではないと言えるだろう。

四、結論

本論文では、法人における役員給与の設定において事前確定届出給与を設定することで、賞与の社会保険料算定における上限を利用して社会保険料を減額できる現状を報告してきた。このような状況から、今後の税務立法や社会保険立法についての方向性について言及したい。

1. 健康保険法及び厚生年金保険法における役員規定の創設

健康保険法及び厚生年金保険法における賞与の定義において、賞与とは「労働者が労働の対償として受ける全てのもの」とされているが、そもそも法人の役員とは委任契約に基づく報酬であり、本論事例にみられるような社会保険料の逋脱行為を防ぐために、法人の役員の報酬又は賞与についての規定を設置すべきである。

法人税法における事前確定届出給与は、株主総会等の決議に基づいて事前に確定した給与である以上、毎月の給与額に上乗せ計算して標準報酬月額を算出する方式に変更することで、事例のような問題は回避できると考えられる。

2. 健康保険法及び厚生年金法における賞与の上限設定の緩和及び撤廃

1で提言した役員に対する報酬についての規定を設置したとしても、通常の従業員に対する賞与についての手当てがなされないことになる。

健康保険法及び厚生年金保険法では、上記に示す通り健康保険料及び厚生年金保険法において賞与算定の際の上限規定を置いているが、できる限り上限を引き上げる若しくは上限規定を撤廃するべきである。

上限規定については、社会保険料の負担について一定の上限を設けることで負担の集中を防ぐ意図があると考えられるが、テクニカルな方法での社会保険料の逋脱可能性がある以上、上限の引き上げや撤廃が望ましいと考えられる。

ただし、株主や経営者ではない第三者である従業員については、過度な負担の集中がなされないように配慮することも必要であるため、ある程度の上限規定の存続は否めないというべきであろう。

税と社会保険の一体改革という提言があるように、税務実務と社会保険実務は密接な関係があると言える。事務を行う上においても、企業会計の計算を行う上で税と社会保険の制度は避けては通れない問題である。

本事例にあるような手法は、各種税法と社会保険法のあいだを上手く利用して企業の負担や個人の負担を回避しようとしている事例である。

平成三十一年10月からは、消費税についても現在の8%から10%への引き上げが決定しており、今後ますます社会保障財源としての租税や社会保険料は重要な要素となってくることが予想される。

このような状況に鑑み、租税や社会保険料の回避行為については、順次対応がとられていくべきであると考えるが、本論がそのような対応の一助となれば幸いである。

民事調停の既判力

近畿大学大学院法学研究科博士後期課程　田坂良則

はじめに

調停は一つの手続である。それは、国家の機関が、民事の紛争当事者を斡旋して、互譲による合意が成立することを目的とする法律的手続である。それは、紛争を解決することを目的としてはいるけれども、その解決は、当事者の主張が法律的に見て理由があるか否かを判断することによってなされるのではない。それは、当事者が互に自己の主張を譲って、その結果、いわば新しい権利または法律的関係を形成することによってなされる。しかも、この場合、この形成に、国家がその機関を通じて、後見的に関与する〔1〕。私人がなす権利又は法律関係の形成に、裁判所をして（実質的には調停委員会又は裁判官）関与させ、この関与という点に国家の行為の本質があるという点において、調停手続は、民事訴訟手続的ではなく、非訟事件手続的な性質を有しているということができる。

調停手続において当事者間に合意が成立したときは、調停調書に記載され、調停調書の記載は民事調停では「裁判上の和解と同一の効力」、したがって、「確定判決と同一の効力」を有する。しかし、裁判上の和解や調停調書の記載に確定判決と同じく既判力まで認めるべきかどうかについては、和解と請求放棄・請求認諾とを一括して、それらの効力を同条文で

---

〔1〕 斡旋すること、合意を相当でないと認めること、などが内容についての後見的な作用であり、法律によって定められた手続によることが手続についての後見的作用。小山昇『民事調停法研究概説』，有斐閣 1953，39 頁。

規定するという立法上の不手際[1]も絡んで、かねてから争われ、理論状況は現在も不透明感を拭えない。

近時は、裁判上の和解につき既判力否定説が確固たる通説の地位を占めてはいるが、調停調書に既判力が認められるか否かについて、学説判例ともに現在なお相対立する見解がみられる現状であり、少なくとも民事調停が民事紛争解決のための国家的制度であり、法律手続である以上、民事調停をかかる現状のまま放置しておくことは許されない。

問題は、調停を司法的紛争解決手続として認識するときには、調停調書の効力として、調停の既判力が認められるか否かについて明確にしなければならない。学説は、大別して、無制限既判力肯定説(以下既判力肯定説という)、既判力否定説、制限的既判力説の3種に分けられる。以下では説明の便宜から、既判力肯定説と既判力否定説の対立を検討し、それに続けて、制限的既判力説を紹介する。

一、学説の検討

1. 既判力肯定説と既判力否定説の対立

既判力肯定説と既判力否定説とでは、調停成立後の紛争解決結果の心象(イマージュ)が違っている[2]。

(1)既判力肯定説

既判力肯定説は、調停がその内容において不明・不定・不能・不法でないかぎり、すべての場合に調停無効の主張は既判力によって遮断されるとするものである。その主唱者である小山昇博士および佐々木吉男博士は、以下のような根拠を主張している。

すなわち、①法律条文の文理上の解釈である。民事調停法第16条、18条3項、24条の3の1項2項、31条および33条は、調停調書と確定した調停に代わる決定ならびに裁定調停条項調書が「裁判上の和解と同一の効力を有する」と規定する。さらに、民事訴訟法第267条の「和解……を調書に記載したときは、その記載は、確定判決と同一の効力を有する」という規定から、調停は訴訟上の和解と同一の効力を有し、訴訟上の和解は

---

〔1〕 中野貞一郎「請求認諾の要件と効力」判例タイムズ814号以下参照(1992)。

〔2〕 中野貞一郎:『民事訴訟法の論点1』,判例タイムズ社1994,270頁。

確定判決と同一の効力を有する。ゆえに調停は確定判決と同一の効力を有する結論が導かれる。これらの条文を忠実に解すれば、調停が執行力だけでなく、既判力を有すべきこととなる〔1〕。

②調停にとっては、既判力の必要性がある。裁判による紛争解決制度である訴訟は、当事者の相反する権利主張を決済して、当事者間に共通の一つの権利義務関係を裁断するものである。この裁断に不可争性を付与するのが既判力である。ゆえに、既判力は、紛争が解決されたとするために、不可欠のものである。同様に調停においても、調停の当事者の相反する権利主張を決済して、当事者間に共通の一つの権利義務関係を当事者「自ら」が裁断するもので、解決を安定させる点で、既判力の必要性は訴訟の場合も調停の場合も共通する〔2〕。

③調停は既判力を付与しうる制度的条件を備えている。民事調停法および家事事件手続法によって、調停を主導するのは訓練された裁判官であり、手続上も、期日中心、本人出頭主義などが採られ〔3〕、厳格さには一定程度の差があるが、国家の紛争解決機関が、法律手続に従い、民事紛争につき解決規準たるべき公権的判断をなすという意味においては、民事調停と民事訴訟との間に本質的な差異は存在しない〔4〕。したがって、調停調書に既判力を認める必要があり、既判力を認める条件が具備され、既判力を否定する明文もない現行法の下においては、調停には、既判力が認められていると解すべきである〔5〕。

しかし、調停の既判力の効果は判決の既判力の効果と全く同じではない。形式的にいえば、民事訴訟において、既判力は、紛争の総体ではなく、そこから引き出された審判対象たる権利関係の存否に対する判断についてのみ生ずる。一方、民事調停においては、生活現象たる紛争総体を直接かつ全体的に対象とし、法のみならず条理をも積極的な紛争解決規

〔1〕 佐々木吉男:『増補民事調停の研究』,法律文化社 1974,197 頁。

〔2〕 小山:『民事調停法〔新版〕』,有斐閣 1977,285~286 頁。

〔3〕 同上注,286 頁。

〔4〕 佐々木吉男:『増補民事調停の研究』,法律文化社 1974,214~215 頁。

〔5〕 小山:『民事調停法〔新版〕』,有斐閣 1977,286 頁。

準とするので、調停における既判力の客体的範囲が判決の場合と異なる[1]。すなわち、判決においては、審判の対象であった権利義務関係についてのその存否の判断が、既判力によって不可争のものとされる。調停においては、その対象であった権利義務関係を処分してこれと交替した調停条項の示す権利義務関係の存在が、既判力によって不可争のもの[2]とされる。判決と調停調書の既判力は、確かにその範囲と具体的な形成過程に一定の差異があるが、両者の既判力が司法的な紛争解決手続に由来することは同様である。

なお、家事調停に関しては、家事事件手続法が訴訟事項に関する家事調停につき、調停調書の記載は「確定判決と同一の効力を有する」との規定をおいており、文理上、民事調停法第16条よりも既判力に近いということもあってか、現在でも、既判力肯定説が根強い。そのことの背景には、家事調停では、民事調停と異なり、その利用が任意的でなく調停前置主義がとられていること、専門的知識を有する調査官の活用があること、事後的効果につき履行確保の制度があること、等の事情が働いているようである[3]。

(2)既判力否定説

既判力否定説は、調停の既判力を全面的に否定するものである。裁判上の和解につき既判力否定説が確固たる通説の地位を占めるに従い、民事調停法が明文をもって、調停調書が裁判上の和解の効力を有すると規定する(民事調停法第16条)ことから、調停調書の既判力を否定する見解が多数になったようだ[4]。

否定説は、おおよそ、以下のような理由か既判力肯定説を批判する。すなわち、①調停においては、その手続の厳格性が不足しており、当事者の保護手続きも欠如している[5]。②調停は当事者の合意によって、自分

---

〔1〕 佐々木吉男:『増補民事調停の研究』,法律文化社1974,224~225頁。

〔2〕 小山:『民事調停法〔新版〕』,有斐閣1977,287頁。

〔3〕 中野貞一郎「民事調停の既判力」判例タイムズ44号。

〔4〕 同上。

〔5〕 石川明:『民事調停と訴訟上の和解——その手続的・実体的諸問題』,一粒社1979,57頁。

の権利義務を自主的に規整する紛争解決方法であり、調停合意に含まれる和解契約の実体的効果(民法第696条に定める確定効)が不可争性を齎すので、既判力を認める必要がない[1]。③調停の既判力がなくても、当事者の任意履行を期待することができる。したがって、「既判力なくして紛争解決なし」という既判力の必要性は客観的な根拠がない。さらに、④調停合意の内容は、訴訟における判決事項より広く漠然としているので、既判力の及ぶ範囲の明確性が欠け、当事者の利益を著しく損なうことがありうる。すなわち、調停においては、一回的な執行力の確保のための給付条項にとどまらず、継続的関係の将来にわたる調整が図られ、新たに相互的な権利関係を設定し、履行確保の方法を定める様々の合意に及ぶのであり、調停申立ての当時には当事者が予想しなかったような結末にも至りうるのである。当事者の申立て以外の権利義務を形成させ、既判力を付与させるのは、当事者の裁判を受ける権利を侵害する恐れを免れない[2]。

(3)救済方法における両説の相違

既判力否定説は、当事者の救済方法に対しても既判力肯定説と異なる。調停における紛争解決に司法的な性質を強調する肯定説は、裁判官の関与を前提として、既判力の作用により、意思表示の錯誤無効などの主張は原則として遮断される[3]。判決ではないとしても、既判力が認められる限り、それを破るためには再審の訴えに類する訴えをもって不服を主張させることになる。したがって、以下のような事由がある場合にのみ、調停の無効主張が認められるにすぎない。すなわち、判決の再審事由に準ずる理由のほか、調停主任たる裁判官を欠く調停委員会の調停[4]という手続上の瑕疵や、調停調書に履行不能な義務を定めること、合意の内容が不明、不定であること、合意の内容が重大かつ明白に公序良俗違反ま

---

〔1〕 中野貞一郎「民事調停の既判力」判例タイムズ44号。

〔2〕 石川明:『民事調停と訴訟上の和解——その手続的・実体的諸問題』,一粒社1979,56~57頁。

〔3〕 小山:『民事調停法〔新版〕』,有斐閣1977,290頁。

〔4〕 石川明:『民事調停と訴訟上の和解——その手続的・実体的諸問題』,一粒社1979,63頁。

たは強行法違反である場合などの内容の瑕疵は調停の無効原因[1]である。これに対して、調停における紛争解決において合意を強調する否定説は、調停手続の非公開、口頭弁論の欠如、厳格な手続によらない事実調査など当事者に対する手続保障の不十分性があるので、調停の効力を争う場合に、再審事由および再審期間の厳しい制限は、救済を必要とする当事者にとって酷であるし、さらに、和解無効の確認の訴えを提起しその勝訴判決に確定を得なければならないということ自体、適切ではない[2]と主張する。

2. 制限的既判力説

制限的既判力説は、調停と訴訟上の和解を同一と見なし、意思表示の瑕疵がないときは既判力があり、意思表示に瑕疵があるときは既判力がないとする考え方である。この説の根拠としては、次のことが主張されている。

すなわち、一方において、既判力を否定すると調停の紛争解決機能は著しく損なわれるので、基本的には調停調書が既判力を有することを肯定する。そして、既判力否定説を批判して、既判力否定説は民法 696 条の実体的確定効があるため既判力を認める必要性がないと主張するが、承継人等の第三者に対する拘束力を考えると民法 696 条とは別に既判力を認める意義がある、と言うのである。

しかし他方で、調停調書の記載の拘束力の基礎が当事者間の合意である以上、合意についての瑕疵が認められるのに拘束力を維持することは不適切であるため、それに錯誤等の意思表示の瑕疵がある場合には、既判力を否定するのである。ところで、小山博士は、基本的には、既判力肯定説に立ちながら、実質的には、調停無効の主張の許容に関しては、制限的既判力説に近い結論に達している。すなわち、既判力の効果の分析として、判決の遮断効と調停の遮断効とは異なるものとして、「既判力の不可争性は、既判力ある事項をその標準時前に存した事実を基として争う

---

〔1〕 小山:『民事調停法〔新版〕』,有斐閣 1977,290 頁。

〔2〕 中野貞一郎「民事調停の既判力」判例タイムズ44 号。

ことが許されないという、主張の遮断として現象する」〔1〕。

判例については、判決主文に示された権利・義務の存否の判断と異なる判断を導くべき要件事実を主張することが既判力により遮断される。調停についてはこれと同じではない。調停条項は既存の権利・義務の存在の判断を示すものではなく、そこに定める権利義務関係は、既存の権利・義務を処分して形成されたものである。そこで調停において問題となるのは、既存の権利・義務の存否についての認識およびこれを処分する決意をさせるものとなった事実についての認識が真実に符合しなかったことを理由として合意の効力を否定することが既判力と抵触しないかということである。意思そのもの(意思の内容とは区別して)について瑕疵がある場合も問題であるが、これは、既判力の作用にかかる問題ではなく、既判力を認める条件(調停の存在そのものにかかわる)の問題であろう」〔2〕とし、したがって、意思の形成に瑕疵がある場合についてみると、①意思能力の欠缺は調停を無効にするし、②調停成立に至るまで強迫を受け、もって互譲を余儀なくされたときは、合意は取り消しうべきで、合意の取消しにより調停調書は、効力のない合意を記載したものとして効力なきものとなるし、③詐欺は錯誤を生じさせるので、これに基づいて成立した調書については、錯誤があった場合の法的規制と競合するし、④錯誤があった場合については、「調停は実情にかなった解決を図るものであるから、調停では、既存の権利・義務の存否やその処分を決意せしめた事情につき、認識に重大な錯誤がないこと、認識に多少の誤り(権利ないし事実の存否の争いあるままにして合意することもできる)が存することを前提とした上での合意であることの検討をすべきである。

すなわち、調停における合意は、私法上の和解契約と異なり、裁判所により、民法第696条の適用の条件をそなえ、および民法第95条の不適用の条件をそなえた合意である。したがって、民法95条の適用を主張する

〔1〕 調停成立当時、相手方に対しその所有権取得登記の欠缺を主張するにつき正当な利益を有する第三者に該当した当事者が、右調停の進行中にその主張をなんらしないで、相手方の所有権取得を前提とする条項をもって調停成立の合意をしたときは、その後に右欠缺を主張することは信義則上許されない(同旨の判例は少なくない)。

〔2〕 小山:『民事調停法〔新版〕』,有斐閣1977,288頁。

ことは原則として遮断される。これは既判力の作用である(……(もっとも)調停機関がこの種の錯誤〔1〕を防止することができないのが実情であるならば、調停に民法第95条の適用を認める余地は残さざるを得ないであろう。またこのような場合でも、民法第95条ただし書が適用される場合がありうるであろう……)。

判決における判断においても調停における合意においても、これに影響を与えた認識資料を更新することは原則として許されない。これが既判力の作用の本質である。この点においては、調停といえども判決と異ならない」とされる〔2〕。既判力肯定説に立つ小山博士の見解は、このようにその理由づけは異にするが、その結論においては具体的妥当性を考慮して、制限的既判力説とほぼ同様のものを導き出している。

二、判例の検討

1. 下級審裁判例の動向判例についてみれば、下級審の裁判例は、当初、制限的既判力

説が多く見られたものの、既判力肯定説や既判力否定説も存在し、帰一していなかった。たとえば、「調停調書は既判力を有し、調停が成立した以上、当事者は、もはや調停成立以前に生じた事由を主張することができない」〔3〕、「既判力は判決に特有の効力であって、調停調書または和解調書によっては生じない」〔4〕、あるいは「調停が無効とされないかぎり」〔5〕または、「調停条項に疑義がないかぎり」〔6〕、「調停調書は既判力を有する」という裁判例があげられる。

---

〔1〕 目的物件の権利的瑕疵と価額についての錯誤。

〔2〕 小山:『民事調停法〔新版〕』,有斐閣 1977,290 頁。

〔3〕 既判力を肯定したとみられるものとして、昭和32年5月8日東京地裁民11判決。

〔4〕 既判力を否定したものとして、昭和31年1月30日鳥取地裁米子支部判決(171頁),同旨の高裁判例として、昭和31年12月5日名古屋高裁金沢支部判決(3562頁)。

〔5〕 制限的既判力を肯定したとみられるものとして、昭和33年5月21日東京高裁民11判決、なお、内容上の瑕疵にもとづいて調停の無効を主張することを是認する判例は数多い。

〔6〕 昭和25年2月28日福岡地裁判決(293頁)。

2. 最高裁の判例

裁判上の和解について、大審院時代の判例の主流は、競合説ないし両性説をとり、いわゆる制限的既判力説の立場に立ち、和解に既判力があるとし、民事調停については、確定判決と同じく既判力を有すると明言した判例はあまり見当たらないが、それぞれ大審院の制限的既判力説を踏襲したと認められると解される二つの最高裁判例がある。そして、これ以後は、判例の立場は制限的既判力説に固まったと評価できる。

(1)裁判上の和解に既判力を認めた判例

裁判上の和解の既判力に関する最大判昭和33年3月5日民集12巻3号381頁は、直接的には、罹災都市借地借家臨時処理法第15条の裁判に関するものであるが、罹災都市借地借家臨時処理法第25条は、同法第15条の規定による裁判は裁判上の和解と同一の効力を有する旨規定し、「裁判上の和解は確定判決と同一の効力を有し(民訴法第203条=現行法第267条)既判力を有するものと解すべきである。

前記最高裁大法廷判決は、判旨の文言には拘らず裁判上の和解について制限的既判力説に立っていた従来の大審院の判例を改めて、既判力肯定説のように無制限的に既判力を肯定するとも読めるが、そうした趣旨ではないと解する向きが多い〔1〕。そして、前記判決は、裁判上の和解に「原則的に」既判力を認めたが、「和解により協定された法律関係の全部に既判力を認める趣旨であるか否か、その他詳細に亘って判示されているわけではなくかつその間の事情を知る由ないから、本判決はただ、「裁判上の和解に原則として既判力を認めるを相当とする」との趣旨を表明したに過ぎず、既判力の認められる客観的範囲、解除条件を付し得られるか、合意解約は認められるか等種々の問題については之を留保しているものと理解するのが妥当であろう」〔2〕といわれている。

(2)調停調書に既判力を認めた判例

最小判昭和43年4月11日民集22巻4号862頁、判時513号3頁、判タ219号225頁は、調停調書に既判力を認めたものと解されている判例で

---

〔1〕 例えば、鈴木重信・最高裁判所判例解説民事編昭和43年度(上)(法曹会1969),558頁。

〔2〕 三宅多大・最高裁判所判例解説民事編昭和33年度(法曹会1969),40頁。

あるが、判決代用説または調停裁判説に拠る既判力肯定説ではなく、制限的既判力説とみてよく[1]、裁判上の和解と同様に解しているようだ。

最高裁は、次のように判示して、原判決中慰藉料請求部分を破棄し、原審に差し戻した。「同一の原因事実に基づく場合であっても、受傷を理由とする慰藉料請求権と生命侵害を理由とする慰藉料請求権とは、被侵害権利を異にし、同一性を有しないものであり、前者について調停が成立したとしても、特別の事情のない限り、それが後者をも含むと解することはできない」。

この最高裁判決は、民事調停に既判力を認めたものと、一般に解されている[2]。事件を担当した調査官も、民事調停に既判力があるかどうかは、訴訟上の和解に既判力があるかどうかによってきまるところ、最大判昭和33年3月5日が訴訟上の和解につき制限的既判力説に立つにせよ、既判力を認めるに至ったので、「判決に従い和解に既判力を認める場合は、民事調停法第16条の解釈上調停にも既判力を認めるべきであろう」[3]と言える。

三、私見

1. 調停手続の再構成

私見は、古くから日本人の心の中に組み込まれている、「公共の心」に求めたいと思う。日本人の気質として、他人や社会から隔絶された個人としては、もちろん100%の自己利益を追求するのであるが、社会の中に置かれた個人が意識されるや否や、この「公共の心」が心奥に顔を出すのである。

調停では当事者が「公共の心」を心奥に呼び起こすための様々な制度や措置が準備されていることを確認できる。すなわち、国家の裁判所において、調停主任を裁判官とする調停機関によって行われること、調停調書が裁判上の和解と同一の効力を有すること、調停機関が「合意」の相当性の審査ができること、調停機関が調停に代わる決定ができることなど

---

〔1〕 同旨、最大判昭25・7・14民集4巻8号,533頁。

〔2〕 小山:『民事調停法〔新版〕』,有斐閣1977,287頁。

〔3〕 鈴木重信・最高裁判所判例解説民事編昭和43年度(上)(法曹会1969),558頁。

が、それである。こうした公的な制度や公的な措置の存在によって、当事者には、私益を追求するだけではなく、自ら社会の一員として、具体的に妥当な紛争解決(実体的な正義にかなった解決)を図る国家的な企てに参画している意識が醸成され、それが「公共の心」に繋がっていくのである。

今日の調停制度は、「公共の心」を基底にした「互譲」によって、当事者間の「合意」に基づいて紛争解決をする制度で、この合意の創造にあって依拠されるべき紛争解決規範は、法のみならず、「条理・実情」である。そして、この「条理・実情」に関しては、事実関係の調査が十分ではなく、事実関係のかなりの部分は当事者の頭の中にある主観的な認識に基づくものであることに、それらに依拠すべき根拠が見いだされる。実体的な正義の探求はこの限りにおいて満足される制度設計であると言えよう。

調停機関は、各当事者から証拠等を提示させながら事実関係の総体(権利・義務に関連する事実に限らない)を主張させて、争いのない事実関係と争いのある事実関係を区別した上で、争いのある事実関係のうち合意を獲得するために重要なものについては、できる限り証拠によってその存否を確定していく。したがって、調停の本質は「合意」と言ってよいが、その合意が実体的正義(具体的妥当性)にかなっているという意味で、そこに裁断的な要素を伴うと考える。この合意は、実体的正義と無関係の単なる合意ではなく、当事者双方が「公共の心」をもって自らが具体的正義の実現を企図した結果としての合意なのである。

2. 裁判上の和解調書の既判力

それでは、裁判上の和解に関して、制限的既判力説と既判力否定説のどちらに与すべきであろうか。私見は、既判力否定説を支持したい。既に述べたように、今日の通説的な見解は、既判力否定説に立つ。その主たる理由として、和解については、民法第696条に規定する実体的な和解の確定効によって不可抗争性が作り出されるのであるから、既判力を認める必要性に乏しいことを挙げる。私見によれば、この実体的な和解の確定効は、裁判上の和解に既判力が認められるべきではない理由の副次的なものでしかなく、その主たる理由は、裁判上の和解の場合、和解内容が実体的正義にかなっているかについて無関心だからである。判決の場合は、裁判所が実体的正義を探求した結果として、その判断に強制通用力を認める基礎がある。しかし、裁判上の和解については、和解案を提示し合意を斡旋するする裁判官が訴訟手続で得られた事実に関する心証や法的な評価を当事者に示すことは行わない。この意味で、そこに提示された和解案は実体的正義に無関心であると言えよう。こうした実体的正義を体現するように制度設計されていないものに対して、既判力という強制通用力を認めることはできないのである。

また、既判力否定説に対する批判として、この実体的な和解の確定効のみであれば、既判力を認めた場合に承継人等に対する効力の拡張がなされるのと比較して、その不可抗争性が及ぶ範囲が狭く、紛争解決効率が損なわれることがあげられる。

3. 無制限的既判力肯定説批判

裁判上の和解に既判力が認められるか否かを検討するに、今日では、無制限的既判力肯定説はほとんど見受けられなくなっている。訴訟上の和解が「合意」に基づく紛争解決であるかぎり、その意思表示の瑕疵を再審事由に準ずる場合のみしか主張できないとする帰結は、甘受できない不利益を当事者に課するからである。

4. 調停調書の既判力の再吟味

ここで急いで付け加えなければならないのは、裁判上の和解に既判力を否定したとしても、直ちに調停調書の既判力を否定する帰結を導かないことである。

私見は、調停調書には制限的既判力を肯定する。その根拠として挙げるべきは、次の2 点である。第1に、調停調書に既判力を認めることが、当事者に対して「公共の心」を呼び起こす装置として極めて有用だからである。すなわち、既判力が認められることによって、当事者は、国家による強制通用力が付与される調停調書を作出する過程に参画しているという意識を持つことになり、このことが、「具体的妥当性のある(実体的正義にかなった)紛争解決案」を創造することに繋がるのである。

そして、第2に、国家の強制通用力としての既判力を認める基礎として、調停調書の内容が「実体的正義」を完全ではないとしても体現していると言えるからである。調停機関は、ある程度の事実関係を調査した上で、「客観的に認められる事実関係」を基礎としながら、それに「当事者が認識する主観的な事実関係」を加味したものに、条理・実情を適用して、紛争解決のための適切・妥当な合意案を作成し、それを当事者に提示して、説得を重ねながら合意を促していくのである。

ただし、ここで問題となるのは、法律の文言である。すなわち、前述したように、調停調書の記載は「裁判上の和解と同一の効力」を有し、裁判上の和解調書は、確定判決と同一の効力」を有する。そうすると、裁判上の和解調書に既判力を否定しながら、調停調書に既判力を肯認するのは、文理解釈として許されるのかという疑義が生じる。

私見によれば、民事調停法が調停調書の記載を「裁判上の和解と同一の効力」と規定したのは、それが「確定判決と同一の効力」を有することを導き出すための立法技術であったにすぎない。ある意味では立法の配慮不足と考えるべきである。家事調停において、家事事件手続法第268条第1項が規定するように、調停調書の記載を「確定判決と同一の効力」を有すると直接規定する方が望ましいと考える。ただし、法解釈としては、「裁判上の和解と同一の効力」を無視することはできないので、この「裁判上の和解」という文言を、「合意による紛争解決」と解し、この「合意による紛争解決」については、概念の二義性を認め、確定判決と同一の効力として既判力が認められるのは、実体的正義の探求がなされている場合に限ると解したい。このような解釈は、法解釈論的には相当に厳しい困難に直面しているが、民事調停法の制度趣旨から導かれる帰結として甘受せざるをえないものと言える〔1〕。

---

〔1〕 本文と場面は全く異なるが、概念の二義性を承認するのは、永井博史「訴訟上の和解とその効力」新堂幸司編『実務民事訴訟法講座〈第3期〉第3巻』(2013、日本評論社)、449頁である。そこでは、法の制度趣旨を根拠に、概念の二義性によって、「訴訟上の和解」に判例よりも無効主張の範囲を限定した制限的既判力を肯定しながら、「起訴前の和解」に既判力を否定している。